20일 만에 끝내는

해커스 토익 750+ RC 200% 활용법

무료 온라인 토익 실전모의고사

해커스토익(Hackers.co.kr) 접속 ▶ 상단 메뉴
[교재/무료 MP3 → 해커스 토익 책 소개 → 20일 만에 끝내는 해커스 토익 750+ RC] 클릭 ▶
[온라인 모의고사] 아이콘 클릭하여 이용하기

무료 매월 적중예상특강

해커스토익(Hackers.co.kr) 접속 ▶ 상단 메뉴
[교재/무료 MP3 → 해커스 토익 책 소개 → 20일 만에 끝내는 해커스 토익 750+ RC] 클릭 ▶
[적중예상특강] 아이콘 클릭하여 이용하기

* QR코드로 [무료 적중예상특강] 바로 보기

무료 실시간 토익시험 정답확인/해설강의

해커스토익(Hackers.co.kr) 접속 ▶ 상단 메뉴
[교재/무료 MP3 → 해커스 토익 책 소개 → 20일 만에 끝내는 해커스 토익 750+ RC] 클릭 ▶
[채점서비스] 아이콘 클릭하여 이용하기

* QR코드로 [실시간 토익정답] 바로 보기

20일 만에 끝내는

해커스 토익 750+ RC

David Cho

해커스 어학연구소

20일 만에 끝내는

해커스 토익 750+ RC

David Cho

개정 4판 9쇄 발행 2024년 9월 23일

개정 4판 1쇄 발행 2021년 7월 1일

지은이	David Cho
펴낸곳	(주)해커스 어학연구소
펴낸이	해커스 어학연구소 출판팀

주소	서울특별시 서초구 강남대로61길 23 (주)해커스 어학연구소
고객센터	02-537-5000
교재 관련 문의	publishing@hackers.com
동영상강의	HackersIngang.com

ISBN	978-89-6542-422-2 (13740)
Serial Number	04-09-01

토익은 역시 해커스입니다.

'토익을 통한 올바른 영어공부'를 목적으로 시작된 <해커스 토익>은 목표를 향해가는 수험자들을 올바르게 안내하는 등대와 같은 역할을 해왔습니다.

이번에도 학습자들이 영어 실력을 향상하고 토익 고득점을 달성하는 데 도움을 주고자 《해커스 토익 750+ RC》를 출간하게 되었습니다.

토익에 완벽하게 대비할 수 있는 <해커스 토익 750+>
《해커스 토익 750+ RC》는 중급 학습자들이 토익에 완벽하게 대비할 수 있도록 토익 리딩을 철저하게 연구·분석하여 반영하였습니다. 특히, 토익 최신 출제 경향이 반영된 문제 및 지문을 교재에 수록하였고, 토익 리딩을 가장 확실하게 풀어낼 수 있는 유형별 전략을 제공하였습니다.

20일 만에 빠른 실력 향상과 철저한 실전 대비가 모두 가능한 <해커스 토익 750+>
《해커스 토익 750+ RC》는 20일 간의 학습을 통해 빠른 실력 향상과 철저한 실전 대비가 가능하도록 구성되었습니다. 학습자들이 빠르게 실력을 향상할 수 있도록 실제 토익 리딩 시험에 자주 출제되는 유형을 포인트 별로 정리하였고, 학습한 유형의 복습과 실전 대비가 동시에 가능한 실전 문제를 풍부하게 수록하였습니다.

다양한 학습자료를 이용할 수 있는 <해커스 토익>
마지막으로, 해커스토익 사이트(Hackers.co.kr)에서 다양한 무료 토익 학습자료를 이용하여 학습한다면, 보다 효과적이고 즐거운 학습을 할 수 있을 것입니다.

《해커스 토익 750+ RC》를 통해 여러분들이 토익 리딩 고수의 위치로 성큼 올라서고, 나아가 더 커다란 목표에 도달할 수 있기를 바랍니다.

CONTENTS

PART 7

책의 특징

01

단 20일 만에 중급에서 상급으로 도약할 수 있는 토익 리딩 교재

이 책은 토익 리딩의 기초를 다진 학습자들이 중급 실력을 완성하고, 나아가 상급 리딩 실력으로 발돋움하기 위한 중급용 토익 리딩 교재이다. Part 5&6와 Part 7의 문법, 어휘, 독해를 20일 학습 분량으로 구성하여 학습자들은 단 20일 만에 750점 이상의 목표 점수를 달성하고 한 단계 높은 상급 실력까지 도약할 수 있다.

02

토익 최신 출제 경향 반영

최근 토익 시험에 출제되는 문제 유형과 지문 유형을 철저하게 분석하여 교재에 반영하였다. 또한 실제 리딩 시험 11회 분량의 풍부한 실전 문제를 유형별로 제공하였으며, 각 유형을 풀어내는 문제 풀이 전략을 함께 제공해 학습자들이 토익 리딩 시험에 철저히 대비할 수 있도록 하였다.

03

단계별 학습 구성을 통한 완벽한 유형 정복

기본을 충실히 다지고 실전 문제 풀이로 마무리하는 단계별 학습법을 제공하여 학습자가 각 유형을 중급부터 상급까지 차근차근 학습할 수 있도록 구성하였다.

04

토익 문법 출제 포인트 완벽 정리

토익 출제 경향을 철저히 분석하여 학습자들이 반드시 알아야 하는 출제 포인트를 선별하여 정리하였다. 출제 포인트를 학습한 후에는 매 Day마다 수록된 충분한 양의 실전 문제를 풀어봄으로써 토익 문법을 완벽하게 익힐 수 있도록 하였다.

05 토익 최빈출 어휘 수록

토익 학습을 위해 꼭 알아두어야 할 최빈출 어휘 리스트를 수록하였다. 그와 더불어 학습한 어휘를 적용해볼 수 있는 실전 문제를 풍부하게 제공하여, 충분한 연습을 통해 실질적인 토익 어휘 실력 향상이 가능하도록 하였다.

06 토익 독해 문제 해결을 위한 전략 제시

질문 유형별로 체계적인 실전 독해 전략을 익힐 뿐 아니라, 빈출 지문 유형을 익히고 학습할 수 있도록 구성하였다. 문제 풀이 전략 적용과 지문 유형에 익숙해질 수 있는 실전 문제를 함께 수록하여 학습자들의 독해 실력 향상에 큰 도움이 되도록 하였다.

07 효과적인 리딩 학습을 위한 해석·해설과 어휘 제공

교재에 수록된 모든 문제와 지문에 대한 해석과 해설을 제공하여 학습자가 보다 정확하게 문제와 지문을 이해하도록 하였다. 또한 문제와 지문에 대한 중요 어휘를 제공하여 어휘력을 향상시킬 수 있도록 하였다.

08 방대한 영어 학습자료 및 동영상강의 제공

해커스토익 사이트(Hackers.co.kr)에서 매일 새로운 토익 문제를 풀어 볼 수 있고, 무료 온라인 실전모의고사를 비롯한 토익 예상 강의 등 다양한 학습자료가 무료로 제공된다. 또한 학습자들 간의 온라인 학습 토론을 통해 공부하면서 생기는 문제점을 해결할 수 있다. 추가로, 해커스인강 사이트(HackersIngang.com)에서 동영상강의를 수강하면 선생님의 설명과 함께 보다 깊이 있는 학습이 가능하다.

책의 구성

기본기 다지기

1. 동사는 문장에서 동작이나 상태를 나타내고, 주어는 그 동작이나 상태의 주체를 가리키는 서는 안될 필수 성분이다.

The speakers arrived at 2 o'clock. 연설자들은 2시에 도착했다.
주어 동사

2. 목적어는 동사의 대상을 나타내는 말이며, 목적어가 필요한 동사 뒤에 반드시 나와야 하는

Mr. Scott left his luggage in the lobby. Mr. Scott은 그의 짐을 로비에 두고 왔다.
목적어

3. 보어는 주어나 목적어를 보충해 주는 말이며, 보어가 필요한 동사 뒤에 반드시 나와야 하는

The weather yesterday was stormy. 어제 날씨는 폭풍우가 몰아쳤다.
보어

• 기본기 다지기-Part 5&6

중급 학습자들이 본격적인 토익 공부를 하기에 앞서 학습 토대를 다질 수 있도록 기본 문법 사항들을 정리하여, 학습자들이 본격적인 문법 학습 전에 기초를 다시 한 번 확인해 보고 익힐 수 있도록 하였다.

01 주어 자리

❶ 주어 자리에는 명사 역할을 하는 것들이 올 수 있다.

명사구	The devices of DC Electronics are dependable. DC Electronics사의 기기들은 믿을만하다.
대명사	He will need more assistants for the event. 그는 행사에 더 많은 보조자들이 필요할 것이다.
동명사구	Using the new accounting program is easy. 새로운 회계 프로그램을 사용하는 것은 쉽다.
to 부정사구	To speak a foreign language requires practice. 외국어를 말하는 것은 연습을 요한다.
명사절	What the speaker said was very inspiring.

• 문법 출제 포인트-Part 5&6

토익에 출제되는 필수 문법 사항들을 체계적으로 정리하여 효과적으로 학습하도록 구성하였다. 또한 문법 설명마다 문법 포인트를 확인할 수 있는 문제인 Check-up을 제시하여 문제를 해결하는 능력을 키우도록 하였다.

기출 어휘 리스트 최빈출 동사 어휘 1

01 specify[spésəfài] (구체적으로) 명시하다
specify the current address on the form
양식에 현재 주소를 명시하다

02 commend[kən
commend him
가게의 성공적인 운영

03 mandate[mǽndeit] 지시하다, 권한을 주다
mandate a decrease in labor costs of 15 percent
인건비의 15퍼센트 축소를 지시하다

04 extend[iksténd
extend the prom
판촉 할인을 다음 주까

05 discourage[diskə́:ridʒ] 단념시키다

06 exceed[iksí:d]

• 최빈출 어휘 리스트와 토익 실전 문제-Part 5&6

토익 학습을 위해 꼭 알아야 할 최빈출 어휘를 품사별로 분류하여 리스트로 제공하고, 학습한 어휘를 실전 문제 형태로 구성된 토익 실전 문제를 통해 확인할 수 있도록 하였다.

문제 유형

• 문법 문제
주변 또는 전체 문맥을 파악하여 빈칸에 들어갈 알맞은 시제, 대명사, 접속부사를 묻는

• 어휘 문제
주변 또는 전체 문맥을 파악하여 빈칸에 들어갈 알맞은 어휘를 고르는 문제로, 주로 명

문제 풀이 전략

STEP 1 빈칸이 있는 문장의 내용을 파악한 후 빈칸 주변 문장에서 단서를 찾는다.
문법 시제 문제: 빈칸 주변 문장에서 쓰인 동사의 시제를 확인하여 빈칸에 들어갈 에 날짜가 언급되어 있다면 지문 상단에 날짜가 언급되어 있는지도 함께 확
대명사 문제: 주로 빈칸 앞 문장에 빈칸에서 가리키는 대상이 있으므로 앞 을 찾는다. 이때, 빈칸에서 가리키는 대상의 수(단수/복수), 인칭 등을 중점

• 문제 및 질문 유형별 풀이 전략-Part 6&7

Part 6 및 Part 7에 출제되는 문제를 철저히 분석하여 문제 및 질문을 유형별로 구성하고, 풀이 전략을 Step별로 제시하여 문제 해결 능력을 키울 수 있도록 하였다.

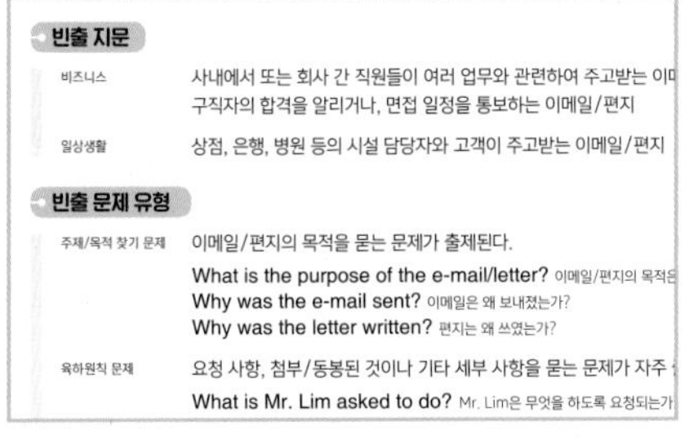
빈출 지문

비즈니스 사내에서 또는 회사 간 직원들이 여러 업무와 관련하여 주고받는 이메
구직자의 합격을 알리거나, 면접 일정을 통보하는 이메일/편지

일상생활 상점, 은행, 병원 등의 시설 담당자와 고객이 주고받는 이메일/편지

빈출 문제 유형

주제/목적 찾기 문제 이메일/편지의 목적을 묻는 문제가 출제된다.
What is the purpose of the e-mail/letter? 이메일/편지의 목적은
Why was the e-mail sent? 이메일은 왜 보내졌는가?
Why was the letter written? 편지는 왜 쓰였는가?

육하원칙 문제 요청 사항, 첨부/동봉된 것이나 기타 세부 사항을 묻는 문제가 자주
What is Mr. Lim asked to do? Mr. Lim은 무엇을 하도록 요청되는가

- ## 지문 유형별 빈출 지문 및 빈출 문제 유형-Part 7

Part 7에 출제되는 지문을 유형별로 구성하고, 각 지문 유형별 빈출 지문과 문제 유형을 제시하여 지문 유형을 완벽히 익힐 수 있도록 하였다.

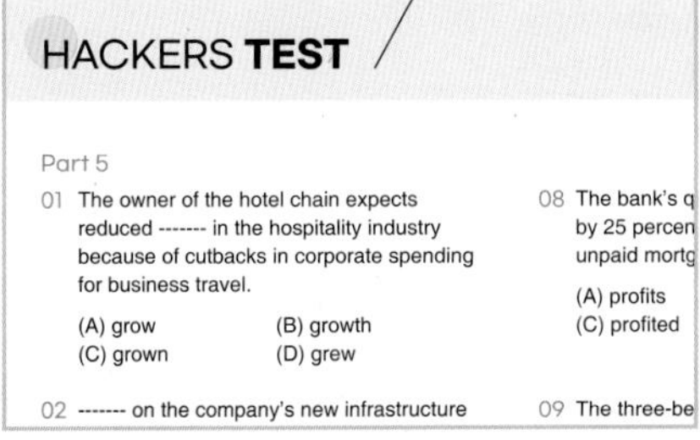
HACKERS TEST

Part 5

01 The owner of the hotel chain expects reduced ------- in the hospitality industry because of cutbacks in corporate spending for business travel.
(A) grow (B) growth
(C) grown (D) grew

02 ------- on the company's new infrastructure

08 The bank's q
by 25 percen
unpaid mortg
(A) profits
(C) profited

09 The three-be

- ## Hackers Test

각 Day의 학습을 마무리한 후 그 Day에 해당하는 모든 유형의 실전 문제들을 충분히 풀어봄으로써 각 유형별 학습 내용을 실전에 적용할 수 있도록 하였다.

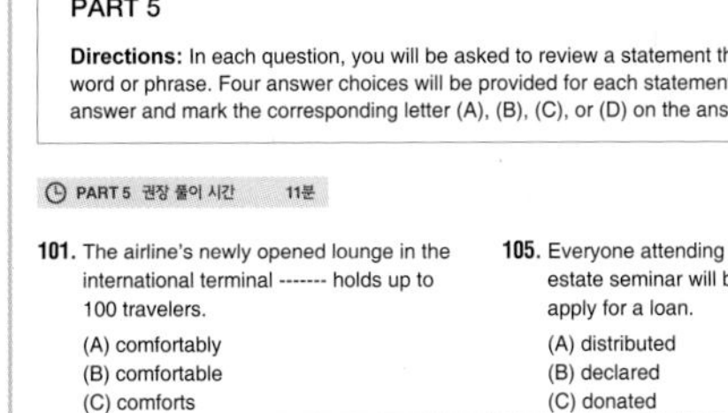
PART 5

Directions: In each question, you will be asked to review a statement th
word or phrase. Four answer choices will be provided for each statement
answer and mark the corresponding letter (A), (B), (C), or (D) on the ans

PART 5 권장 풀이 시간 11분

101. The airline's newly opened lounge in the international terminal ------- holds up to 100 travelers.
(A) comfortably
(B) comfortable
(C) comforts

105. Everyone attending
estate seminar will b
apply for a loan.
(A) distributed
(B) declared
(C) donated

- ## 실전모의고사 [별책]

모든 파트를 마무리한 후 실제 토익 리딩과 동일한 문항 수 및 난이도로 구성된 실전모의고사를 풀어봄으로써 학습자의 성취도와 실력을 평가해볼 수 있도록 하였다.

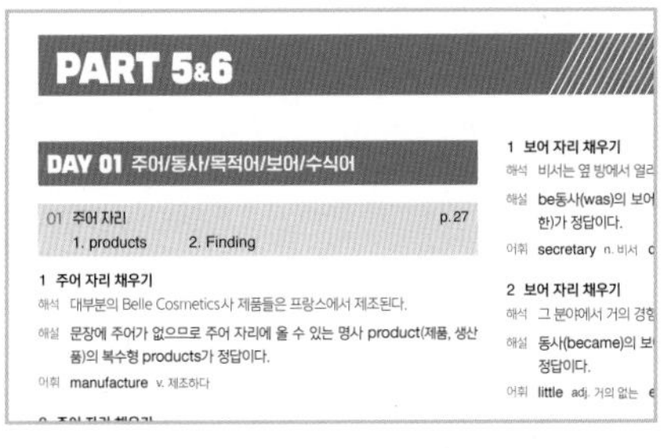
PART 5&6

DAY 01 주어/동사/목적어/보어/수식어

01 주어 자리 p.27
1. products 2. Finding

1 주어 자리 채우기
해석 대부분의 Belle Cosmetics사 제품들은 프랑스에서 제조된다.
해설 문장에 주어가 없으므로 주어 자리에 올 수 있는 명사 product(제품, 생산품)의 복수형 products가 정답이다.
어휘 manufacture v. 제조하다

1 보어 자리 채우기
해석 비서는 옆 방에서 열리
해설 be동사(was)의 보어
한)가 정답이다.
어휘 secretary n. 비서

2 보어 자리 채우기
해석 그 분야에서 거의 경험
해설 동사(became)의 보
정답이다.
어휘 little adj. 거의 없는

- ## 해석 · 해설

교재에 수록된 문제와 지문의 정확한 해석·해설을 제공하여, 학습자가 교재를 효율적으로 학습할 수 있도록 하였다.

토익 소개

토익이란 무엇인가?

TOEIC은 Test Of English for International Communication의 약자로 영어가 모국어가 아닌 사람들을 대상으로 언어 본래의 기능인 '커뮤니케이션' 능력에 중점을 두고 일상생활 또는 국제 업무 등에 필요한 실용영어 능력을 평가하는 시험이다. 토익은 일상생활 및 비즈니스 현장에서 필요로 하는 내용을 평가하기 위해 개발되었고 다음과 같은 실용적인 주제들을 주로 다룬다.

- 협력 개발: 연구, 제품 개발
- 재무 회계: 대출, 투자, 세금, 회계, 은행 업무
- 일반 업무: 계약, 협상, 마케팅, 판매
- 기술 영역: 전기, 공업 기술, 컴퓨터, 실험실
- 사무 영역: 회의, 서류 업무
- 물품 구입: 쇼핑, 물건 주문, 대금 지불
- 식사: 레스토랑, 회식, 만찬
- 문화: 극장, 스포츠, 피크닉
- 건강: 의료 보험, 병원 진료, 치과
- 제조: 생산 조립 라인, 공장 경영
- 직원: 채용, 은퇴, 급여, 진급, 고용 기회
- 주택: 부동산, 이사, 기업 부지

토익 시험의 구성

구성	내용		문항 수	시간	배점
Listening Test	Part 1	사진 묘사	6문항 (1번~6번)	45분	495점
	Part 2	질의 응답	25문항 (7번~31번)		
	Part 3	짧은 대화	39문항, 13지문 (32번~70번)		
	Part 4	짧은 담화	30문항, 10지문 (71번~100번)		
Reading Test	Part 5	단문 빈칸 채우기 (문법/어휘)	30문항 (101번~130번)	75분	495점
	Part 6	장문 빈칸 채우기 (문법/어휘/문장 고르기)	16문항, 4지문 (131번~146번)		
	Part 7	지문 읽고 문제 풀기 (독해) - 단일 지문 (Single Passage) - 이중 지문 (Double Passages) - 삼중 지문 (Triple Passages)	54문항, 15지문 (147번~200번) - 29문항, 10지문 (147번~175번) - 10문항, 2지문 (176번~185번) - 15문항, 3지문 (186번~200번)		
TOTAL	7 Parts		200 문항	120분	990점

토익, 접수부터 성적 확인까지!

1. 토익 접수

- 접수 기간을 TOEIC위원회 인터넷 사이트(www.toeic.co.kr) 혹은 공식 애플리케이션에서 확인한다.
- 추가시험은 연중 상시로 시행되니 인터넷으로 확인하고 접수한다.
- 접수 시, jpg형식의 사진 파일이 필요하므로 미리 준비해 둔다.

2. 토익 응시

- 토익 응시일 이전에 시험 장소 및 수험번호를 미리 확인해 둔다.
- 시험 당일 신분증이 없으면 시험에 응시할 수 없으므로, 반드시 ETS에서 요구하는 신분증(주민등록증, 운전면허증, 공무원증 등)을 지참한다. ETS에서 인정하는 신분증 종류는 TOEIC위원회 인터넷 사이트(www.toeic.co.kr)에서 확인 가능하다.

3. 성적 확인

성적 발표일	시험일로부터 약 10일 이후 (성적 발표 기간은 회차마다 상이함)
성적 확인 방법	TOEIC위원회 인터넷 사이트(www.toeic.co.kr) 혹은 공식 애플리케이션
성적표 수령 방법	우편 수령 또는 온라인 출력 (시험 접수 시 선택) *온라인 출력은 성적 발표 즉시 발급 가능하나, 우편 수령은 약 7일가량의 발송 기간이 소요될 수 있음

시험 시작 전

1. 고사장 가기 전	• 신분증, 연필, 지우개, 손목시계를 반드시 준비한다. • 수험번호를 적어가면 고사장을 찾을 때 편리하므로 반드시 메모지에 적어간다. • 평소 정리해 둔 오답노트나 단어암기장을 준비해 시험 시작 전까지 최종 정리를 한다. [시험 당일 준비물] 신분증 / 연필&지우개 / 시계 / 수험번호를 적어둔 메모 / 오답노트&단어암기장
2. 고사장 도착 AM 09:20 이전 (PM 02:20 이전)	• 고사장에는 9시 20분 이전에 도착한다. • 고사장 입구에서 자신의 이름과 수험번호로 해당 고사실을 확인한 후, 고사실 입구에서 자신의 자리를 확인한다.
3. 답안지 작성 AM 09:30 ~ 09:45 (PM 02:30 ~ 02:45)	• 9시 30분이 되면 답안지 작성에 관한 안내 방송이 시작된다. • DATA SHEET와 ANSWER SHEET로 구성된 답안지를 받으면, 안내 방송 내용에 따라 답안지의 해당 부분에 필요한 정보를 마킹한다. (이름, 학력, 취업 상태, 영어 실력 및 학습 방법 등)
4. 쉬는 시간 AM 09:45 ~ 09:50 (PM 02:45 ~ 02:50)	• 9시 45분부터 약 5분 동안 휴식시간이 주어진다. 시험이 시작되면 추가 휴식시간이 없으므로 반드시 이 시간을 이용해서 화장실을 다녀오도록 한다. • 준비해간 오답노트나 단어암기장을 보면서 최종 마무리 학습을 한다.
5. 신분 확인 AM 09:50 ~ 10:10 (PM 02:50 ~ 03:10)	• 휴식시간이 끝나는 9시 50분부터 신분 확인과 함께 스피커 점검이 시작된다. 이때 핸드폰 및 각종 전자 기기의 전원을 차단하여 감독관에게 제출하게 되며, 신분증과 필기도구를 제외한 소지품 및 가방을 고사실 앞으로 모아놓게 된다. • 신분 확인이 끝나면, 문제지가 배부되고 파본 검사를 하게 된다. 이때 문제지에 수험번호와 이름을 쓰게 된다. 그리고 바로 Listening Test가 시작된다.

※ 괄호 안의 시간은 오후 추가시험일 경우에 해당됨

시험 시작 후

1. Listening 문제 풀이 및 답안지 마킹 AM 10:10 ~ 10:55 (PM 03:10 ~ 03:55)	• Part 1과 Part 2의 디렉션이 나오는 동안 Part 5의 문제를 최대한 많이 풀어둔다. 단, "Now Part 1 will begin" 또는 "Now let us begin with question number 7"이라는 음성이 들리면 바로 Part 1이나 Part 2로 돌아가서 문제를 푼다. • Part 1과 Part 2는 문제를 풀면서 정답을 바로 답안지에 마킹한다. • Part 3의 디렉션이 나오는 동안에는 32번부터 34번의 질문과 보기를 미리 읽어두고, Part 4의 디렉션이 나오는 동안에는 71번부터 73번을 읽어둔다. • Part 3와 Part 4는 문제의 정답 보기 옆에 살짝 표시해 두고, Listening Test가 끝난 후 한꺼번에 마킹한다. * 방송 시스템에 문제가 생겨 Reading Test를 먼저 진행하고 Listening Test를 나중에 진행할 경우에는 별도의 마킹 시간이 주어지지 않으므로 모든 문제의 정답을 곧바로 답안지에 마킹해야 한다.
2. Reading 문제 풀이 및 답안지 마킹 AM 10:55 ~ PM 12:10 (PM 03:55 ~ 05:10)	• Part 5와 Part 6는 문항당 최대 30초를, Part 7은 지문당 5분을 넘기지 않도록 한다. 문제를 푸는 중간 중간에 시계를 확인하여 문제 푸는 속도를 조절한다. • Reading Test는 각 문제를 풀 때 바로 정답을 마킹한다.
3. 시험 종료 PM 12:10 (PM 05:10)	• 시험 종료 예고 방송은 시험 종료 15분 전과 5분 전에 두 번 이루어지며, 시험 종료 5분 전이라는 예고 방송이 나올 때에는 답안지 마킹이 거의 끝나있도록 속도를 조절한다. • 시험이 종료되면 줄 제일 뒤에 앉은 사람이 시험지와 답안지를 수거한다. 시험 종료 후 마킹을 계속할 경우, 부정 처리가 되어 불이익을 당할 수 있다는 점을 유의한다.

※ 괄호 안의 시간은 오후 추가시험일 경우에 해당됨

파트별 문제 형태 및 전략

PART 5 단문 빈칸 채우기 (30문제)

Part 5는 한 문장의 빈칸에 알맞은 어휘나 문법 사항을 4개의 보기 중에서 골라 채우는 파트이다. 매회 총 30개의 문제 중 문법 문제가 평균 20개, 어휘 문제가 평균 10개 출제된다. 30문제를 약 11분 내에 끝내야 Part 7에서 시간이 모자라지 않으므로, 각 문제를 20~22초 내에 풀어야 한다.

1. 문제 형태

문법

101. A study shows that the global economy will ------- recover from the financial crisis within the next 15 years.

(A) complete
(B) completed
(C) completing
(D) completely

어휘

102. Blossoms Garden ------- same-day delivery at no extra charge for selected items in their online flower shop.

(A) submits
(B) offers
(C) predicts
(D) causes

2. 문제 풀이 전략

- **보기를 보고 문법 문제인지, 어휘 문제인지를 파악한다.**
  보기에 제시된 단어를 보고 문법 문제 또는 어휘 문제인지를 파악한다. 예를 들어, complete, completed, completing, completely처럼 보기가 어근은 같지만 형태가 다른 단어들로 구성되어 있으면 문법 문제이고, 보기가 submit, offer, predict, cause처럼 같은 품사의 다양한 어휘들로 구성되어 있으면 어휘 문제이다.

- **문제 유형에 따라 빈칸 주변이나 문장 전체 구조 및 문맥을 통해 정답을 선택한다.**
  문법 문제는 문제 유형에 따라 빈칸 주변이나 문장의 전체적인 구조를 통해 빈칸에 적합한 문법적 요소를 정답으로 선택한다. 구조만으로 풀 수 없는 경우, 문맥을 확인하여 정답을 선택한다. 어휘 문제는 문맥을 확인하여 그 문맥에 가장 적합한 어휘를 정답으로 선택한다.

PART 6 장문 빈칸 채우기 (16문제)

Part 6는 한 지문 내의 4개 빈칸에 알맞은 문법 사항이나 어휘, 문장을 4개의 보기 중에서 골라 채우는 파트이다. 매회 총 4개의 지문이 출제되며, 16개 문제 중 문법 문제가 평균 7개, 어휘 문제가 평균 5개, 문장 고르기 문제가 4개 출제된다. 16문제를 약 8분 내에 마쳐야 독해에 시간을 더 할애할 수 있으므로, 각 문제를 25~30초 내에 풀어야 한다.

1. 문제 형태

Questions 131-134 refer to the following letter.

Dear Mr. Gonzalez,

I am writing to confirm our appointment for Sunday at my studio. **Please be there -------(131.) at 1:45 P.M.** My assistant will need a few minutes to prepare you and your family members for the shoot. **-------(132.), you may like some time to change into the clothes you are planning to wear for each portrait.** As agreed, I will take both group photographs and individual portraits. **The cost of the package you selected, which includes four 8×10s, six 5×7s, and 24 wallet-size prints, -------(133.) to exactly $475.**

-------(134.). Picture frames will cost extra, but I have a large selection you can choose from at my studio.

For directions to the studio, please see the attached map. Thank you.

단어 고르기 **131.** (A) prompt (B) promptly (C) promptness (D) prompted

단어 고르기 **132.** (A) For instance (B) In addition (C) As a result (D) In that case

단어 고르기 **133.** (A) sums (B) totals (C) numbers (D) amounts

134. (A) Just make sure you bring a spare battery for the camera.
(B) I will let you know when the images have been put on display.
(C) This includes digital copies of all of the photographs.
(D) You won't find a better deal on picture frames anywhere else.

2. 문제 풀이 전략

- **보기를 보고 문제 유형을 파악한다.**
보기를 먼저 보고 문법 문제, 어휘 문제, 문장 고르기 문제 가운데 어떤 유형의 문제인지를 파악한 후, 빈칸 주변이나 빈칸이 포함된 문장의 전체적인 구조 또는 문맥을 통해 정답의 단서를 찾는다.

- **문제 유형에 따라 빈칸이 포함된 문장, 또는 앞뒤 문장이나 전체 지문의 구조 및 문맥을 통해 정답을 선택한다.**
Part 6에서는 앞뒤 문맥이나 전체 지문의 문맥을 파악해야 정답을 선택할 수 있는 문제도 출제된다. 따라서 먼저 빈칸이 포함된 문장의 구조 및 문맥만으로 정답 선택이 어려울 경우, 반드시 앞뒤 문장이나 전체 지문의 문맥을 파악하여 문맥에 가장 잘 어울리는 보기를 정답으로 선택한다.

PART 7 지문 읽고 문제 풀기 (54문제)

Part 7은 제시된 지문과 관련된 질문들에 대해 4개의 보기 중에서 적절한 답을 선택하는 파트이다. 독해 지문은 단일 지문(Single Passage), 이중 지문(Double Passages), 삼중 지문(Triple Passages)으로 나뉘며, 매회 54개의 문제가 출제된다. 이 중, 단일 지문에서 29문제, 이중 지문에서 10문제, 삼중 지문에서 15문제가 출제된다. 한 문제를 1분 내에 풀어야 모든 문제를 주어진 시간 내에 풀 수 있다.

1. 문제 형태

단일 지문 (Single Passage)

Questions 147-148 refer to the following advertisement.

Glowing Beam Home Lighting is back!

After two months of renovations, Glowing Beam will reopen next Saturday, November 15. — [1] —. Visit our enlarged retail area and browse through light fixtures for both homes and offices. — [2] —. **And check out our newest section for outdoor lighting.** — [3] —. To celebrate, Glowing Beam is giving away a free study lamp with any purchase of $100 or more! — [4] —.

Visit us starting November 15 at 791 Edison Towers, 6th Avenue, Milan. For more details, call us at 555-0019.

147. What is being advertised?

(A) A renovation service
(B) A store reopening
(C) A residential complex
(D) An anniversary celebration

148. In which of the positions marked [1], [2], [3], and [4] does the following sentence best belong?

"Now you can install the most up-to-date exterior illumination technology available."

(A) [1]
(B) [2]
(C) [3]
(D) [4]

이중 지문 (Double Passages)

Questions 176-180 refer to the following e-mails.

To: Rebecca Guinn <guinn@logoshomeappliances.au>
From: Samuel Dougherty <dougherty@logoshomeappliances.au>
Date: January 12
Subject: Cognizare

Hello Rebecca,

I read a review on our new Cognizare product line in Smart Spending Magazine. The reviewer gave positive comments on the appliances' designs and prices. However, **she noted that the microwave's control panel is complicated and not user-friendly**. We need to address this issue before the Cognizare product line is shipped in the summer to our European and Asian retailers. I'm calling a meeting for Friday at 9:30 A.M. with the rest of the marketing team. I hope you'll join us.

Samuel

To: Samuel Dougherty <dougherty@logoshomeappliances.au>
From: Rebecca Guinn <guinn@logoshomeappliances.au>
Date: January 25
Subject: Survey results
Attachment: Survey_results

Dear Samuel,

Following Friday's meeting, a few team members and I did some research on the Cognizare appliance we discussed at the meeting. **We interviewed several customers here in Queensland, who confirmed the remark made by Tracy Hundley in the review you mentioned.** You can read details about the results of the survey in the attached report.

If we forward the survey results to our headquarters in Sydney with our recommendations, I'm sure the product development team can find some solutions. Please let me know if you have any questions.

Rebecca

176. What did respondents say about the product in the survey?
(A) It costs more than other brands.
(B) It is hard to find in stores.
(C) It is a challenge to operate.
(D) It is difficult to clean.

삼중 지문 (Triple Passages)

Questions 186-190 refer to the following schedule, article, and e-mail.

SCHEDULE: Business trip to Bogota Branch, June 6-8
FOR: Gwendolyn Parr, executive director of marketing

June 6,	6:40 P.M.	Arrival at airport in Bogota
June 7,	9:00 A.M.	Visit branch office facilities
	12:30 P.M.	Lunch at hotel with branch executives
	2:00 P.M.	Meet with creative team
June 8,	9:00 A.M.	Visit processing plant
	12:30 P.M.	Meet with product development team
	2:30 P.M.	Ride to the airport for 5:00 P.M. flight

Los Rios Receives Five-Star Rating

The imposing Los Rios Hotel in downtown Bogota was given a five-star rating from the International Hoteliers Association (IHA) in its updated list of rankings. The exterior of the Los Rios Hotel still consists of the original structure, which was built in the late 1800s. But its interior recently underwent a $3 million restoration, which helped it attain the highest rating available from the IHA.

To celebrate this momentous occasion, **Los Rios Hotel will be offering a 30 percent discount in June on all rooms in its downtown Bogota branch only**.

To: Customer service <cservice@losrioshotels.com>
From: Tabitha Rhodes <tabrho@caboscoffee.com>
Subject: Recent guest
Date: June 10

To Whom It May Concern,

I am writing on behalf of my boss, Gwendolyn Parr. She recently stayed at one of your facilities and was very satisfied with your services and her room.

Upon returning, however, there was a problem with her bill. **The invoice indicates that Ms. Parr was charged for a stay in Los Rios Hotel on June 5th, but she did not even arrive in downtown Bogota until the following day.** This is clearly a mistake, so if you could reverse that charge and notify me when it has been done, I would appreciate it. Thank you for your help.

Sincerely yours,

Tabitha Rhodes
Personal assistant

186. What is indicated about Ms. Parr?

(A) She brought her personal assistant with her on a trip.
(B) She was eligible to receive a discount on her room.
(C) She stayed in a deluxe suite while she was in Bogota.
(D) She has visited other Los Rios Hotels in the past.

2. 문제 풀이 전략

- **지문의 종류나 글의 제목을 확인하여 지문의 개괄적인 내용을 추측한다.**
  지문 맨 위에 지문을 소개하는 문장을 통해 언급된 지문의 종류나 글의 제목을 확인하여 지문이 어떤 내용을 담고 있을지 추측하며 문제를 풀어 나간다.

- **질문을 읽고, 질문의 핵심 어구와 관련된 정답의 단서를 지문에서 확인한다.**
  질문을 읽고 질문의 핵심 어구를 파악한 후, 핵심 어구와 관련된 내용이 언급된 부분을 지문에서 찾아 정답의 단서를 확인한다. 이중 지문이나 삼중 지문과 같은 연계 지문의 경우, 처음 확인한 단서만으로 정답을 선택할 수 없으면, 첫 번째 단서와 관련된 두 번째 단서를 다른 지문에서 찾는다.

- **정답의 단서를 그대로 언급했거나 바꾸어 표현한 보기를 정답으로 선택한다.**
  정답의 단서를 그대로 언급했거나 바꾸어 표현한 보기를 정답으로 선택한다. 이중 지문이나 삼중 지문과 같은 연계 지문의 경우, 두 개의 지문에 언급된 각각의 단서를 종합하여 정답을 선택한다.

성향별 학습 방법

학원 학습 "선생님의 강의를 직접 들을 때 가장 효과적이다!"

1. **학원 수업은 빠지지 않는 것이 가장 중요**하다는 마음가짐으로 임한다.
2. 선생님이 주신 진도표를 보고, 해당 부분을 먼저 읽어본 뒤 문제를 풀어보고 **모르는 부분을 체크해 놓고 수업에 참석**한다.
3. **선생님이 설명해주시는 내용은 하나도 빠뜨리지 않겠다는 각오**로 수업에 임하고, **이해가 되지 않는 부분은 반드시 선생님께 질문**하여 확실히 이해할 수 있도록 한다.
4. **수업이 끝나면 반드시 그날 배웠던 부분을 복습**한다. 한 문제 한 문제를 완벽하게 체득한다는 마음으로 잘 이해가 되지 않았던 부분이나 틀린 문제는 오답노트에 정리해 두어 수시로 확인할 수 있도록 하고, 지문에 나왔던 단어를 익힌다.
5. 영어 테스트 전문 교육 기관인 해커스어학원 사이트(Hackers.ac)의 **[반별게시판]에서 선생님 및 다른 학생들과의 상호 작용**을 통해 모르는 부분을 짚고 넘어간다. 또한 다양한 토익 정보 및 학습자료를 얻어 학습 효과를 상승시킨다.

스터디 학습 "다른 사람과 함께 공부할 때 더 열심히 한다!"

1. 학습 플랜에 따라 본문에 나온 **문법 포인트, 최빈출 어휘 리스트, 독해 전략을 각자 집에서 숙지한 후 스터디에 참석**한다.
2. **스터디 시작 전, 팀원들끼리 예습해 온 내용에 대해 구두 시험이나 쪽지 시험**을 본다. Part 5&6의 경우 각 포인트의 내용을 돌아가면서 구두로 묻고 답하고, 최빈출 어휘 리스트의 단어 시험을 본다. Part 7의 경우 교재에 나온 지문의 단어 시험을 본다.
3. **스터디 시간에 시간을 정해놓고 Hackers Test, 토익 실전 문제, 실전모의고사를 시험** 보듯이 풀어본다. 이때, 실전보다 제한 시간을 짧게 두는 것이 효율적이다.
4. **정답을 맞추고 틀린 문제에 대해서는 왜 틀렸는지 함께 확인**한다. 잘 모르는 문제는 토론을 통해 해결하도록 하고 필요하면 오답노트를 정리한다.
5. 스터디 후 복습 시 잘 모르는 문제가 있을 경우, 해커스토익 사이트(Hackers.co.kr)의 **[교재 Q&A] 게시판을 통해 문의 및 확인하고, 추가로 학습하고 싶을 경우 [매일실전RC풀기]**에서 문제를 더 풀어본다.

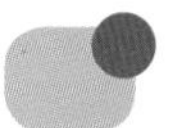

개별 학습 "혼자서 공부할 때 가장 집중이 잘 된다!"

1. 학습 플랜에 따라 **문법 포인트, 최빈출 어휘 리스트, 독해 전략 등의 본문 내용을 숙지**한다.
2. 학습한 내용을 바탕으로 **Hackers Test, 토익 실전 문제, 실전모의고사를 시험** 보듯이 시간을 정해놓고 풀어본다. 이때, 실전보다 제한 시간을 짧게 두고, 해당 문제의 유형과 전략을 적용하며 문제를 푸는 것이 중요하다.
3. **문제를 다 푼 후 정답을 맞추고, 틀린 문제는 반드시 왜 틀렸는지 확인**한다. 또한 문제에 나온 단어를 암기하여 나만의 것으로 만든다.
4. 잘 모르는 문제는 해커스토익 사이트(Hackers.co.kr)의 **[교재 Q&A] 게시판을 통해 문의 및 확인하고, 추가로 학습하고 싶을 경우 [매일실전RC풀기]**에서 문제를 더 풀어본다.

동영상 학습 "학원에 다니고 싶은데 여유가 없다!"

1. 동영상 학습은 시간에 구애를 받지 않아 자꾸 미루려는 경향이 있으므로 **공부 시간을 정해 놓고 그 시간에 정확히 동영상강의를 듣는 것이 중요**하다.
2. 스스로 하는 학습이므로 **반드시 예습과 복습을 실시**한다. 강의를 듣기 전에 본문의 내용을 충분히 숙지하고 문제를 풀어보면서 모르는 부분을 체크해 놓았다가, 강의를 들을 때에는 해당 부분을 집중적으로 듣는다. 강의를 수강한 후에는 이해가 잘 안되는 부분이나 틀린 문제를 오답노트에 정리해 두어 수시로 확인할 수 있도록 하고, 지문의 단어를 익힌다.
3. 동영상강의 포털 사이트인 해커스인강 사이트(HackersIngang.com)에서 제공하는 동영상강의로 학습하고, **[선생님께 질문하기]에서 모르는 부분을 질문**하여 이해가 되지 않았던 부분들을 확실히 이해하도록 한다.

Study Plan A • 파트 순차 학습형

Week	1st Day	2nd Day	3rd Day	4th Day	5th Day
1st Week	Part 5&6 Day 01, 02 (p.26-43)	Part 5&6 Day 03, 04 (p.44-59)	Part 5&6 Day 05, 06 (p.60-77)	Part 5&6 Day 07, 08 (p.78-93)	Part 5&6 Day 09, 10 (p.94-109)
2nd Week	Part 5&6 Day 11, 12 (p.110-127)	Part 5&6 Day 13, 14, 15 (p.128-149)	Part 5&6 Day 16, 17, 18 (p.150-177)	Part 5&6 Day 19, 20 (p.178-193)	Part 7 Day 01, 02 (p.196-207)
3rd Week	Part 7 Day 03, 04 (p.208-219)	Part 7 Day 05, 06 (p.220-231)	Part 7 Day 07, 08 (p.232-243)	Part 7 Day 09, 10 (p.244-255)	Part 7 Day 11, 12 (p.256-267)
4th Week	Part 7 Day 13, 14 (p.268-279)	Part 7 Day 15, 16 (p.280-293)	Part 7 Day 17, 18 (p.294-309)	Part 7 Day 19, 20 (p.310-325)	실전모의고사 (별책 p.2-29)

→ 20일 완성의 경우 위의 표를 따르고, 10일 단기 완성을 원할 경우 위의 표에서 이틀 분량을 하루에 걸쳐서 학습하세요.

Study Plan B • 파트 혼합 학습형

Week		1st Day	2nd Day	3rd Day	4th Day	5th Day
1st Week	Part 5&6	Day 01 (p.26-35)	Day 02 (p.36-43)	Day 03 (p.44-51)	Day 04 (p.52-59)	Day 05 (p.60-69)
	Part 7	Day 01 (p.196-201)	Day 02 (p.202-207)	Day 03 (p.208-213)	Day 04 (p.214-219)	Day 05&06(1/2) (p.220-229)
2nd Week	Part 5&6	Day 06 (p.70-77)	Day 07 (p.78-85)	Day 08 (p.86-93)	Day 09 (p.94-101)	Day 10 (p.102-109)
	Part 7	Day 06(2/2)&07 (p.230-237)	Day 08 (p.238-243)	Day 09 (p.244-249)	Day 10 (p.250-255)	Day 11 (p.256-261)
3rd Week	Part 5&6	Day 11 (p.110-117)	Day 12 (p.118-127)	Day 13 (p.128-135)	Day 14 (p.136-141)	Day 15 (p.142-149)
	Part 7	Day 12 (p.262-267)	Day 13 (p.268-273)	Day 14 (p.274-279)	Day 15 (p.280-285)	Day 16 (p.286-293)
4th Week	Part 5&6	Day 16 (p.150-159)	Day 17 (p.160-169)	Day 18 (p.170-177)	Day 19, 20 (p.178-193)	실전모의고사 Part 5&6 (별책 p.2-8)
	Part 7	Day 17 (p.294-301)	Day 18 (p.302-309)	Day 19 (p.310-317)	Day 20 (p.318-325)	실전모의고사 Part 7 (별책 p.9-29)

→ 20일 완성의 경우 위의 표를 따르고, 10일 단기 완성을 원할 경우 위의 표에서 이틀 분량을 하루에 걸쳐서 학습하세요.

무료 토익·토스·오픽·지텔프 자료 제공

Hackers.co.kr

20일 만에 끝내는
해커스 토익 750+ RC

DAY 01 주어/동사/목적어/보어/수식어

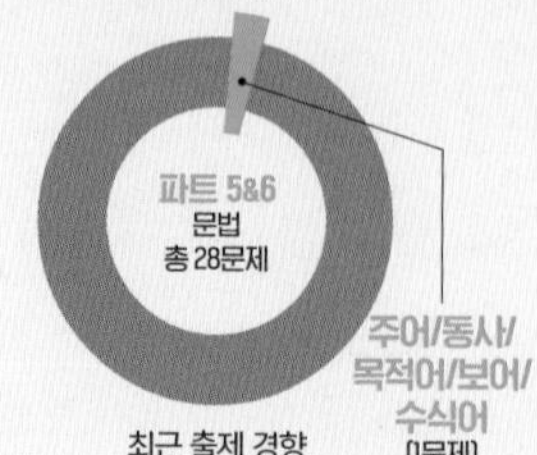

· **주어/동사/목적어/보어/수식어** 문제는 평균 1문제 정도 출제된다. 주어/동사/목적어/보어/수식어 자리에 올 수 있는 알맞은 형태를 채우는 문제가 주로 출제된다.

기본기 다지기

1. 동사는 문장에서 동작이나 상태를 나타내고, 주어는 그 동작이나 상태의 주체를 가리키는 말이다. 주어와 동사는 문장에서 없어서는 안될 필수 성분이다.

   The speakers arrived at 2 o'clock. 연설자들은 2시에 도착했다.
   (The speakers: 주어 / arrived: 동사)

2. 목적어는 동사의 대상을 나타내는 말이며, 목적어가 필요한 동사 뒤에 반드시 나와야 하는 필수 성분이다.

   Mr. Scott left his luggage in the lobby. Mr. Scott은 그의 짐을 로비에 두고 왔다.
   (his luggage: 목적어)

3. 보어는 주어나 목적어를 보충해 주는 말이며, 보어가 필요한 동사 뒤에 반드시 나와야 하는 필수 성분이다.

   The weather yesterday was stormy. 어제 날씨는 폭풍우가 몰아쳤다.
   (stormy: 보어)

4. 수식어는 필수 성분에 의미를 더해주는 역할을 하며, 문장에서 없어도 되는 부가 성분이다.

   Ellen is standing on the street corner. Ellen은 길 모퉁이에 서 있다.
   (on the street corner: 수식어)

기출포인트 01 주어 자리

❶ 주어 자리에는 명사 역할을 하는 것들이 올 수 있다.

명사구 The devices of DC Electronics are dependable.
DC Electronics사의 기기들은 믿을만하다.

대명사 He will need more assistants for the event.
그는 행사에 더 많은 보조자들이 필요할 것이다.

동명사구 Using the new accounting program is easy.
새로운 회계 프로그램을 사용하는 것은 쉽다.

to 부정사구 To speak a foreign language requires practice.
외국어를 말하는 것은 연습을 요한다.

명사절 What the speaker said was very inspiring.
연설자가 말한 것은 매우 고무적이었다.

❷ 동사, 형용사 등은 주어 자리에 올 수 없다.

The (~~reduce~~, reduction) of staff was due to the poor economy.
직원 감축은 침체된 경기 때문이었다.

Ms. Nelson's (~~dedicated~~, dedication) to the company contributed to her recent promotion.
회사에 대한 Ms. Nelson의 헌신은 그녀의 최근 승진에 기여했다.

토익 실전 Check-up 둘 중 알맞은 것을 고르세요. 정답·해석·해설 p.2

1. Most of Belle Cosmetics' (productive, products) are manufactured in France.
2. (Finding, Find) an affordable apartment is difficult.

기출포인트 02

동사 자리

❶ 동사 자리에는 '(조동사 +) 동사', 'be동사 + -ing', 'be동사/have동사 + p.p.'가 올 수 있다.

(조동사 +) 동사 — Our sales representatives (can) help you with any problems.
우리의 판매 직원들은 어떤 문제에도 여러분을 도울 수 있습니다.

be동사 + -ing — Reynolds Department Store is selling all women's accessories at half price.
Reynolds 백화점은 모든 여성용 액세서리를 반값에 판매하는 중이다.

be동사 + p.p. — The flight from Nashville is expected to arrive at 7 P.M. tomorrow.
내슈빌발 항공편은 내일 저녁 7시에 도착할 것으로 예상된다.

have동사 + p.p. — Ms. Bancroft has read the proposal on the new advertising campaign.
Ms. Bancroft는 새로운 광고 캠페인에 대한 제안서를 읽었다.

❷ 동사 자리에는 수, 태, 시제가 맞는 동사가 온다.

- 동사 자리에는 주어와 수일치되는 동사가 온다.

단수 주어 — The factory's new generator (~~need~~, needs) immediate maintenance.
공장의 새 발전기는 즉각적인 정비가 필요하다.

복수 주어 — Economists (~~insists~~, insist) that market conditions will improve.
경제학자들은 시장 상황이 나아질 것이라고 주장한다.

- 동사 자리에는 능동태/수동태에 맞는 동사가 온다.

능동태 — The consultant (~~was written~~, wrote) the financial analysis report.
컨설턴트는 재무 분석 보고서를 작성했다.

수동태 — The catalogs (~~printed~~, were printed) at our Tokyo branch.
카탈로그는 우리의 도쿄 지점에서 인쇄되었다.

- 동사 자리에는 시간을 나타내는 표현과 시제가 일치하는 동사가 온다.

과거 — Ms. Wang (~~works~~, worked) for the city's most popular newspaper last year.
Ms. Wang은 작년에 그 도시에서 가장 유명한 신문사에서 일했다.

현재완료 — Profits (~~increase~~, have increased) since the company changed its marketing strategy.
회사가 마케팅 전략을 바꾼 이래로 이윤이 증가해 왔다.

❸ '동사원형 + ing'나 'to + 동사원형'은 동사 자리에 올 수 없다.

Glen Jackson (~~delivering~~, delivers) the office supplies every Monday morning.
Glen Jackson은 월요일 아침마다 사무용품을 배달한다.

Security officers (~~to inspect~~, inspect) the facilities once a month.
경비원들은 한 달에 한 번씩 시설을 점검한다.

❹ 주어 없이 시작되는 명령문의 동사 자리에는 동사원형이 오며, '동사의 과거형'이나 '동사원형 + ing', 'to + 동사원형' 등은 올 수 없다.

(~~Called~~, Call) our toll-free number to speak with a service representative.
서비스 상담 직원과 이야기하시려면 저희의 수신자 요금 부담 전화로 전화하십시오.

토익 실전 Check-up 둘 중 알맞은 것을 고르세요. 정답·해석·해설 p.2

1. The human resources department may (request, requesting) a reference letter.
2. Ms. Sasaki (to distribute, distributes) reimbursements on the last Friday of each month.

기출포인트 03

목적어 자리

❶ 목적어 자리에는 명사 역할을 하는 것들이 올 수 있다.

명사구 The Riverport Gallery delayed the art exhibit until next month.
Riverport 갤러리는 다음 달까지 예술품 전시를 연기했다.

대명사 Anna's experience as a hotel receptionist made her interested in studying management.
호텔 접수원으로 일했던 Anna의 경험은 그녀가 경영을 공부하는 데 관심을 갖게 만들었다.

동명사구 The supervisor suggested monitoring employees' Internet usage.
그 관리자는 직원들의 인터넷 사용을 감시하는 것을 제안했다.

to 부정사구 Brooks Textiles wants to increase production by 4 percent next quarter.
Brooks Textiles사는 다음 분기에 생산을 4퍼센트 늘리기를 원한다.

명사절 The airline announced that the flight was canceled.
그 항공사는 그 항공편이 결항되었다고 알렸다.

❷ 동사, 형용사 등은 목적어 자리에 올 수 없다.

City authorities are planning an (~~expand~~, expansion) of the local transit system.
시 당국은 지역 운송 시스템의 확장을 계획하고 있다.

Ms. Krause found a (~~defective~~, defect) in the new desk she ordered.
Ms. Krause는 그녀가 주문한 새 책상에서 결함을 발견했다.

토익 실전 Check-up 둘 중 알맞은 것을 고르세요. 정답·해석·해설 p.2

1. Santech Incorporated provides (supportive, support) to employees taking professional development courses.
2. The head accountant recommended (reducing, reduce) costs for business travel.

기출포인트 04

보어 자리

❶ 보어 자리에는 명사나 형용사 역할을 하는 것들이 올 수 있다.

• 명사 역할을 하는 것들

명사구 Good communication skills are an asset for office managers.
훌륭한 의사소통 능력은 사무장들에게는 강점이다.

동명사구 Teri's least favorite task is filing documents.
Teri가 가장 선호하지 않는 업무는 서류 정리이다.

to 부정사구 The objective of Newman Investment is to hire the best accountants.
Newman Investment사의 목표는 최고의 회계사들을 고용하는 것이다.

명사절 The difficulty is that all orders must be delivered within a week.
어려운 점은 모든 주문이 일주일 안에 배송되어야 한다는 것이다.

• 형용사 역할을 하는 것들

형용사 All memberships are renewable by simply filling out a form on our Web site.
모든 회원권은 웹사이트에서 간단히 양식을 작성하는 것만으로도 갱신할 수 있다.

분사 The lecture on e-commerce was interesting.
전자상거래에 관한 강의는 흥미로웠다.

❷ 주어나 목적어와 동격 관계를 이루면 보어 자리에 명사가 오고, 주어나 목적어를 설명해주면 형용사가 온다.

주어와 동격 The establishment of new markets is now an economic (~~necessary~~, necessity).
주어
새로운 시장의 설립은 이제 경제적인 필요이다.

목적어와 동격 Most critics called the new movie (~~disappointed~~, a disappointment).
목적어
대부분의 평론가들은 그 새로운 영화를 졸작이라고 일컬었다.

주어 설명 The airport's executive lounge was (~~impression~~, impressive).
주어
공항의 귀빈 라운지는 인상적이었다.

목적어 설명 The speaker made the audience (~~excitement~~, excited) during his presentation.
목적어
그 연사는 발표하는 내내 청중들을 흥분하게 했다.

❸ 동사, 부사는 보어 자리에 올 수 없다.

Only formal clothing is (~~accept~~, acceptable) for the awards ceremony next week.
다음 주 시상식에는 격식을 갖춘 복장만이 허용된다.

The tourist information desk is (~~helpfully~~, helpful) for finding accommodation and restaurants.
관광 안내 데스크는 숙박 시설과 식당을 찾기에 유용하다.

토익 실전 Check-up 둘 중 알맞은 것을 고르세요. 정답·해석·해설 p.2

1. The secretary was (cautious, cautiously) not to disturb the business meeting next door.
2. Even though he had little experience in the field, Jake became the (manage, manager).

기출포인트 05

수식어

❶ 수식어 자리에는 전치사구, to 부정사구, 분사(구문), 관계절, 부사절이 올 수 있다.

전치사구 Before the meeting, Louis spoke with his supervisor.
회의 전에, Louis는 그의 상관과 이야기를 나누었다.

to 부정사구 Visitors should stop by the front desk to register for the convention.
방문객들은 총회에 등록하기 위해 안내 데스크에 들러야 한다.

분사(구문) Employees working in the Winnipeg branch feel that their office is too small.
위니펙 지점에서 근무하는 직원들은 그들의 사무실이 너무 좁다고 생각한다.

관계절 Mr. Burns enjoys meeting people who work in different industries.
Mr. Burns는 다른 산업에 종사하는 사람들을 만나는 것을 즐긴다.

부사절 As soon as Ms. Lintan arrived at the office, the secretary gave her the message.
Ms. Lintan이 사무실에 도착하자마자, 비서가 그녀에게 메시지를 전했다.

※ 전치사구는 DAY 13(p.128), to 부정사구는 DAY 06(p.70), 분사(구문)는 DAY 08(p.86), 관계절은 DAY 15(p.142), 부사절은 DAY 16(p.150)에서 자세히 다룬다.

❷ 수식어구를 이끄는 것과 수식어절을 이끄는 것은 다르다.

	수식어구	수식어절
형태	주어, 동사가 없는 '구' 형태	주어, 동사가 있는 '절' 형태
종류	전치사구, to 부정사구, 분사(구문)	관계절, 부사절

수식어 안에 동사가 없으면 → 수식어구를 이끄는 전치사, to 부정사, 분사가 와야 한다.
수식어 안에 동사가 있으면 → 수식어절을 이끄는 관계사, 부사절 접속사가 와야 한다.

(~~Because~~, Due to) poor weather conditions, all flights to Toronto have been delayed.
열악한 기상 조건 때문에, 모든 토론토행 비행편이 지연되었다.

(~~Despite~~, Even though) profits are up, the president still wants to cut expenses by 2 percent.
수익이 증가함에도 불구하고, 사장은 여전히 비용을 2퍼센트 줄이기를 원한다.

토익 실전 Check-up 둘 중 알맞은 것을 고르세요. 정답·해석·해설 p.2

1. Guests can come by the lobby (to receive, receive) their complimentary tourist maps.
2. (During, After) the team arrived at the hotel, they went out to a Chinese restaurant for dinner.

HACKERS **TEST**

제한 시간 12분

Part 5

01 The owner of the hotel chain expects reduced ------- in the hospitality industry because of cutbacks in corporate spending for business travel.

(A) grow (B) growth
(C) grown (D) grew

02 ------- on the company's new infrastructure will be held the day after the public announcement of the merger.

(A) Discussed (B) Discuss
(C) Discusses (D) Discussions

03 Property developers are ------- to build a residential area near the power plant.

(A) hesitates (B) hesitation
(C) hesitant (D) hesitate

04 ------- its monthly production target, Sanders Corporation decided to build an additional factory.

(A) Achieves (B) Achievement
(C) To achieve (D) Achieve

05 ------- for the research and development position are required to submit at least two letters of reference.

(A) Apply (B) Applicants
(C) Applied (D) Applicable

06 ------- our Web site to place an order and track its delivery to your home.

(A) Visited (B) Visits
(C) Visit (D) Visiting

07 Coronation Engineering ------- a slight decrease in building projects for the next two quarters.

(A) anticipates (B) anticipation
(C) anticipating (D) anticipatory

08 The bank's quarterly ------- have dropped by 25 percent since last quarter because of unpaid mortgage loans.

(A) profits (B) profitably
(C) profited (D) profitable

09 The three-bedroom apartment on the 12th floor had been ------- for several months before the new tenants moved in.

(A) vacant (B) vacates
(C) vacancies (D) vacancy

10 Experts ------- that the regional economy should improve within the next two years.

(A) predicting (B) predictable
(C) predictive (D) predict

11 When calling customer service, please ------- your account information.

(A) prepare (B) to prepare
(C) preparing (D) will prepare

12 ------- several new routes were added going to City Hall, traffic around the area has significantly decreased.

(A) Since (B) During
(C) Due to (D) Except for

13 Customer demands usually ------- the future production of a particular product.

(A) influencing (B) influences
(C) influence (D) influential

14 Attendees to the air travel hospitality workshop can ------- for all the events listed on the schedule.

(A) registration (B) registering
(C) register (D) registry

15 Even though the leather couch was very comfortable, Jordan did not find it ------- for his apartment.

(A) suitable (B) suiting
(C) suits (D) suit

16 Head researcher Hugh Baldwin ------- staff members at a laboratory run by Hamilton & Lee Corporation.

(A) supervision (B) supervises
(C) supervising (D) supervisor

17 Albert Vinzons has become ------- for his sharply focused portraits and abstract compositions.

(A) popular (B) population
(C) popularity (D) populate

18 The committee has already made a quick ------- about the location of the new manufacturing plant.

(A) decided (B) decision
(C) decide (D) decisively

Part 6

Questions 19-22 refer to the following advertisement.

Great savings on *Earthlife Magazine*!

Renew your current subscription this month and get a stylish Troopers laptop bag and a -------(19) edition of *Earthlife Magazine Almanac*. Only 500 of these have been printed. You will even -------(20) 20 percent off the regular subscription rate of $75.60.

And we have an additional special offer. Sign up for another monthly magazine from Supermind Publications and -------(21) only half the annual rate for all 12 issues. That's a total savings of 70 percent for two subscriptions! -------(22). So act now while the offer lasts! Supermind Publications accepts all valid credit cards.

This promotion is available until February 22.

19 (A) revised (B) limited
(C) digital (D) standard

20 (A) receive (B) receiving
(C) to receive (D) receipt

21 (A) invest (B) order
(C) request (D) pay

22 (A) No other subscription service offers such big discounts.
(B) This is the newest bi-monthly publication on the market.
(C) You can enjoy our articles online by becoming a member.
(D) Some of our periodicals are published quarterly.

정답 · 해석 · 해설 p.2

기출 어휘 리스트 최빈출 동사 어휘 1

01 **specify**[spésəfài] (구체적으로) 명시하다

specify the current address on the form
양식에 현재 주소를 명시하다

02 **commend**[kəménd] 칭찬하다, 추천하다

commend him on the store's successful operations
가게의 성공적인 운영에 대해 그를 칭찬하다

03 **mandate**[mǽndeit] 지시하다, 권한을 주다

mandate a decrease in labor costs of 15 percent
인건비의 15퍼센트 축소를 지시하다

04 **extend**[iksténd] 연장하다, 늘이다

extend the promotional offer until next week
판촉 할인을 다음 주까지 연장하다

05 **discourage**[diskə́:ridʒ] 단념시키다

discourage residents from parking illegally
주민들이 불법 주차하는 것을 단념시키다

06 **exceed**[iksí:d] 초과하다

exceed the carry-on baggage allowance limit
기내 휴대용 수하물 허용 한도를 초과하다

07 **discontinue**[dìskəntínju:] 중지하다

discontinue sales of a cosmetics line
화장품 판매를 중지하다

08 **postpone**[poustpóun] 연기하다

postpone the departure of the train to 3 o'clock
기차의 출발을 3시로 연기하다

09 **address**[ədrés] (문제 등을) 제기하다

address complaints about customer service
고객 서비스에 대한 불만을 제기하다

10 **attend**[əténd] 참석하다

ask Mr. Wallis to **attend** the interview
Mr. Wallis에게 면접에 참석하라고 요청하다

11 **arrange**[əréindʒ] 정하다, 준비하다

arrange an interview schedule with the applicants
지원자들과 인터뷰 일정을 정하다

12 **permit**[pərmít] 허용하다

permit entrance to the facility
그 시설로의 입장을 허용하다

13 **consult**[kənsʌ́lt] 상담하다

consult a lawyer about the lease
임대차 계약에 관해 변호사와 상담하다

14 **require**[rikwáiər] 요청하다, 요구하다

require attendees to complete a survey
참석자들에게 설문 조사를 작성하라고 요청하다

15 **reserve**[rizə́:rv] (좌석·방 등을) 예약하다

reserve a table for the luncheon
오찬을 위해 테이블을 예약하다

16 **institute**[ínstətjù:t] 제정하다

institute an efficient attendance system
효율적인 출석 시스템을 제정하다

17 **grant**[grænt] 수여하다

grant employees paid holidays on a regular basis
직원들에게 정기적으로 유급 휴가를 수여하다

18 **announce**[ənáuns] 발표하다

announce an upcoming event
다가오는 행사를 발표하다

19-20 **answer**[ǽnsər] 대답하다 : **respond**[rispάnd] 응답하다

answer는 질문·명령 등에 답하거나 전화를 받는 것을 의미하고, respond는 발생한 일이나 누군가 한 말에 대한 반응으로 응답하는 것을 의미한다.
answer questions after the speech 연설 후 질문에 대답하다
respond to the cheers of the crowd by waving 군중들의 환호에 손을 흔들어 응답하다

토익 실전 문제 ⏱ 제한 시간 5분

01 Mr. Thomas will ------- the shareholders meeting this afternoon at the Lyons Convention Hall.

(A) appear (B) arise
(C) attend (D) return

02 The candidate running for mayor will ------- key issues in the community during his speech.

(A) speak (B) exclaim
(C) address (D) remark

03 A spokesperson for the company is expected to ------- the names of the executives who will head the Amsterdam office.

(A) impose (B) adjust
(C) announce (D) approach

04 The assistant ------- all of Ms. Terrance's calls when she is not in the office or when she's attending a meeting.

(A) replies (B) communicates
(C) responds (D) answers

05 As a temporary manager, Mr. Feldman does not have any authorization to ------- substantial changes to office policies.

(A) mandate (B) convert
(C) describe (D) license

06 Users must ------- their preferred shipping method when completing an online order.

(A) resolve (B) specify
(C) involve (D) appeal

07 All current members of the legal staff are ------- to participate in the workshop, unless they are scheduled for business trips.

(A) preferred (B) required
(C) reported (D) excluded

08 Professor Harmon's keynote speech was ------- until tomorrow night because his flight has been delayed.

(A) postponed (B) continued
(C) reserved (D) connected

09 Mary Anne was ------- by her supervisor for doing a superb job of preparing the annual report.

(A) agreed (B) confirmed
(C) commended (D) approved

10 For just $10 more a month, employees may ------- their health coverage to include immediate family members.

(A) extend (B) unfold
(C) multiply (D) proliferate

정답 · 해석 · 해설 p.4

동사의 형태와 종류

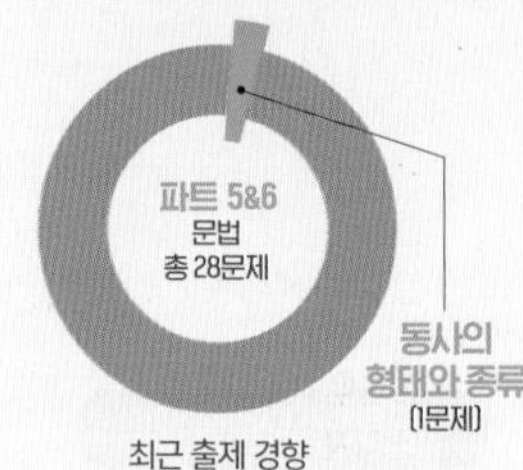

· **동사의 형태와 종류** 관련 문제는 출제 비율이 높지 않지만, 가끔 1문제 정도 출제된다. 조동사 다음에 동사 원형을 채우는 문제가 주로 출제된다.

기본기 다지기

1. 동사는 다섯 가지 형태를 지닌다.

기본형(동사원형)	The directors meet once a month. 이사들은 한 달에 한 번 만난다.
3인칭 단수 현재형(동사원형 + s)	Alex enjoys working in a trading firm. Alex는 무역회사에서 근무하는 것을 즐긴다.
과거형(동사원형+ ed / 불규칙 변화)	Mr. Cruz submitted his manuscript to the publishers. Mr. Cruz는 출판업자들에게 그의 원고를 제출했다. The manager told me to write a cover letter. 부장은 나에게 자기소개서를 쓰라고 했다.
현재분사형(동사원형+ ing)	The CEO is interviewing researchers. 최고 경영자는 연구원들을 면접하는 중이다.
과거분사형(동사원형+ ed / 불규칙 변화) * 과거분사형(past participle)은 주로 약자 p.p.로 표기한다.	The contract was revised by the company's lawyers. 그 계약서는 회사 변호사들에 의해 검수되었다. The real estate agent had found several apartments. 부동산 중개인은 아파트 몇 개를 찾았다.

2. 동사는 뒤에 목적어가 필요 없는 자동사와, 목적어가 필요한 타동사로 나뉜다. 자동사는 1·2형식 문장을, 타동사는 3·4·5형식 문장을 만든다.

1형식(주어 + 자동사)	Ms. Pearson retired. Ms. Pearson은 은퇴했다.
2형식(주어 + 자동사 + 보어)	The Dot450 smartphone is popular. Dot450 스마트폰은 인기가 있다.
3형식(주어 + 타동사 + 목적어)	Brenda likes exercising. Brenda는 운동하는 것을 좋아한다.
4형식(주어 + 타동사 + 간접 목적어 + 직접 목적어)	The editor sent the writer the article. 그 편집자는 기자에게 기사를 보냈다.
5형식(주어 + 타동사 + 목적어 + 목적격 보어)	The complaint made the supervisor frustrated. 그 불평은 관리자를 낙담하게 만들었다.

기출포인트 01

조동사 + 동사원형

❶ 조동사(will/would, may/might, can/could, must, should) 뒤에는 동사원형이 온다.

The supervisor will (~~to speak~~, speak) to the payroll department about your wage increase.
관리자가 당신의 임금 인상에 대해 경리부서에 이야기할 것입니다.

Studies show that this medication may (~~reduced~~, reduce) stress.
연구는 이 약물이 스트레스를 줄일 수 있다는 것을 보여준다.

❷ 조동사처럼 쓰이는 표현들 뒤에도 동사원형이 온다.

ought to ~해야 한다	had better ~하는 게 좋다	would like to ~하고 싶다	be able to ~할 수 있다
have to ~해야 한다	be going to ~할 것이다	used to ~하곤 했다	

You had better (~~called~~, call) the client back first thing in the morning.
당신은 아침에 가장 먼저 그 고객에게 다시 전화하는 것이 좋다.

Most of the employees will be able to (~~attending~~, attend) computer classes after work.
직원들의 대부분은 퇴근 후 컴퓨터 수업에 참석할 수 있을 것이다.

토익 실전 Check-up 둘 중 알맞은 것을 고르세요. 정답·해석·해설 p.5

1. Ms. Cohen would (to be, be) happy to arrange a meeting for you.
2. Shipping department employees have to (delivered, deliver) all packages on time.

기출포인트 02

진행형 / 수동형 / 완료형

❶ be동사/have동사는 -ing/p.p.와 결합하여 진행형, 수동형, 완료형이 된다.

진행형	be + -ing	NEXT Limited is offering extended warranties on all computer models. NEXT사는 모든 컴퓨터 모델에 연장된 보증기간을 제공하고 있다.
수동형	be + p.p.	The manuals were printed on Monday and sent to our clients. 안내서는 월요일에 인쇄되어 고객들에게 배송되었다.
완료형	have + p.p.	Breckeridge Incorporated has created another successful TV advertisement. Breckeridge사는 또 하나의 성공적인 텔레비전 광고를 만들어냈다.

❷ be동사와 have동사 다음에는 동사원형이 올 수 없다.

A health care package is (~~provide~~, provided) to employees who sign a two-year contract.
건강 관리 패키지는 2년짜리 계약에 서명하는 직원들에게 제공된다.

Alberto's secretary has (~~reserve~~, reserved) three tickets for this Friday's concert.
Alberto의 비서는 이번 주 금요일 콘서트를 위한 표 세 장을 예약해 두었다.

토익 실전 Check-up 둘 중 알맞은 것을 고르세요. 정답·해석·해설 p.5

1. Susan Hall has (work, worked) as the chef since the restaurant opened five years ago.
2. The meals were (prepare, prepared) by a highly recommended caterer.

기출포인트 03

자동사와 타동사 구별

❶ 자동사는 목적어를 취할 때 반드시 전치사가 필요한 반면, 타동사는 전치사 없이 목적어를 바로 갖는다.

자동사 Sales representatives should (~~respond~~, respond to) customer complaints promptly.
판매 사원들은 소비자 불만에 즉시 대응해야 한다.

타동사 Brandon (~~reports to~~, reports) the news to the senior editor.
Brandon은 선임 편집자에게 뉴스 기사를 전한다.

❷ 혼동하기 쉬운 자동사와 타동사를 구별해서 사용한다.

의미	자동사 + 전치사 + 목적어	타동사 + 목적어
말하다	speak to the employees 직원들에게 말하다 speak about the project 프로젝트에 대해 이야기하다 converse with the director 이사와 대화하다 talk to the customers 고객들과 이야기하다 talk about the topic 주제에 대해 이야기하다 account for the losses 손해에 대해 설명하다	tell the truth 사실을 말하다 discuss the plans 계획을 논의하다 mention the problem 문제를 언급하다 explain the situation 상황을 설명하다 address a customer 고객에게 말을 하다
답하다	respond to the e-mail 이메일에 답변하다 reply to the letter 편지에 답장하다	answer the questions 질문에 답하다
찬성하다	agree with(to, on) the change 변화에 동의하다 consent to the agreement 계약에 동의하다	approve the request 요청을 승낙하다
반대하다	object to the conclusions 결과에 반대하다	oppose the decision 결정에 반대하다
기타	participate in the contest 경기에 참여하다 arrive at the venue 장소에 도착하다 wait for the delivery 배달물을 기다리다	attend the conference 회의에 참석하다 reach the airport 공항에 도착하다 await the promotion 판촉 상품을 기다리다

토익 실전 Check-up 둘 중 알맞은 것을 고르세요. 정답·해석·해설 p.5

1. Ms. McGee will (tell, talk) to her supervisor about hiring an assistant.
2. Credit card companies only (approve, agree) applications which have been fully completed.

기출포인트 04

제안 · 요청 · 의무의 주절을 뒤따르는 that절엔 동사원형

❶ 주절에 제안·요청·의무를 나타내는 동사/형용사/명사가 나오면, 종속절에는 동사원형이 온다.

동사	suggest 제안하다	propose 제안하다	recommend 추천하다	request 요청하다	ask 요청하다
	require 요구하다	demand 요구하다	insist 주장하다	command 명령하다	order 명령하다
형용사	imperative 필수적인	essential 필수적인	necessary 필요한	important 중요한	
명사	advice 충고				

The building manager asked that the visitor (~~leaves~~, leave) before 8:00 P.M.
그 건물 관리인은 방문객이 오후 8시 전에 떠나기를 요청했다.

It is essential that this project (~~is completed~~, be completed) by March 10.
이 프로젝트가 3월 10일까지 완료되어야 한다는 것은 필수적이다.

The doctor's advice is that the patient (~~rests~~, rest) in bed.
의사의 충고는 그 환자가 침대에서 휴식을 취해야 한다는 것이다.

토익 실전 Check-up 둘 중 알맞은 것을 고르세요. 정답·해석·해설 p.6

1. Customers suggested that the shopping bags (are changed, be changed) to recyclable ones.
2. It is necessary that the worker (wears, wear) safety gear when using a machine.

HACKERS **TEST**

제한 시간 12분

Part 5

01 Lois Rowe has ------- that all part-time staff members hand in their time cards on the last Friday of each month.

(A) requests (B) requesting
(C) requested (D) request

02 Ms. Sanders said that the transportation strike is mostly what ------- for the heavy traffic congestion.

(A) accounts (B) waits
(C) mentions (D) reaches

03 Local citizens are able to actively ------- in the literacy program by sponsoring children's education.

(A) participates (B) participate
(C) participating (D) participation

04 The event planner has ------- that the head office hold its awards ceremony at the Depland Hotel in Berlin.

(A) suggestion (B) suggesting
(C) suggests (D) suggested

05 Mr. Cole is ------- interviews with all the applicants for the editorial position.

(A) schedule (B) scheduled
(C) schedules (D) scheduling

06 Mr. Wilkinson proposed that the marketing team ------- ready to work overtime next week.

(A) be (B) is
(C) being (D) to be

07 Venti Automotive ------- its plant with updated machinery, which has helped increase production rates.

(A) was equipped (B) equipped
(C) equipment (D) to equip

08 Operating hours for Orchard View Mall are ------- until ten in the evening during the holiday shopping season.

(A) extend (B) extension
(C) extends (D) extended

09 All accounting staff can ------- the seminars next week if they receive approval from their supervisors.

(A) attend (B) attendance
(C) attending (D) attends

10 Helen Wheeler's appointment was not -------, as the board of directors felt she lacked the necessary experience.

(A) approved (B) approving
(C) approves (D) approval

11 Only passengers who have cleared security and immigration may ------- the departure area.

(A) enters (B) entrance
(C) enter (D) entering

12 Guests of the Principe Grand are ------- from the hotel to the event venue in complimentary shuttle buses.

(A) transporting (B) transportations
(C) transports (D) transported

13 During the lecture, the professor ------- several popular marketing strategies used to sell products and services across the world.

(A) spoke (B) mentioned
(C) talked (D) replied

14 Vehicles left unattended at the front entrance of the building will be ------- at the owner's expense.

(A) removed (B) removal
(C) remove (D) removes

15 Because demand has been so high, Al Burj Department Store will ------- its order of Luxor cosmetics by 30 percent.

(A) increase (B) increases
(C) increased (D) increasing

16 Many food critics have ------- the new restaurant and written positive reviews.

(A) try (B) tried
(C) tries (D) trying

17 Giovanni would like to ------- the manager to get permission to order the new software.

(A) meeting (B) meet
(C) met (D) meets

18 It is required that all factory workers ------- the company's dress code policy.

(A) will follow (B) followed
(C) following (D) follow

Part 6

Questions 19-22 refer to the following letter.

Dear Ms. Fullham,

Thank you for ------- (19) a booth at the Melbourne Career Expo. Enclosed with this letter is a list of guidelines for setting up your booth.

For more than five years, this annual event has been the perfect meeting place for employers and job seekers in the city. Therefore, you can be ------- (20) that you will find competent professionals for your company's workforce. During the expo, photocopiers, computer printers, and Internet services will be available to participating firms at no ------- (21) charge. We can even provide you with useful tips and advice to draw students to your company. ------- (22). Arranging booths and materials at Albert Plaza is permitted only on the day before the event begins.

If you need any assistance, please call 555-5753. Thank you.

19 (A) donating (B) reserving
(C) designing (D) building

20 (A) assure (B) assured
(C) assuring (D) assuredly

21 (A) personal (B) alternative
(C) bonus (D) extra

22 (A) Thousands of students enroll in higher education institutions.
(B) Our job fairs will be held annually beginning this year.
(C) Hopefully, this will contribute to the success of your booth.
(D) You may take advantage of our printing services after paying the fee.

정답 · 해석 · 해설 p.6

기출 어휘 리스트 최빈출 동사 어휘 2

01 **evaluate** [ivǽljuèit] 평가하다

evaluate Mr. Brown's performance as a manager
부장으로서 Mr. Brown의 성과를 평가하다

02 **deliver** [dilívər] (물건·편지 등을) 전하다, 배달하다

deliver an invitation in person
초대장을 직접 전하다

03 **restore** [ristɔ́ːr] 복구하다

restore the national monuments in Paris
파리의 국가 유물을 복구하다

04 **expire** [ikspáiər] 만기가 되다

notice the permits **expire** on September 27
9월 27일에 허가가 만기가 됨을 통지하다

05 **implement** [ímpləmənt] 실행하다

implement a museum construction plan
박물관 건설 계획을 실행하다

06 **attract** [ətrǽkt] 끌다, 유치하다

attract a younger demographic to the tourist site
젊은 인구층을 관광지로 끌다

07 **clarify** [klǽrəfài] 명확하게 하다

clarify details of the new return policy
새로운 반품 정책의 세부사항을 명확하게 하다

08 **depart** [dipáːrt] 출발하다

scheduled to **depart** at 5:30 P.M.
오후 5시 30분에 출발할 예정이다

09 **notify** [nóutəfài] 통보하다

notify the CEO of Mr. Cabrea's arrival
최고 경영자에게 Mr. Cabrea의 도착을 통보하다

10 **last** [læst] 지속하다

last longer than the team expected
팀에서 예상한 것 보다 더 길게 지속하다

11 **accelerate** [æksélərèit] 촉진하다, 가속하다

accelerate plans for launching a business
사업을 시작하기 위한 계획들을 촉진하다

12 **remind** [rimáind] 상기시키다

remind members to arrive at the hotel by 2 P.M.
사원들에게 오후 2시까지 호텔에 도착할 것을 상기시키다

13 **enhance** [inhǽns] 강화하다

enhance the quality control system
품질 관리 시스템을 강화하다

14 **operate** [ápərèit] 조종하다, 운영하다

operate equipment in a safe manner
장비를 안전하게 조종하다

15 **intend** [inténd] ~할 작정이다

intend to work with H&D Incorporated
H&D사와 일할 작정이다

16 **obtain** [əbtéin] 얻다, 획득하다

obtain a receipt for the payment
지불에 대한 영수증을 얻다

17 **renew** [rinjúː] 갱신하다

renew the contract for next year
내년 계약을 갱신하다

18 **install** [instɔ́ːl] 설치하다

install light fixtures in the building
건물에 조명 기구를 설치하다

19-20 **enroll** [inróul] 등록하다 : **apply** [əplái] 지원하다

enroll은 학비 등을 지불하여 등록하는 것을 의미하며, apply는 단체 등에 가입하기 위해 편지나 양식을 작성하여 제출하는 것을 의미한다.
enroll in a leadership workshop 리더십 워크숍에 등록하다
apply to Naoles Incorporated online Naoles사에 온라인으로 지원하다

토익 실전 문제

제한 시간 5분

01 The florist said the bouquets would be ------- to the event hall by 4:30 P.M. at the latest.

(A) manufactured (B) invested
(C) delivered (D) assigned

02 The secretary was asked to ------- the stockholders of a general meeting to be held on Friday evening at the Knowles Business Center.

(A) notify (B) communicate
(C) convey (D) allow

03 Visitors to the gallery are ------- that flash photography is not permitted in any of the exhibition areas.

(A) memorized (B) reminded
(C) recalled (D) recognized

04 *Green Supporters Magazine* provides a hotline for customers wishing to ------- their subscriptions to the publication.

(A) renew (B) discount
(C) promote (D) agree

05 Ms. Jansen ------- to meet with the inspection team to hear the results of the safety report.

(A) explains (B) intends
(C) requires (D) entails

06 The first train to Karachi from the central station is scheduled to ------- at 1 P.M. tomorrow.

(A) increase (B) depart
(C) vacate (D) carry

07 An exhibition of ceramic items at Garrett Art Center motivated Christina to ------- in a pottery workshop to be conducted at the center.

(A) apply (B) enroll
(C) visit (D) assume

08 Wolfspeed ------- a long-distance bus service from the capital's international airport to several dozen rural destinations.

(A) achieves (B) operates
(C) repairs (D) functions

09 Visitors from some countries must ------- a visa to enter Australia for business purposes.

(A) accomplish (B) remember
(C) obtain (D) authorize

10 Even though the lobby's windows seem quite old, they were ------- only a year ago.

(A) contacted (B) entered
(C) installed (D) employed

정답 · 해석 · 해설 p.8

DAY 03 주어와의 수일치

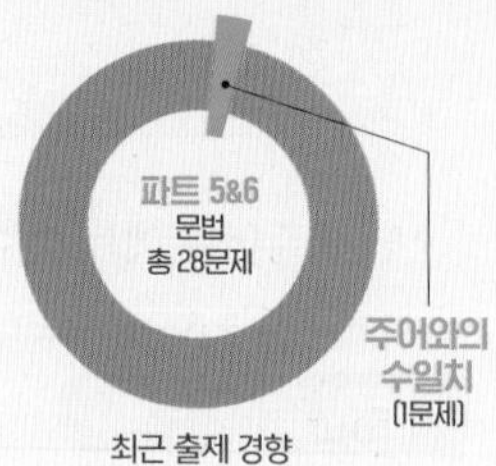

· **주어와의 수일치** 문제는 출제 비율이 높지 않지만, 가끔 1문제 정도 출제된다. 주어의 수와 일치하는 동사를 채우는 문제가 가장 많이 출제되고, 동사의 수에 일치하는 주어를 채우는 문제도 종종 출제된다.

기본기 다지기

1. 주어에 따라 동사의 수를 일치시켜야 한다. 단수 주어 뒤에는 단수 동사를, 복수 주어 뒤에는 복수 동사를 쓴다.

   A sales clerk calls clients around the country. 한 판매 직원은 전국에 있는 고객들에게 전화를 한다.
   (A sales clerk: 주어(단수), calls: 동사(단수))

   Sales clerks call clients around the country. 판매 직원들은 전국에 있는 고객들에게 전화를 한다.
   (Sales clerks: 주어(복수), call: 동사(복수))

2. 단수 동사는 동사의 기본형에 -(e)s를 붙이고 복수 동사는 동사의 기본형을 그대로 쓴다. 이러한 단수 동사와 복수 동사의 구별은 현재형일 때만 해당된다.

   The manager holds a meeting once a week. 그 관리자는 일주일에 한 번 회의를 연다.
   The managers hold a meeting once a week. 그 관리자들은 일주일에 한 번 회의를 연다.

기출포인트 01

단수 주어 뒤에는 단수 동사, 복수 주어 뒤에는 복수 동사

❶ 단수 주어 뒤에는 단수 동사를, 복수 주어 뒤에는 복수 동사를 쓴다.

The company sells food products. 그 회사는 식품 제품들을 판매한다.

Tour activities include swimming, hiking, and boating. 관광 활동은 수영, 하이킹, 보트 타기를 포함한다.

❷ 동명사구/명사절 주어는 단수 주어로 취급하여 단수 동사를 쓴다.

Listening to music reduces stress. 음악을 듣는 것은 스트레스를 줄여 준다.

What he needs is a quiet place to rest. 그가 필요로 하는 것은 쉴 만한 조용한 장소이다.

❸ 주어와 동사 사이에 있는 수식어 거품은 동사의 수 결정에 영향을 주지 않는다.

The restaurants [at the airport] (~~attracts~~, attract) many travelers.
그 공항의 식당들은 많은 여행객들을 끌어 모은다.

The user's manual [for the new cameras] (~~have~~, has) a colorful cover.
새로운 카메라들을 위한 그 사용 설명서는 형형색색의 표지를 갖고 있다.

토익 실전 Check-up 둘 중 알맞은 것을 고르세요. 정답·해석·해설 p.9

1. Our marketing (strategy, strategies) were effective in the Asian market.
2. The managers of each store (decide, decides) whether to grant overtime.

기출포인트 02

주어로 쓰인 수량 표현 · 부분/전체 표현과의 수일치

❶ 단수 취급되는 수량 표현 뒤에는 단수 동사를, 복수 취급되는 수량 표현 뒤에는 복수 동사를 쓴다.

단수 취급되는 수량 표현	복수 취급되는 수량 표현
one (+ 명사), each (+ 명사), every + 명사	many/several/few/both + (of the) + 복수 명사
the number of + 복수 명사 ~의 수	a number of + 복수 명사 많은 수의 ~
somebody, someone, something	a couple/variety of + 복수 명사
anybody, anyone, anything	
everybody, everyone, everything	
nobody, no one, nothing	

One printer in our office has malfunctioned. 우리 사무실의 프린터 한 대가 제대로 작동하지 않는다.

Many commuters take the subway to work. 많은 통근자들이 지하철로 출근한다.

❷ 부분이나 전체를 나타내는 표현이 주어로 쓰이면 of 뒤의 명사에 동사를 수일치시킨다.

all, most, any, some, half, a lot (lots)	+ of +	단수/불가산 명사 + 단수 동사
part, the rest, the bulk, percent, 분수		복수 명사 + 복수 동사

Most of the town was damaged during the flood. 마을의 대부분은 홍수 중에 피해를 입었다.

Most of the tourists visit the museum. 관광객들의 대부분은 그 박물관을 방문한다.

토익 실전 Check-up 둘 중 알맞은 것을 고르세요. 정답·해석·해설 p.9

1. Several workers (receive, receives) their paychecks weekly.
2. Most of the sales report (include, includes) inaccurate information.

기출포인트 03 접속사로 연결된 주어와의 수일치

❶ 접속사 and로 연결된 주어는 복수 취급하여 뒤에 복수 동사를 쓴다. 'Both A and B'의 경우에도 복수 동사를 쓴다.

Mr. Bing and his assistant prepare a special menu every day.
Mr. Bing과 그의 조수는 매일 특별 메뉴를 준비한다.

❷ 접속사 or로 연결된 주어(A or B)는 B에 동사를 수일치시킨다.

Flowers or a gift basket is sent to the client. 꽃 또는 선물 바구니가 고객에게 보내진다.

토익 실전 Check-up 둘 중 알맞은 것을 고르세요. 정답·해석·해설 p.9

1. Customer surveys and feedback (give, gives) companies ideas for products.
2. Two beverages or a dessert (are, is) included in the price of the meal.

HACKERS **TEST**

제한 시간 12분

Part 5

01 Many corporate leaders ------- to construct manufacturing factories in Latin America to elevate employment rates.

(A) to advise (B) advising
(C) advises (D) are advised

02 The paintings on exhibit at the gallery ------- several portraits by local artists.

(A) including (B) include
(C) is included (D) includes

03 The technician ------- surveillance cameras in all the studios and in the building's entrance.

(A) installation (B) has installed
(C) install (D) have installed

04 The building ------- for the long holiday, so please be sure to lock your filing cabinets.

(A) close (B) closing
(C) will be closing (D) are closing

05 The personnel director ------- new employees become knowledgeable about the office's management and administrative structures.

(A) helps (B) helping
(C) help (D) to help

06 What most viewers enjoy about the TV show ------- the mix of comedy and drama.

(A) are (B) were
(C) is (D) have been

07 The board members of Weston Publishing ------- the loyalty and dedication of its editors.

(A) value (B) valuing
(C) values (D) valuable

08 Most of the Web designers in the office ------- computer programs made by Exabyte Corporation.

(A) uses (B) having used
(C) users (D) are using

09 The warranty for MX series laptops ------- that faulty devices can be fixed for free.

(A) have ensured (B) are ensured
(C) ensures (D) ensure

10 Applying sunscreen on the skin ------- you from harmful rays.

(A) protects (B) to protect
(C) protecting (D) have protected

11 The ------- in the department's final sales report include data gathered from the overseas branches.

(A) figure (B) figures
(C) figuring (D) figured

12 The number of applicants hired this year ------- that of all previous years combined.

(A) exceed (B) exceeding
(C) are exceeding (D) exceeds

13 Sliver Airlines is heavily ------- on stock prices and foreign investment for capital.

(A) depend (B) dependent
(C) dependency (D) depends

14 *World of Biology*, the science documentary, ------- a lot of interesting information.

(A) contain (B) contains
(C) to contain (D) containing

15 The agreement between the landlord and the tenant ------- who is responsible for repairs.

(A) specify (B) are specified
(C) specifies (D) specifying

16 A variety of well-known celebrities ------- the movie premiere next Friday.

(A) attendee (B) are attending
(C) attends (D) has attended

17 The proposed ------- to prevent fraud are supported by all of the major banks.

(A) regulation (B) regulating
(C) regulate (D) regulations

18 The receptionist in the lobby told Giorgio that he should ------- a message for Ms. Loren.

(A) leaving (B) leave
(C) leaves (D) to leave

Part 6

Questions 19-22 refer to the following e-mail.

To: Jane Keller <j.keller@finbox.com>
From: Marty Crane <m.crane@finbox.com>
Subject: An update
Date: October 2

Dear Jane,

The requested changes to our mobile application -------(19) to be finished by later this week. Hopefully, all issues will have been resolved -------(20). In the meantime, let's prepare to conduct user testing. For starters, I'd like you to draft an e-mail for potential participants. The e-mail should focus on getting them interested in joining the activity. You can present it as an -------(21). Participants will get a special chance to try the application ahead of the general public. Keep the rest of the e-mail as brief as possible. -------(22). Send a draft to me by the end of the week. Thank you!

Marty Crane
Product development manager

19 (A) expects
(B) is expected
(C) are expected
(D) has been expecting

20 (A) satisfactorily (B) hardly
(C) politely (D) temporarily

21 (A) opinion (B) exhibit
(C) opportunity (D) example

22 (A) Most participants enjoyed taking part in the activity.
(B) Our public campaign has been well received so far.
(C) You can include a link for more detailed information.
(D) Applicants who pass the test will be invited for an interview.

정답 · 해석 · 해설 p.9

기출 어휘 리스트 최빈출 동사 어휘 3

01 **unveil**[ʌnvéil] (새로운 계획·상품을) 발표하다, 드러내다

unveil the company's expansion plan into Asia
아시아로의 회사 확장 계획을 발표하다

02 **acknowledge**[æknɑ́lidʒ] 알리다

acknowledge that the proposal has been approved
그 제안서가 승인되었음을 알리다

03 **recruit**[rikrú:t] 모집하다

recruit extra staff over the next two weeks
다음 2주 동안 추가 직원을 모집하다

04 **escort**[éskɔ:rt] 수행하다, 호위하다

escort the president to an important event
중요한 행사에 사장을 수행하다

05 **consider**[kənsídər] ~이라고 생각하다, 간주하다

consider each guest as part of the family
각각의 손님을 가족의 일부라고 생각하다

06 **demonstrate**[démənstrèit] 시연하다, 설명하다

demonstrate the new factory equipment
새로운 공장 장비를 시연하다

07 **load**[loud] (짐을) 싣다, ~을 채워 넣다

load a shipment onto the truck
트럭에 선적을 싣다

08 **face**[feis] 직면하다

face competition in the marketplace
시장에서 경쟁을 직면하다

09 **approach**[əpróutʃ] ~에 가까워지다, 다가가다

approach the date for the grand opening
개점 날짜에 가까워지다

10 **fulfill**[fulfíl] (의무·약속·직무 등을) 이행하다

fulfill the necessary requirements
필수 요건을 이행하다

11 **record**[rikɔ́:rd] 기록하다

record employees' contact information
직원들의 연락 정보를 기록하다

12 **rent**[rent] 임대하다

rent an exhibition booth at a reduced price
할인 가격으로 전시용 부스를 임대하다

13 **feature**[fí:tʃər] 특색으로 삼다

feature several interactive functions
몇가지 호환 기능을 특색으로 삼다

14 **recommend**[rèkəménd] 추천하다

recommend the downtown tour for the first day
첫날 여행으로 시내 관광을 추천하다

15 **diagnose**[dáiəgnòus] 진단하다

diagnose the cause of the symptoms
증상의 원인을 진단하다

16 **expand**[ikspǽnd] 확장하다, 넓히다

expand the business into foreign markets
사업을 해외 시장으로 확장하다

17 **preserve**[prizə́:rv] 보존하다, 보호하다

preserve the rainforests
열대 우림을 보존하다

18 **greet**[gri:t] 환영하다, 인사하다

greet visitors at the door
방문객들을 문 앞에서 환영하다

19-20 **finalize**[fáinəlàiz] 완성하다, 마무리 짓다 : **terminate**[tə́:rmənèit] 끝내다, 종결시키다

finalize는 계획 등을 완성하는 것을 의미하며, terminate는 행동, 상태 등을 종료하는 것을 의미한다.

finalize next year's budget 내년 예산을 완성하다
terminate the contract with Jian Incorporated Jian사와의 계약을 끝내다

토익 실전 문제

제한 시간 5분

01 A service volunteer is responsible for ------- audience members to their seats.

(A) escorting (B) moving
(C) locating (D) reserving

02 An engineer for Courtland Technology will ------- the new production equipment at the company's plant in Pittsburgh.

(A) demonstrate (B) comply
(C) undergo (D) interest

03 At a special ceremony attended by members of the press, Astrocom ------- its latest line of mobile phones.

(A) adopted (B) replaced
(C) confided (D) unveiled

04 After a very successful year, the CEO ------- his promise to give a 4 percent pay raise to all the advertising staff.

(A) fulfilled (B) effected
(C) positioned (D) greeted

05 Renton Towers provides free parking for tenants ------- office space, while visitors are required to pay a small fee.

(A) supplying (B) living
(C) registering (D) renting

06 Periwinkle Corporation, the leading Internet service provider in Canada, was ------- for its technological innovations.

(A) announced (B) acknowledged
(C) founded (D) implemented

07 All drivers must check the delivery list before any merchandise is ------- onto the trucks.

(A) inserted (B) loaded
(C) shipped (D) prepared

08 The radio said that the storm was fast ------- and that residents should make ready for it.

(A) reducing (B) reporting
(C) approaching (D) expiring

09 Orchard Park Mall is ------- its current facilities to include 12 additional retail spaces.

(A) preventing (B) distributing
(C) expanding (D) focusing

10 Representatives from both companies are expected to ------- the details of the agreement over the next few days.

(A) terminate (B) finalize
(C) categorize (D) cancel

정답 · 해석 · 해설 p.11

능동태/수동태

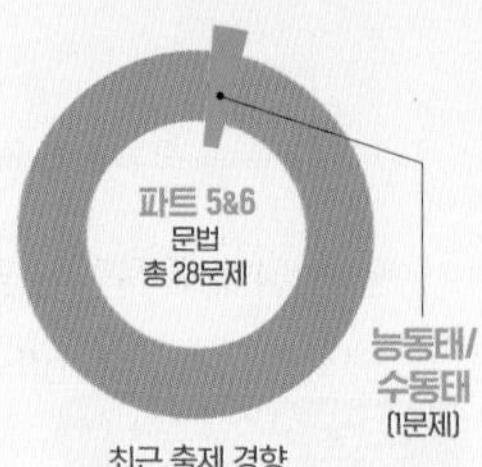

· **능동태/수동태** 관련 문제는 평균 1문제 정도 출제되며 최대 3문제까지 출제된다. 능동태와 수동태를 구별하여 태에 맞는 동사의 전체와 일부를 채우는 문제가 가장 많이 출제된다.

기본기 다지기

1. 능동태는 '주어가 ~하다'라는 의미로 주어가 행위의 주체이며, 수동태는 '주어가 ~되다/당하다'라는 의미로 주어가 행위의 대상을 나타낸다.

   능동태 Kate designed this furniture. Kate가 이 가구를 디자인했다.

   수동태 This furniture was designed by Kate. 이 가구는 Kate에 의해 디자인되었다.

2. 수동태 동사의 기본 형태는 'be + p.p.'이다.

형태	기본형	진행형	완료형
능동태	동사의 현재/과거/미래형	be + -ing	have + p.p.
수동태	be + p.p.	be being + p.p.	have been + p.p.

3. 능동태 문장의 목적어가 수동태 문장의 주어가 되고, 능동태 문장의 주어는 수동태 문장에서 보통 'by + 목적격'으로 바뀐다.

   능동태 Greg wrote the report. Greg가 그 보고서를 작성했다.

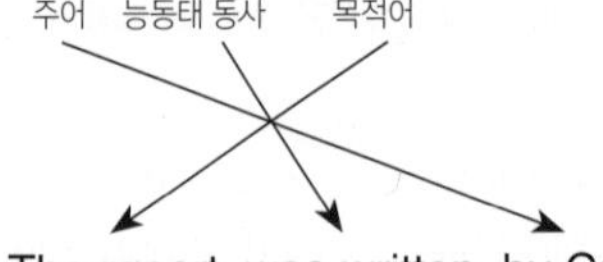

   수동태 The report was written by Greg. 그 보고서는 Greg에 의해 작성되었다.

   주어 / 수동태 동사 / by + 행위의 주체

4. 능동태 문장의 목적어가 수동태 문장의 주어가 되므로, 반드시 목적어를 가지는 타동사만 수동태가 될 수 있다. occur(발생하다), arrive(도착하다)와 같은 자동사는 수동태가 될 수 없다.

   The car accident was occurred on Robson Street. (X)

   The car accident occurred on Robson Street. (O) 그 자동차 사고는 Robson가에서 일어났다.

기출포인트 01

능동태와 수동태 구별

❶ 동사 뒤에 목적어가 있으면 능동태를, 목적어가 없으면 수동태를 선택한다.

능동태 Health officials (~~were inspected~~, inspected) the restaurants.
보건 관계자들은 식당들을 검사했다.

수동태 The restaurants (~~inspected~~, were inspected) by health officials.
식당들은 보건 관계자들에 의해 검사되었다.

❷ 감정을 나타내는 타동사는 주어가 감정의 원인이면 능동태를, 주어가 감정을 느끼면 수동태를 쓴다.

interest 흥미를 일으키다	excite 흥분시키다	please 기쁘게 하다
fascinate 매료시키다	disappoint 실망시키다	discourage 낙담시키다
dissatisfy 불평을 갖게 하다	trouble 걱정시키다	surprise 놀라게 하다

능동태 The economist's prediction of a recession (~~was discouraged~~, discouraged) investors.
불경기에 대한 경제학자의 예측은 투자자들을 낙담시켰다.

수동태 Investors (~~discouraged~~, were discouraged) by the economist's prediction of a recession.
투자자들은 불경기에 대한 경제학자의 예측으로 인해 낙담했다.

토익 실전 Check-up 둘 중 알맞은 것을 고르세요. 정답·해석·해설 p.12

1. Dr. Shanka (will complete, will be completed) the supply request forms.
2. The client (was disappointed, disappointed) that the item she ordered was out of stock.

기출포인트 **02**

4형식/ 5형식 동사의 수동태

❶ 목적어를 두 개 가지는 4형식 동사가 수동태가 될 때는, 목적어 중 한 개가 수동태 동사 뒤에 남는다. 단, 직접 목적어가 주어로 가서 수동태가 될 경우에는 수동태 동사 뒤의 간접 목적어 앞에 전치사가 온다.

능동태	Adrian sent Teresa some flowers. Adrian은 Teresa에게 꽃을 보냈다.
간접 목적어가 주어로 간 수동태	Teresa was sent some flowers. Teresa는 꽃을 받았다.
직접 목적어가 주어로 간 수동태	Some flowers were sent to Teresa. 꽃은 Teresa에게 보내졌다.

❷ 목적어와 목적격 보어를 가지는 5형식 동사가 수동태가 될 때는, 목적격 보어가 수동태 동사 뒤에 남는다.

· 목적격 보어가 '명사구'인 5형식 동사의 수동태

능동태 The bank considers the investment a failure. 그 은행은 그 투자를 실패로 여긴다.

수동태 The investment is considered a failure. 그 투자는 실패로 여겨진다.

· 목적격 보어가 'to 부정사구'인 5형식 동사의 수동태

능동태 The manager asked Julie to participate in the morning meeting.
그 관리자는 Julie에게 아침 회의에 참석할 것을 요청했다.

수동태 Julie was asked to participate in the morning meeting.
Julie는 아침 회의에 참석할 것을 요청받았다.

※ to 부정사구에 관해서는 Day 06(p.70)에서 자세히 다룬다.

토익 실전 Check-up 둘 중 알맞은 것을 고르세요. 정답·해석·해설 p.12

1. Security pass holders (permitted, were permitted) to enter the office building.
2. Employees with excellent performance (give, are given) special bonuses by management.

기출포인트 03

수동태 동사 숙어

❶ 수동태 동사 + 전치사

be satisfied with ~으로 기뻐하다	be divided into ~으로 나뉘다
be pleased with ~으로 기뻐하다	be known for ~으로 알려져 있다
be concerned about/over ~을 걱정하다	be interested in ~에 관심이 있다
be engaged in ~에 종사하다	be equipped with ~을 갖추고 있다
be related to ~와 관련되어 있다	be dedicated to ~에 헌신하다, 전념하다
be based on ~에 근거하다	be convinced of ~을 확신하다

The project will (~~divide~~, be divided) into three separate assignments.
그 프로젝트는 세 개의 별도 업무로 나뉠 것이다.

❷ 수동태 동사 + to 부정사

be required to ~하라고 요구받다	be expected to ~하리라 기대되다
be permitted to ~하도록 허가받다	be intended to ~하리라 의도되다
be encouraged to ~하라고 권고받다	be asked to ~하라고 요청받다
be invited to ~할 것을 요청받다	be scheduled to ~할 예정이다

Applicants (~~require~~, are required) to bring identification cards to the interviews.
지원자들은 면접에 신분증을 가져오도록 요구받는다.

토익 실전 Check-up 둘 중 알맞은 것을 고르세요. 정답·해석·해설 p.12

1. Lionel Barnes (was pleased, pleased) with the progress on the construction plans.
2. The launch event is (intended, intending) to promote Zen's new line of washing machines.

HACKERS **TEST**

제한 시간 12분

Part 5

01 Frequently, the executive secretary ------- to comment on specific issues while the director is away.

(A) have asked (B) asking
(C) asks (D) is asked

02 Generix's newest line of televisions is expected ------- huge profits for the company.

(A) generate (B) to generate
(C) generation (D) generated

03 People ------- many comments about the hotel's poor service.

(A) to make (B) is making
(C) have made (D) has been made

04 The regional manager of Trixie's Fashion Boutique is ------- with the performance of the new store in Amsterdam.

(A) pleasing (B) pleases
(C) pleased (D) pleasant

05 Because of the citywide transportation strike, staff will be ------- to leave the office two hours early.

(A) allowance (B) allowing
(C) allows (D) allowed

06 Recent studies of consumer spending ------- that the sale of luxury automobiles is in decline.

(A) indicating (B) indicate
(C) were indicated (D) to indicate

07 Increases in the cost of labor ------- many employers to reduce expenditures by cutting their workforce.

(A) driving (B) are driven
(C) have driven (D) were driven

08 Everyone ------- that the CEO would inform staff of the opening of a new overseas branch at the conference.

(A) anticipated (B) anticipating
(C) was anticipated (D) to anticipate

09 After the concert ------- due to the lack of a public response, the director decided to advertise it more heavily.

(A) to postpone (B) postponed
(C) is postponing (D) was postponed

10 Continental Research ------- numerous studies in the field of environmental construction and development each year.

(A) to perform (B) was performed
(C) is performed (D) performs

11 The special edition of Sue Melon's novel will ------- exclusively at Page-Turner Bookstores.

(A) have sold (B) selling
(C) be sold (D) having been sold

12 The part of the contract concerning payment options has been ------- by our foreign clients.

(A) misinterprets (B) misinterpreted
(C) misinterpreting (D) misinterpret

13 Annual budget reports are ------- to all investors at the beginning of each fiscal year.

(A) distribute (B) distributing
(C) distributes (D) distributed

14 Guests to the corporate dinner can ------- their choice of steak, salmon, or a vegetarian dish.

(A) has (B) to have
(C) having (D) have

15 The attendees of the workshop will be ------- into small groups of four.

(A) divide (B) dividing
(C) division (D) divided

16 The factory safety regulations were ------- by Mr. Keller following the facility's failure to pass inspection.

(A) revision (B) revising
(C) revised (D) revises

17 Ms. Feldman was ------- to the marketing department to assist with an important project.

(A) assign (B) to assign
(C) assigning (D) assigned

18 The preparations for next month's annual company retreat ------- by Mr. Arnold and the rest of the marketing staff.

(A) supervised (B) are supervising
(C) have supervised (D) will be supervised

Part 6

Questions 19-22 refer to the following letter.

Dear Customer,

The best way to enjoy the summer is to go out to the beach. However, -------(19) exposure to sunlight can damage the skin and may even cause skin cancer. Skinclear has a solution.

Skinclear Sunblock is made from organic chemical compounds that reflect and scatter ultraviolet rays. The product -------(20) to be safe and is 100 percent fragrance-free, which makes it ideal for sensitive skin. It is also recommended by -------(21). They include doctors at the National Dermatological Society and the Institute of Dermatological Research.

You don't need to take their word for it though. -------(22). With just one use, we're certain you'll agree that Skinclear is superior! Have a worry-free summer by protecting your skin with Skinclear Sunblock.

19 (A) equal (B) obligatory
(C) excessive (D) interrupted

20 (A) guaranteed (B) guarantees
(C) is guaranteed (D) will guarantee

21 (A) readers (B) athletes
(C) officials (D) experts

22 (A) Some sunscreens are cheaper than others.
(B) Use moisturizers daily to repair sun-damaged skin.
(C) Make sure never to use it on sensitive skin.
(D) We have enclosed a free sample for you to try.

정답 · 해석 · 해설 p.12

기출 어휘 리스트 최빈출 동사 어휘 4

01 **deliberate** [dilíbərèit] 심사숙고하다, 참고하다

deliberate before announcing the winner of the competition
대회의 우승자를 발표하기 전에 심사숙고하다

02 **witness** [wítnəs] 목격하다, 확인해 보다

witness the effects of the flyer through a rise in sales
매출의 증가를 통해 전단지의 효과를 목격하다

03 **prevent** [privént] 방지하다, 막다

prevent any possible errors
어떤 가능한 오류도 방지하다

04 **approve** [əprúːv] 승인하다

approve the organization's restructuring plan
그 단체의 개혁 계획을 승인하다

05 **remove** [rimúːv] 치우다

remove the old heating equipment
오래된 난방 장치를 치우다

06 **suspend** [səspénd] 중지하다, 연기하다

suspend flights during severe weather
험한 날씨에 비행을 중지하다

07 **review** [rivjúː] 재검토하다

review the proposal for the next project
다음 프로젝트를 위해 제안서를 재검토하다

08 **protect** [prətékt] 보호하다

protect the interests of the company's shareholders
회사 주주들의 권익을 보호하다

09 **settle** [setl] 해결하다

settle a claim for compensation
보상에 대한 요구를 해결하다

10 **attempt** [ətémpt] 시도하다

attempt to expand a market share
시장점유율을 확대하려고 시도하다

11 **guarantee** [gæ̀rəntíː] 보증하다

guarantee free shipping
무료 배송을 보증하다

12 **report** [ripɔ́ːrt] 보고하다, 보도하다

report a decrease in revenue
수익 감소를 보고하다

13 **prolong** [prəlɔ́ːŋ] 연장하다, 늘이다

prolong the duration of the ceremony
행사 기간을 연장하다

14 **determine** [ditə́ːrmin] 결정하다

determine the best location to build a factory
공장을 건설할 최적의 위치를 결정하다

15 **hesitate** [hézətèit] 주저하다

hesitate to contact Michael Lucas
Michael Lucas에게 연락하는 것을 주저하다

16 **submit** [səbmít] 제출하다

submit the résumé to human resources
인사부에 이력서를 제출하다

17 **replace** [ripléis] 교환하다

replace the damaged ink cartridge
하자가 생긴 잉크 카트리지를 교환하다

18 **propose** [prəpóuz] 제안하다

propose changes to the budget report
예산 보고서에 수정을 제안하다

19~20 **retain** [ritéin] 계속 유지하다, 보유하다 : **persist** [pərsíst] 고집하다, 우기다

retain은 구체적 또는 추상적인 것을 계속 가지고 있는 것을 의미하며, persist는 자신의 의견을 계속해서 주장하는 것을 의미한다.
retain the current system 현 체계를 계속 유지하다
persist in seeking a replacement 후임자를 찾는 것을 고집하다

토익 실전 문제 제한 시간 5분

01 The store employees ------- over what they should do about the shopper's unusual problem.

(A) deliberated (B) meditated
(C) estimated (D) collected

02 Following the merger, Avonlea Enterprises will transfer control to PEI Financial, but will ------- its original name.

(A) persist (B) grant
(C) retain (D) request

03 The news article ------- that several corporations were downsizing in response to the economic crisis.

(A) implemented (B) absorbed
(C) balanced (D) reported

04 To ------- the spread of computer viruses, all office staff should avoid downloading suspicious files from the Internet.

(A) improve (B) preserve
(C) prevent (D) upgrade

05 Please do not ------- to speak with our gate staff if you require any special assistance in boarding the aircraft.

(A) hesitate (B) provide
(C) entitle (D) authorize

06 Patients are kindly asked to ------- their insurance information to the receptionist.

(A) assist (B) submit
(C) demonstrate (D) comply

07 During the meeting, Mr. Jackman ------- an expansion plan for the company's headquarters in Brussels.

(A) acquainted (B) featured
(C) proposed (D) rehearsed

08 An inspector ------- the manufacturer's license to produce cleaning products because of health hazards to the workers.

(A) attached (B) postponed
(C) suspended (D) excluded

09 The board of directors is presently ------- which of the three candidates is best qualified for the director position.

(A) connecting (B) developing
(C) determining (D) investing

10 The movie studio will reward the lawyer who ------- a dispute with the actors during the contract negotiations.

(A) canceled (B) resigned
(C) settled (D) accepted

정답 · 해석 · 해설 p.14

시제와 가정법

· **시제와 가정법** 관련 문제는 평균 1~2문제 정도 출제되며 최대 4문제까지 출제된다. 동사 자리에 들어갈 후보 중 가장 알맞은 시제를 선택하여 채우는 문제가 주로 출제된다.

기본기 다지기

1. 시간에 따른 동사의 형태 변화를 시제라고 한다. 시제는 단순 시제, 진행 시제, 완료 시제로 나뉘며 각각 다른 형태로 시간을 표현한다.

단순 시제 : '동사 (+ s)', '동사 + ed', 'will + 동사'

현재 The staff meeting begins at 9 A.M. every Monday. 직원 회의는 매주 월요일 오전 9시에 시작한다.

과거 The staff meeting began last Friday. 직원 회의는 지난주 금요일에 시작했다.

미래 The staff meeting will begin tomorrow at 10 A.M. 직원 회의는 내일 오전 10시에 시작할 것이다.

진행 시제 : 'be + -ing'

현재 진행 He is checking on the status of your order. 그는 당신의 주문 상태를 확인하는 중이다.

과거 진행 He was checking his e-mail when we arrived. 그는 우리가 도착했을 때 이메일을 확인하는 중이었다.

미래 진행 He will be checking the files next week. 그는 다음 주에 그 파일들을 확인하고 있을 것이다.

완료 시제 : 'have + p.p.'

현재 완료 Colin has lived in Venice for seven months. Colin은 베니스에 7개월째 살고 있다.

과거 완료 Colin had never lived in a city before. Colin은 이전에 도시에서 살아본 적이 없다.

미래 완료 Colin will have lived in New York for five years by the end of the May.
Colin은 5월 말이 되면 뉴욕에서 5년째 사는 것이 된다.

2. 가정법은 어떤 상황에 대해 사실과 반대되는 것을 가정하여 표현한다. 가정법은 가정법 과거, 가정법 과거 완료, 가정법 미래로 나뉘며 대개 if절로 시작되어 특별한 시제를 사용한다.

가정법 과거 If revenues were higher, salaries would increase. 수익이 높다면, 봉급이 인상될 텐데.

가정법 과거 완료 If we had taken the subway, we would have arrived on time.
만약 우리가 지하철을 탔었더라면, 제시간에 도착했을 텐데.

가정법 미래 If it should rain tomorrow, I will bring an umbrella.
만약 내일 비가 온다면, 나는 우산을 가져갈 텐데.

기출포인트 01

단순 시제 (현재 / 과거 / 미래)

① 현재 시제(동사/동사 + s)는 일반적인 사실이나 일상적으로 반복되는 동작을 나타낸다.

Market analysts generally predict trends in consumer spending. 시장 분석가들은 보통 소비자 지출 경향을 예측한다.

Ms. Bauer does her weekly shopping every Saturday. Ms. Bauer는 매주 토요일마다 주간 쇼핑을 한다.

② 과거 시제(동사 + ed/불규칙 동사)는 과거에 이미 끝난 동작이나 상태를 나타낸다.

Fly Well packaging company delivered the catalogs to the wrong office.
Fly Well 포장 회사는 카탈로그를 다른 사무실로 잘못 배달했다.

The marketing team knew the work process. 마케팅팀은 업무 절차를 알고 있었다.

③ 미래 시제(will + 동사원형)는 미래 상황에 대한 예상이나 말하는 사람의 의지를 나타낸다.

If there is a problem with the server, the technician will repair it. 서버에 문제가 생기면, 기술자가 수리할 것이다.

We will contact you later this afternoon. 우리는 오늘 오후 늦게 당신에게 연락할 것입니다.

④ 시간이나 조건을 나타내는 종속절에는 미래 시제 대신 현재 시제를 쓴다.

The travel agency will send an itinerary once the accommodation (~~will be~~, is) confirmed.
그 여행사는 숙박 시설이 확정되는 대로 여행 일정표를 보낼 것이다.

If it (~~will rain~~, rains) tomorrow, the company anniversary will be held indoors.
내일 비가 온다면, 회사 창립 기념식은 실내에서 열릴 것이다.

토익 실전 Check-up 둘 중 알맞은 것을 고르세요. 정답·해석·해설 p.15

1. In his previous studies, the researcher (finds, found) that the natural products were more popular.
2. The delivery person (brought, will bring) the package to the office tomorrow morning.

기출포인트 02

진행 시제 (현재 진행 / 과거 진행 / 미래 진행)

① 현재 진행 시제(am/is/are + -ing)는 현재 시점에 진행되고 있는 일을 나타낸다.

The office manager is seeking a new receptionist. 사무장은 새로운 접수 담당자를 찾고 있다.

② 과거 진행 시제(was/were + -ing)는 과거 특정 시점에 진행되고 있던 일을 나타낸다.

The employees were working on a sales report last night. 직원들은 지난밤에 매출 보고서를 작성하고 있었다.

③ 미래 진행 시제(will be + -ing)는 미래 특정 시점에 진행되고 있을 일을 나타낸다.

At this time tomorrow, I will be attending the 9th Annual Tourism Conference in Miami.
내일 이 시간에, 나는 마이애미에서 열리는 제9회 연례 관광 회의에 참석하고 있을 것이다.

토익 실전 Check-up 둘 중 알맞은 것을 고르세요. 정답·해석·해설 p.15

1. The employees (ate, are eating) lunch in the cafeteria right now.
2. Mr. Lee (searches, was searching) for a job in the newspaper when I visited him.

기출포인트 03

완료 시제 (현재 완료 / 과거 완료 / 미래 완료)

❶ 현재 완료 시제(have/has + p.p.)는 과거에 시작된 일이 현재 시점까지 계속되거나, 과거에 일어난 일이 현재까지 영향을 미칠 때, 과거의 경험에 대해 표현하거나 과거에 시작된 일이 방금 완료됨을 나타낸다.

• 과거에 시작된 일이 현재 시점까지 계속될 때

Local companies have contributed generously to the organization for a decade.
지역 회사들은 그 단체를 10년 동안 아낌없이 지원해 왔다.

• 과거에 일어난 일이 현재까지 영향을 미칠 때

Ms. Tyler has lost her luggage at the airport.
Ms. Tyler는 공항에서 그녀의 짐을 잃어버렸다. (그래서 짐이 지금 없다.)

• 과거의 경험에 대해 표현할 때

Mr. Wilson has never seen a concert at the Hatcher Theater.
Mr. Wilson은 Hatcher 극장에서 콘서트를 본 적이 전혀 없다.

• 과거에 시작된 일이 방금 완료되었을 때

The accounting firm has just submitted the cost estimates.
그 회계 법인은 비용 견적을 방금 제출했다.

❷ 과거 완료 시제(had + p.p.)는 과거의 특정 시점 이전에 일어난 일을 나타낸다.

Mr. Mendes had studied Spanish before he moved to Barcelona.
Mr. Mendes는 바르셀로나로 이주하기 전에 스페인어를 공부했다.

❸ 미래 완료 시제(will have + p.p.)는 미래의 특정 시점 이전에 발생한 동작이 미래의 그 시점에 완료될 것임을 나타낸다.

I will have worked for three years at this company by next January.
내년 1월이 되면 나는 이 회사에서 3년 동안 근무한 것이 된다.

토익 실전 Check-up 둘 중 알맞은 것을 고르세요. 정답·해석·해설 p.15

1. Sophie Deveaux (performs, has performed) in several countries over the course of her career.
2. Before the meeting ended, the two parties (reach, had reached) an agreement.

기출포인트 04
시제 일치

❶ 특정 시제와 함께 자주 쓰이는 표현들이 있다.

과거	yesterday last + 시간 표현	recently in + 과거	시간 표현 + ago
현재	usually frequently	often	each month
현재 완료	since + 과거 recently	lately	over/in/during/for the last(past)
미래·미래 완료	tomorrow by/until + 미래 * 단, until은 미래 완료와 함께 쓰이지 않는다.	next + 시간 표현 by the time + 주어 + 현재 동사	soon shortly

과거 The financial magazine (~~arrives~~, arrived) at the office yesterday.
금융 잡지는 어제 사무실에 도착했다.

The Smith Foundation recently (~~will hire~~, hired) new marketers for its Cairo branch.
Smith 재단은 최근 카이로 지부에 새로운 마케팅 담당자들을 고용했다.

현재 Torrent Incorporated employees often (~~will have worn~~, wear) casual clothing to work.
Torrent사 직원들은 종종 편안한 차림으로 출근한다.

현재 완료 Employees at Sampo Industries (~~will be~~, have been) on strike since last Thursday.
Sampo Industries사 직원들은 지난 목요일부터 파업에 들어갔다.

There (~~are~~, has been) a significant decline in tourism over the year.
그 해 동안 관광 산업에 현저한 퇴보가 있어 왔다.

미래 Mr. Ramirez (~~shipped~~, will ship) the orders to the clients tomorrow.
Mr. Ramirez가 내일 고객들에게 주문품을 보낼 것이다.

미래 완료 The builders (~~had completed~~, will have completed) the construction by next March.
내년 3월에는 건설업자들이 공사를 마쳤을 것이다.

Ms. Miller (~~received~~, will have received) the report by the time the meeting convenes.
회의가 소집될 무렵 Ms. Miller는 보고서를 받았을 것이다.

❷ 주절이 과거인 경우, 종속절에는 과거나 과거 완료가 온다.

Coleton Books began as a small shop that (~~insists~~, insisted) on promoting local authors.
Coleton Books사는 현지 작가들의 장려를 중요시하는 작은 상점으로 시작했다.

토익 실전 Check-up 둘 중 알맞은 것을 고르세요. 정답·해석·해설 p.16

1. Ms. Mason (confirmed, will confirm) the order at the beginning of next week.
2. Mr. Green met with his financial advisor after he (sees, saw) the market figures this morning.

기출포인트 05

가정법

❶ 가정법 과거: 현재 사실의 반대를 가정한다.

If + 주어 + 과거동사(be동사는 were) ~, 주어 + would(could, might, should) + 동사원형
만약 ~라면, ~할 텐데

If Ms. Scott had enough money, she would travel to Australia this summer.
만약 Ms. Scott이 충분한 돈을 가지고 있다면, 그녀는 이번 여름에 호주를 여행할 텐데.
→ Ms. Scott은 충분한 돈을 가지고 있지 않아 이번 여름에 호주를 여행할 수 없다.

If economic conditions were favorable, the company could expand their operations.
만약 경제 상황이 좋다면, 회사가 사업을 확장할 수 있을 텐데.
→ 경제 상황이 좋지 않아서 사업을 확장할 수 없다.

❷ 가정법 과거 완료: 과거 사실의 반대를 가정한다.

If + 주어 + had p.p. ~, 주어 + would(could, might, should) + have p.p.
만약 ~했었더라면, ~했을 텐데

If Mr. Mallet had listened to the advice, he would not have failed the interview.
만약 Mr. Mallet이 그 충고를 들었더라면, 그는 면접에서 떨어지지 않았을 텐데.
→ 과거에 Mr. Mallet이 충고를 듣지 않아서 면접에서 떨어졌다.

❸ 가정법 미래: 미래에 일어날 법한 일이나 일어날 가능성이 희박한 미래를 가정한다.

If + 주어 + should + 동사원형 ~, 주어 + will(can, may, should) + 동사원형
혹시 ~한다면, ~할 텐데

If they should open a branch in Paris, sales may increase.
혹시 그들이 파리에 지점을 연다면, 매출이 늘어날 텐데.
→ 파리에 지점을 개설한다면 매출이 늘어날 수도 있다.

If the investor should decide to provide more capital, the company will expand its production plant.
혹시 투자자가 더 많은 자본을 제공하기로 결정한다면, 회사는 생산 공장을 확장할 텐데.
→ 투자자가 더 많은 자본을 제공할 가능성이 거의 없다.

토익 실전 Check-up 둘 중 알맞은 것을 고르세요. 정답·해석·해설 p.16

1. If the trade fair (was, had been) successful, it could have become an annual event.
2. If tickets were available, Dr. Sullivan (will, could) attend the medical conference.

기출포인트 06

if가 생략된 가정법

❶ 가정법 과거 문장에서 if가 생략될 때에는 주어와 were의 자리가 바뀐다.

If + 주어 + were ~, 주어 + would(could, might, should) + 동사원형 → Were + 주어 ~, 주어 + would(could, might, should) + 동사원형

If the repairs were not completed, Anna and Gary would still be sharing an office.
→ Were the repairs not completed, Anna and Gary would still be sharing an office.
만약 수리가 끝나지 않는다면, Anna와 Gary는 아직도 사무실을 함께 쓰고 있을 텐데.

❷ 가정법 과거 완료 문장에서 if가 생략될 때에는 주어와 had의 자리가 바뀐다.

If + 주어 + had p.p. ~, 주어 + would(could, might, should) + have p.p. → Had + 주어 + p.p. ~, 주어 + would(could, might, should) + have p.p.

If the company had implemented a new strategy, it would have achieved higher earnings.
→ Had the company implemented a new strategy, it would have achieved higher earnings.
만약 회사가 새로운 전략을 실행했더라면, 더 많은 이익을 얻었을 텐데.

❸ 가정법 미래 문장에서 if가 생략될 때에는 주어와 should의 자리가 바뀐다.

If + 주어 + should + 동사원형 ~, 주어 + will(can, may, should) + 동사원형 → Should + 주어 + 동사원형 ~, 주어 + will(can, may, should) + 동사원형

If the Walden Corporation should downsize, some regional offices will close.
→ Should the Walden Corporation downsize, some regional offices will close.
혹시 Walden사가 인원을 축소한다면, 몇몇 지점은 문을 닫아야 할 텐데.

토익 실전 Check-up 둘 중 알맞은 것을 고르세요. 정답·해석·해설 p.16

1. (Had, Were) Leavenworth Chemicals accepted the contract, they would have lost money.
2. (Had, Should) flights be canceled for technical reasons, the airline will provide alternative transportation.

HACKERS **TEST**

제한 시간 12분

Part 5

01 Public transportation ------- massive growth this year because of the recent rise in the cost of fuel.

(A) is experienced (B) to experience
(C) is experiencing (D) experiencing

02 The shipment of office furniture finally ------- this afternoon even though the order was placed nearly two months ago.

(A) arriving (B) arrived
(C) to arrive (D) arrival

03 After the assembly line malfunction was -------, factory workers were told it would be two hours before they could resume production.

(A) found (B) finds
(C) to find (D) find

04 Due to a drop in popularity, Pizzazz Beverages ------- production of their line of flavored teas starting next quarter.

(A) was discontinued (B) discontinued
(C) to discontinue (D) will discontinue

05 The technician will visit our office for installation of the new equipment when it ------- delivered.

(A) will be (B) is
(C) was (D) had been

06 Representatives from more than 40 nations ------- in Tokyo last week to discuss solutions to the current global financial crisis.

(A) convened (B) convening
(C) convene (D) to convene

07 If Ms. Gonzalez had not taken the position at Norse Manufacturing, the job would ------- by Mr. Ericson.

(A) assuming (B) have been assumed
(C) had assumed (D) be assuming

08 At present, Tintinit Electronics ------- its revenue goals after studying the annual sales figures.

(A) is revising (B) revise
(C) revised (D) had revised

09 The board of directors have finally ------- a decision about where to relocate the company's new headquarters.

(A) reached (B) reach
(C) to reach (D) been reaching

10 Analysts believe the public's fear of future economic crises ------- a decrease in consumer spending over the last year.

(A) were causing (B) has caused
(C) causing (D) is caused

11 Ms. Kyle ------- high levels of profitability for her company by outsourcing the manufacturing and distribution of products.

(A) maintains (B) maintaining
(C) to maintain (D) maintain

12 Before they took their morning break, the event organizer ------- attendees about the change of speaker for the afternoon session.

(A) notify (B) is notifying
(C) had notified (D) notifies

13 During the meeting, Mr. Althorp announced that the company ------- the building project ahead of schedule.

(A) finishing (B) finishes
(C) finished (D) finish

14 ------- Byron Industries broadcast the television commercial, they may broaden their market share.

(A) Will (B) Can
(C) Might (D) Should

15 Business at Melanzane Italian Restaurant ------- to improve once the advertising campaign is launched.

(A) will begin (B) beginning
(C) has begun (D) began

16 Had Ms. Gail handed in her proposal on time, her director ------- to delay the presentation until Tuesday.

(A) did not have
(B) would not be had
(C) would not have had
(D) was having

17 We ------- many complaints about the heating system in the downtown office lately.

(A) are received (B) receive
(C) have received (D) receiving

18 If the executives' annual bonuses had been reduced, the company ------- from their financial crisis last year.

(A) would have recovered
(B) will recover
(C) has recovered
(D) will be recovering

Part 6

Questions 19-22 refer to the following article.

Prime Somsack Buys Banco Felipinas

Prime Somsack Incorporated (PSI) -------(19) a deal to acquire Banco Felipinas. No figures were revealed, but a takeover date was announced right after the deal.

Meanwhile, optimism for PSI's initial venture into the banking industry was -------(20) by CEO Wilson Dunk. "I am confident that this acquisition will prove -------(21) to the company," Dunk said.

Apart from supplying electricity to the capital, PSI has been constructing corporate buildings and high-end residential condominium units since its establishment 40 years ago. PSI has three active construction projects, all of which are at varying stages of completion. -------(22). The corporation also has several construction deals that are set to be approved early next year.

19 (A) signs (B) will be signing
(C) signed (D) will have signed

20 (A) express (B) expression
(C) expresses (D) expressed

21 (A) determined (B) mutual
(C) beneficial (D) difficult

22 (A) The building was renovated only a few months ago.
(B) Rental rates for corporate units are expected to rise.
(C) The company plans to quit renovating buildings soon.
(D) The first one it started last year will be finished by spring.

정답 · 해석 · 해설 p.16

기출 어휘 리스트 최빈출 동사 어휘 5

01 **support**[səpɔ́:rt] 지원하다, 응원하다

support the foundation's activities by sending donations
기부금을 보냄으로써 그 재단의 활동을 지원하다

02 **instruct**[instrʌ́kt] 교육하다

instruct employees on how to make a speech
연설하는 방법에 대해 직원들을 교육하다

03 **undergo**[ʌ̀ndərgóu] 받다, 겪다

undergo a safety inspection
안전 검사를 받다

04 **handle**[hǽndl] 처리하다, 다루다

handle customer complaints quickly
고객의 불만 사항을 신속하게 처리하다

05 **contain**[kəntéin] 담고 있다, 포함하다

contain important data
중요한 정보를 담고 있다

06 **contract**[kántrækt] 계약하다

contract Mosin Incorporated to install a security system
보안 시스템을 설치하기 위해 Mosin사와 계약하다

07 **regret**[rigrét] 유감이다

regret to inform you of a mistake in the report
보고서에 실수가 있었음을 귀하께 알리게 되어 유감입니다

08 **benefit**[bénəfit] ~에 이익이 되다

benefit the local charity organizations
현지 자선 단체들에 이익이 되다

09 **enable**[inéibl] ~할 수 있게 하다

enable the marketing team to change the plan
마케팅 팀이 계획을 변경할 수 있게 하다

10 **confirm**[kənfə́:rm] 확인하다

confirm the hotel reservation for Ms. Liang
Ms. Liang을 위한 호텔 예약을 확인하다

11 **evolve**[iválv] 서서히 발전하다

evolve beyond the port's traditional role
항구의 전통적인 역할을 넘어 서서히 발전하다

12 **present**[prizént] 보여주다, 제시하다

present a boarding pass to the flight attendant
승무원에게 탑승권을 보여주다

13 **cancel**[kǽnsəl] 취소하다

cancel the appointment with the manager
관리자와의 약속을 취소하다

14 **impress**[imprés] 감동시키다

impress the audience with an amazing performance
놀라운 공연으로 청중을 감동시키다

15 **combine**[kəmbáin] 합치다

combine the marketing and advertising departments
마케팅 부서와 광고 부서를 합치다

16 **seek**[si:k] 찾다

seek creative and experienced applicants
창의적이고 노련한 지원자들을 찾다

17 **assign**[əsáin] 할당하다

assign the work to experienced staff
경력이 있는 직원에게 일을 할당하다

18 **represent**[rèprizént] 대표하다

represent the sales department at the conference
회의에서 영업부서를 대표하다

19-20 **forward**[fɔ́:rwərd] (편지 등을) 전송하다 : **proceed**[prəsí:d] 나아가다, 진행되다

forward는 다른 사람이나 부서에게 문서류를 전송한다는 의미이고, proceed는 한 단계를 마치고 다음 단계로 나아간다는 의미이다.

forward the invitation to all staff members 모든 직원들에게 초대장을 전송하다
proceed to the next stage of the course 교육 과정의 다음 단계로 나아가다

토익 실전 문제

⏲ 제한 시간 4분

01 An article ------- inaccurate information was mentioned in an apology published by the magazine's editor.

(A) resulting (B) containing
(C) observing (D) receiving

02 The new oil extraction drill will definitely ------- Arc-Tech Corporation, which is the largest energy company in the globe.

(A) complete (B) lead
(C) insist (D) benefit

03 Keycards issued upon check-in will ------- guests to access the fitness center.

(A) constrain (B) enable
(C) favor (D) include

04 Thousands of fans showed up at the football game to ------- their favorite teams.

(A) assist (B) relieve
(C) support (D) protect

Questions 05-08 refer to the following e-mail.

To: All Investors <investors@universitypublishing.com>
From: Kim Astra <kimastra@universitypublishing.com>
Date: Monday, December 2

Dear Investors,

After intensive negotiations, our merger with College Books will -------(05) in January. We anticipate that everything will be completed by March.

As a result, both companies will -------(06) changes. For one thing, our headquarters will be expanded to accommodate new staff. At the same time, there will be adjustments to our -------(07). This is because new regulations are necessary to ensure that the merger is a success.

Finally, we will also be gaining access to College Books' share of customers. -------(08). Overall, the merger is a very positive development.

05 (A) submit (B) proceed
(C) forward (D) conclude

06 (A) avoid (B) extend
(C) convert (D) undergo

07 (A) policy (B) content
(C) packaging (D) division

08 (A) College students find the price of textbooks too expensive.
(B) A substantial increase in sales is therefore to be expected.
(C) The cost of publications has gone up dramatically in recent years.
(D) We must work harder to overcome the competition.

정답 · 해석 · 해설 p.18

DAY 06 to 부정사

· **to 부정사** 관련 문제는 평균 1문제 정도 출제되며 최대 3문제까지 출제된다. 목적을 의미하는 부사 역할의 to 부정사를 채우는 문제가 주로 출제된다.

기본기 다지기

1. to 부정사의 기본 형태는 'to + 동사원형'이며, 문장 속에서 명사, 형용사, 부사 역할을 한다.

명사 역할 Mr. Ford wants to work full-time. Mr. Ford는 전임으로 일하기를 원한다.

형용사 역할 The secretary has a package to mail today. 비서는 오늘 발송할 소포가 하나 있다.

부사 역할 Ms. Kim visited Jakarta to inspect the construction site.
Ms. Kim은 건설 현장을 시찰하기 위해서 자카르타를 방문했다.

2. to 부정사의 수동형은 'to be p.p.', 진행형은 'to be -ing', 완료형은 'to have p.p.'이다.

수동형 The towels need to be changed regularly. 타월들은 자주 교체되어야 한다.

진행형 The sales team seemed to be preparing for the presentation. 영업팀이 발표를 준비하고 있는 것처럼 보였다.

완료형 She is pleased to have sold her first painting. 그녀는 그녀의 첫 그림을 팔게 되어 기쁘다.

3. to 부정사는 동사의 성질을 가지고 있어 목적어와 보어를 가질 수 있고, 부사의 수식을 받는다.

The CEO plans to appoint a successor tomorrow. 최고 경영자는 내일 후임자를 선임할 계획이다.
(a successor: 목적어)

Lillian decided to be a graphic designer. Lillian은 그래픽 디자이너가 되기로 결심했다.
(a graphic designer: 보어)

Ms. Singer wanted to speak privately to him. Ms. Singer는 그와 개인적으로 이야기하기를 원했다.
(privately: 부사)

기출포인트 01 to 부정사의 역할과 자리

❶ to 부정사는 문장에서 명사, 형용사, 부사 역할을 한다.

• 명사 역할: 문장의 주어, 동사의 목적어, 보어 자리에 온다.

주어 To increase sales is the supervisor's main objective. 판매량을 늘리는 것이 관리자의 주요 목표이다.

동사의 목적어 Lennox Investments wants to reduce their production cost.
Lennox Investments사는 그들의 생산비를 줄이고자 한다.

주격 보어 The role of the team is to create new online advertising strategies.
팀의 역할은 새로운 온라인 광고 전략을 만드는 것이다.

목적격 보어 Dr. Jones asked Ms. Carter to deliver a speech at the conference.
Dr. Jones는 Ms. Carter에게 회의에서 연설을 해달라고 부탁했다.

• 형용사 역할: 명사 뒤에서 꾸며준다.

Mr. Bailey is the best candidate to replace the current supervisor.
Mr. Bailey는 현재의 감독관을 대신할 가장 유력한 후보자이다.

• 부사 역할: 목적, 이유, 결과 등을 나타낸다. '목적'을 나타내는 경우에 to 대신 in order to를 쓸 수 있다.

목적 (In order) To qualify for the position, applicants must have strong computer skills.
그 직무에 자격을 갖추기 위해서, 지원자들은 뛰어난 컴퓨터 활용 능력을 갖추어야 한다.

이유 Mr. Larkin is pleased to announce the winner of this year's advertising competition.
Mr. Larkin은 올해 광고 대회의 우승자를 발표하게 되어 기쁘다.

결과 The reporters arrived at city hall only to discover that the mayor had already left.
기자들은 시청에 도착했으나 시장이 이미 떠났다는 것을 알게 되었을 뿐이었다.

❷ 동사는 to 부정사 자리에 올 수 없다.

Mr. Wilson intends (~~discuss~~, to discuss) the company's safety regulations.
Mr. Wilson은 회사의 안전 규정에 대해서 논의할 생각이다.

토익 실전 Check-up 둘 중 알맞은 것을 고르세요. 정답·해석·해설 p.19

1. Mr. Lawson said that Friday is the best time (hold, to hold) the investors' meeting.
2. (To prepare, Prepares) for the job interview, Diana Groves put together a portfolio.

기출포인트 02 to 부정사의 의미상 주어

❶ to 부정사의 의미상 주어가 필요한 경우, to 앞에 'for + 명사' 또는 'for + 대명사의 목적격'을 쓴다.

The aim of the seminar was for the employees to enhance communication skills.
그 세미나의 목적은 직원들이 의사소통 능력을 향상시키는 것이었다.

In order for us to update your information, please submit the required document.
우리가 당신의 정보를 갱신할 수 있도록, 필요한 서류를 제출해 주세요.

토익 실전 Check-up 둘 중 알맞은 것을 고르세요. 정답·해석·해설 p.19

1. The purpose of the book club was (for, to) members to learn more about modern literature.
2. In order for (we, us) to serve you better, please take a few moments to complete this survey.

기출포인트 **03**

to 부정사를 취하는 동사, 명사, 형용사

❶ to 부정사를 목적어로 갖는 동사와 목적격 보어로 갖는 동사

동사 + 목적어(to 부정사)			
want to 원하다	desire to 갈망하다	wish to 소망하다	hope to 희망하다
need to 필요로 하다	expect to 기대하다	plan to 계획하다	decide to 결정하다
ask to 요청하다	refuse to 거절하다	manage to 해내다	afford to 여유가 있다

동사 + 목적어 + 목적격 보어(to 부정사)		
want 목 to ~하길 원하다	need 목 to ~하는 것을 필요로 하다	expect 목 to ~하길 기대하다
invite 목 to ~에 초대하다	encourage 목 to ~하도록 격려하다	ask 목 to ~하길 요청하다
require 목 to ~하길 요구하다	allow 목 to ~하도록 허가하다	enable 목 to ~을 가능하게 하다
permit 목 to ~하도록 허락하다	advise 목 to ~하라고 조언하다	cause 목 to ~하게 하다

The firm's associates plan to organize a welcome dinner for their overseas clients.
회사의 관계자들은 그들의 해외 고객들을 위해 환영 만찬 준비를 계획한다.

The manager needed the worker to hand in a leave request form.
그 관리자는 그 직원이 휴가 신청서를 제출하는 것을 필요로 했다.

❷ to 부정사를 취하는 명사

명사 + to 부정사			
chance to ~할 기회	opportunity to ~할 기회	effort to ~할 노력	need to ~할 필요
decision to ~할 결정	plan to ~할 계획	right to ~할 권리	time to ~할 시간
way to ~할 방법	ability to ~할 능력		

The undergraduate students will also have the opportunity to apply for an internship.
대학생들도 인턴직에 지원할 기회가 있을 것이다.

❸ to 부정사를 취하는 형용사

형용사 + to 부정사		
be able to ~할 수 있다	be willing to 기꺼이 ~하다	be ready to ~할 준비가 되어 있다
be likely to ~할 것 같다	be eager to 몹시 ~하고 싶다	be pleased to ~을 기쁘게 생각하다
be easy to ~하기 쉽다	be difficult to ~하기 어렵다	be delighted to ~을 기쁘게 생각하다

Mr. Miller and his personal assistant will not be able to attend the retirement celebration.
Mr. Miller와 그의 개인 비서는 퇴직 기념 연회에 참석할 수 없을 것이다.

토익 실전 Check-up 둘 중 알맞은 것을 고르세요. 정답·해석·해설 p.19

1. Mr. Lorrie should ask his financial advisor (submit, to submit) the budget proposal immediately.
2. Sumer Air expanded its fleet in an effort (to compete, compete) with its business rivals.

기출포인트 04 to 부정사가 아닌 원형 부정사를 목적격 보어로 갖는 동사

① 사역동사(make, let, have)는 원형 부정사를 목적격 보어로 갖는다.

The coordinator lets employees (~~to take~~, take) four 15 minutes breaks per day.
조정자는 직원들이 하루에 15분간의 휴식을 네 번 가질 수 있도록 한다.

② 준 사역동사 help는 원형 부정사와 to 부정사를 모두 목적격 보어로 가질 수 있다.

The bank manager helped Mr. Cohen (to) complete the application.
은행 지점장은 Mr. Cohen이 지원서를 작성하는 것을 도와주었다.

③ 지각동사(see, hear, watch, notice)는 원형 부정사와 현재분사를 목적격 보어로 가질 수 있다.

Mr. Martinez saw the technical support staff move the computers.
Mr. Martinez는 그 기술 지원 직원이 컴퓨터들을 옮기는 것을 보았다.

Mr. Martinez saw the technical support staff moving the computers.
Mr. Martinez는 그 기술 지원 직원이 컴퓨터들을 옮기고 있는 것을 보았다.

* 단, '목적어가 목적격 보어 되다'라고 수동으로 해석되면 목적격 보어로 원형 부정사나 현재분사가 아닌 p.p.를 써야 한다.

토익 실전 Check-up 둘 중 알맞은 것을 고르세요. 정답·해석·해설 p.20

1. The director makes all departmental managers (write, to write) quarterly evaluation reports.
2. Ms. Forsythe heard the musicians (perform, to perform) on the radio this morning.

HACKERS TEST

⏲ 제한 시간 12분

Part 5

01 Chapman Associates is expected ------- a bid for the construction of the new football field in New York City.

(A) has submitted (B) is submitting
(C) will submit (D) to submit

02 ------- at the meeting on time, Marlene Kapiniak had to be at the address by 8:30 this morning.

(A) Will arrive (B) Arrive
(C) To arrive (D) Arrived

03 The design team is working overtime this weekend in order to ------- their proposal by Monday morning.

(A) finishing (B) finishes
(C) finished (D) finish

04 Please make sure that the packages ------- sent to the trade fair in Berlin are ready by Friday.

(A) to be (B) was
(C) were (D) have been

05 To ------- their overseas guests, San Sebastian Resort offers a variety of international food.

(A) accommodating (B) accommodation
(C) accommodate (D) accommodates

06 Ms. Chanel helped Mr. Drechsel ------- the delegates into the auditorium.

(A) escort (B) is escorting
(C) escorts (D) was escorted

07 ------- the launch of its newest sports car, Alto Automotives will be hosting a party at the Regal Hotel.

(A) Is celebrating (B) To celebrate
(C) Celebration (D) Celebrates

08 It is necessary ------- all visitors to sign in at the security office before entering the research and development department.

(A) for (B) to
(C) but (D) that

09 The office manager had all staff ------- the seminar to familiarize themselves with the new accounting software.

(A) attending (B) attend
(C) attends (D) attended

10 Sol Paradiso Spa is pleased ------- the grand opening of its new gymnasium.

(A) announce (B) announcing
(C) to announce (D) will announce

11 Kodan Travel Agency added three more customer service desks in order to better ------- its clients.

(A) serving (B) serve
(C) serves (D) served

12 ------- speed up the delivery process, the company has adopted a new packaging system.

(A) In order to (B) Even though
(C) Unless (D) From

13 Those enrolled in the two-year program have a chance ------- several different areas of finance.

(A) study (B) studies
(C) studied (D) to study

14 George Hummel usually ------- with members of his department once a week to discuss schedule changes.

(A) meeting (B) to meet
(C) meets (D) have met

15 ------- the quality of air, Jambo Industries planted trees on their factory grounds.

(A) Improvement (B) To improve
(C) Will improve (D) Improved

16 The item you are requesting a refund for needs to ------- on your return form.

(A) indicating (B) indicate
(C) have indicated (D) be indicated

17 Renowned journalist Anne Line was invited ------- a speech at the Newsroom Conference in Minnesota.

(A) delivery (B) delivers
(C) has delivered (D) to deliver

18 Ms. Cartwright saw Mr. Chao ------- for the airport from his hotel this morning.

(A) to leave (B) leaves
(C) leaving (D) will leave

Part 6

Questions 19-22 refer to the following memo.

To Staff Members:

The human resources department of DBC Consulting -------(19) a team-building workshop. The event will take place at Brentwood Center from September 10 to 11. The workshop is designed to help staff members learn to work as a team. Following each training session, employees will be asked -------(20) in group activities.

We believe that good teamwork leads to a more cooperative and -------(21) work environment. It should also improve efficiency and help the company attain its goals. Therefore, everyone is required to attend. Only a few staff members will oversee office functions during the period, and we have already chosen them. -------(22). Complete details will be posted on the bulletin board by Friday.

Joyce Powers
Human resources director

19 (A) was hosting (B) hosted
(C) will host (D) will be hosted

20 (A) participated (B) participates
(C) participating (D) to participate

21 (A) productive (B) timely
(C) unattached (D) tentative

22 (A) You will be informed if you need to stay in the office.
(B) Please make a reservation since seating may be limited.
(C) This is one of the more important positions in any workplace.
(D) Management will determine if the workshop is necessary.

정답 · 해석 · 해설 p.20

기출 어휘 리스트 최빈출 명사 어휘 1

01 **evaluation** [ivæ̀ljuéiʃən] 평가

submit a weekly **evaluation** of the new employees
신입 직원들에 대한 주간 평가를 제출하다

02 **affiliation** [əfìliéiʃən] 제휴, 합동

have an **affiliation** with a worldwide network of hospitals
전세계 병원 네트워크와 제휴를 맺다

03 **initiative** [iníʃiətiv] 계획, 발안, 결단력

start an **initiative** to promote recycling
재활용을 촉진할 계획을 시작하다

04 **proximity** [prɑksíməti] 가까움, 근접, 접근

live in **proximity** to his place of work
그의 직장에 가까운 곳에 살다

05 **departure** [dipɑ́:rtʃər] 출발, 벗어남

delay the flight's **departure** for Chicago due to bad weather
악천후로 인해 시카고행 비행편의 출발을 지연시키다

06 **advantage** [ædvǽntidʒ] 장점

publicize the **advantages** of the product
상품의 장점을 광고하다

07 **estimate** [éstəmət] 견적서, 추산

provide written **estimates** of time and cost
시간과 비용에 대한 서면 견적서를 제공하다

08 **deposit** [dipɑ́zit] 예금

withdraw the **deposit** at any time
언제든 예금을 인출하다

09 **issue** [íʃu:] 호, 발행물

publish the December **issue** of the journal
잡지의 12월호를 발행하다

10 **budget** [bʌ́dʒit] 예산

receive the **budget** for the construction project
건설 프로젝트를 위한 예산을 받다

11 **charge** [tʃɑ:rdʒ] 요금

offer training programs at no additional **charge**
추가 요금 없이 교육 프로그램들을 제공하다

12 **ease** [i:z] 쉬움, 편함

complete an assignment with **ease**
쉽게 과제를 끝마치다

13 **conflict** [kɑ́nflikt] 상충, 충돌

change the appointment due to a **conflict** in schedule
일정의 상충으로 인해 약속을 변경하다

14 **facility** [fəsíləti] 시설, 설비

relocate to the new **facilities**
새로운 시설로 이전하다

15 **renovation** [renəvéiʃən] 보수 공사

begin the **renovation** next month
다음 달에 보수 공사를 시작하다

16 **investment** [invéstmənt] 투자

recommend an **investment** to customers
고객들에게 투자를 권하다

17 **opportunity** [ɑ̀pərtjú:nəti] 기회

have the **opportunity** to review the proposal
제안서를 검토할 기회를 갖다

18 **performance** [pərfɔ́:rməns] 공연

prepare a **performance** for the retirement party
은퇴 기념식을 위해 공연을 준비하다

19~20 **fee** [fi:] 요금 : **fare** [fɛər] 요금, 운임

fee는 각종 서비스에 대한 요금을 의미하고, fare는 교통 수단 이용료를 의미한다.
pay the admission **fee** 입장료를 지불하다
reduce the bus **fare** for students 학생들의 버스 요금을 인하하다

토익 실전 문제

ⓛ 제한 시간 5분

01 Bill Withers, the head of research at Fruitville Incorporated promoted the nutritional ------- of its new health food products.

(A) services (B) advantages
(C) profits (D) funds

02 The director was pleased that the studio was offering him a much larger ------- to work with for his next film project.

(A) capital (B) scene
(C) account (D) budget

03 Seasons Fashions provides customers alterations of all clothing items at no additional -------.

(A) frequency (B) creation
(C) charge (D) price

04 Customers will receive a $30 voucher if they submit an ------- of their purchases from Arby's Clothing.

(A) evaluation (B) obligation
(C) examination (D) objection

05 Based on ------- in an agency report, oil consumption may decline gradually due to the growing popularity of alternative energy sources.

(A) standards (B) donations
(C) circulations (D) estimates

06 The Fast-tel Corporation has an ------- with different shops and restaurants for special discounts exclusively to the company's customers.

(A) emphasis (B) approach
(C) affiliation (D) interaction

07 The building's ------- to major roads and highways makes it a convenient office location.

(A) relation (B) urgency
(C) intimacy (D) proximity

08 The company grants employees the ------- to participate in volunteer work for local charitable organizations.

(A) opportunity (B) consequence
(C) incident (D) anticipation

09 The Kenton Fitness Center will reduce its membership ------- as part of its health awareness campaign.

(A) merit (B) fares
(C) fees (D) value

10 The tickets were sold out in advance for the final ------- of opera star Madame Lautrec.

(A) qualification (B) performance
(C) location (D) curriculum

정답 · 해석 · 해설 p.22

DAY 07 동명사

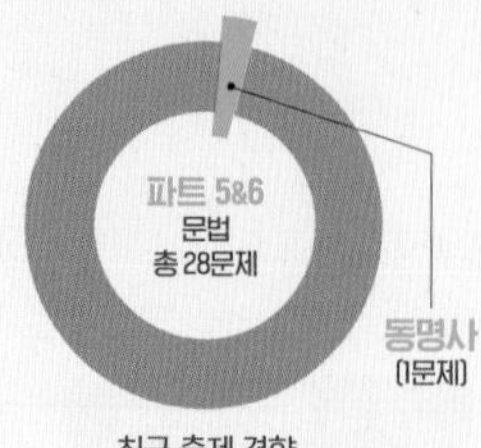

· **동명사** 관련 문제는 출제비율이 높지 않지만, 가끔 1문제 정도 출제된다. 동명사와 명사를 구별하여 채우는 문제가 주로 출제된다.

기본기 다지기

1. 동명사의 기본 형태는 '동사원형 + ing'이며, 문장 속에서 명사 역할을 한다.

   He enjoys traveling to Africa on business. 그는 사업차 아프리카에 가는 것을 즐긴다.

2. 동명사는 동사의 성질을 가지고 있어 목적어와 보어를 가질 수 있고, 부사의 수식을 받는다.

   Our receptionist is excellent at taking <u>notes</u>. 우리의 접수원은 메모를 하는 데 탁월하다.
   (notes: 목적어)

   Becoming <u>a policy analyst</u> is his ultimate goal. 정책 분석가가 되는 것이 그의 궁극적인 목표이다.
   (a policy analyst: 보어)

   Exercising <u>daily</u> helps relieve stress from work. 매일 운동하는 것은 직장에서의 스트레스를 줄이는 데 도움이 된다.
   (daily: 부사)

기출포인트 01

동명사의 역할과 자리

① 동명사는 문장에서 명사 역할을 하여 주어, 목적어, 보어 자리에 온다.

주어 자리 Creating new advertisements became the firm's top priority.
새로운 광고를 제작하는 것이 회사의 최우선 사항이 되었다.

동사의 목적어 자리 The Tenants Association recommends hiring a new superintendent.
입주자 협회는 새로운 관리인을 고용할 것을 추천한다.

전치사의 목적어 자리 He congratulated the team for reaching their quarterly target.
그는 그 팀이 분기별 목표를 달성한 것을 축하했다.

보어 자리 Her main responsibility is updating the city's land use plan.
그녀의 주된 책임은 도시의 토지 사용 계획을 새롭게 갱신하는 것이다.

② 동사나 명사는 동명사 자리에 올 수 없다.

Mr. Simmons prefers (~~work~~, working) closely with the members of his team.
Mr. Simmons는 그의 팀원들과 친밀하게 일하는 것을 선호한다.

Mr. Peters spoke about (~~assistance~~, assisting) volunteer organizations in India.
Mr. Peters는 인도의 자원 봉사 단체를 돕는 것에 대해서 이야기했다.

토익 실전 Check-up 둘 중 알맞은 것을 고르세요. 정답·해석·해설 p.22

1. (Develop, Developing) a solution to our energy problem is crucial.
2. The consultant suggested several options for (investing, investment) money in the Asian market.

기출포인트 02

동명사의 의미상 주어

① 동명사의 의미상 주어가 필요한 경우, 동명사 앞에 명사나 대명사의 소유격을 쓴다.

The business community supports the mayor's running for re-election.
그 사업 공동체는 시장이 재선거에 출마하는 것을 지지한다.

Her reporting on international corporations was well respected.
국제 기업에 대해 그녀가 보고한 것은 매우 높이 평가되었다.

토익 실전 Check-up 둘 중 알맞은 것을 고르세요. 정답·해석·해설 p.23

1. The council approved the city's (establish, establishing) of the recycling program.
2. (He, His) working on the chemical research project was supported by the CEO.

기출포인트 03

동명사를 목적어로 갖는 동사

❶ 동명사를 목적어로 갖는 동사

enjoy -ing 즐기다	suggest -ing 제안하다	recommend -ing 추천하다	consider -ing 고려하다
avoid -ing 피하다	mind -ing 꺼리다	postpone -ing 연기하다	finish -ing 끝내다

The manager suggests borrowing some money from the bank.
관리자는 은행에서 약간의 돈을 빌릴 것을 제안한다.

❷ 동명사와 to 부정사를 모두 목적어로 갖는 동사

attempt -ing/to 시도하다	continue -ing/to 계속하다	like -ing/to 좋아하다
begin -ing/to 시작하다	intend -ing/to 의도하다	prefer -ing/to 선호하다

The personnel director prefers receiving / to receive résumés online.
인사부 이사는 이력서를 온라인으로 받는 것을 선호한다.

토익 실전 Check-up 둘 중 알맞은 것을 고르세요. 정답·해석·해설 p.23

1. The food critic recommends (to try, trying) restaurants near the Peres Museum.
2. The golf club announced that it would begin (accept, accepting) applications for membership in May.

기출포인트 04

동명사와 명사 구별

❶ 동명사는 목적어를 가질 수 있지만 명사는 목적어를 가질 수 없다.

Dr. Wagner was honored for (~~promotion~~, promoting) the use of renewable energy.
Dr. Wagner는 재생 가능 에너지 사용을 홍보한 것에 대해 상을 받았다.

❷ 동명사 앞에는 부정관사(a, an)가 올 수 없지만, 단수 가산명사 앞에는 부정관사가 온다.

There is an (~~establishing~~, establishment) on Wallace Street that provides tailoring services.
재단 서비스를 제공하는 시설이 Wallace가에 있다.

❸ 명사와 의미가 다른 명사화된 동명사가 있는 경우, 문맥에 맞는 것을 쓴다.

advertising 광고업 - advertisement 광고	housing 숙소, 주거 - house 집
spending 소비/지출 - spend 지출액/비용	funding 자금 지원/자금 조달 - fund 자금
marketing 마케팅 - market 시장	seating 좌석 배치 - seat 좌석
cleaning 청소 - clean 손질	planning 계획 수립 - plan 계획
meaning 의미 - means 방법	processing 처리/절차/가공 - process 과정/공정

To request (~~fund~~, funding) for a project, contact the head of the finance department.
프로젝트를 위한 자금 지원을 요청하기 위해서, 재무부장에게 연락하십시오.

토익 실전 Check-up 둘 중 알맞은 것을 고르세요. 정답·해석·해설 p.23

1. (Projecting, Projection) sales for next quarter is expected to be more difficult than usual.
2. The cellular phone (marketing, market) has seen significant growth.

기출포인트 05

동명사 관련 표현

❶ 동명사를 포함하는 표현

on/upon -ing ~하자마자	be busy (in) -ing ~하느라 바쁘다
keep (on) -ing 계속 ~하다	be worth -ing ~할 가치가 있다
spend + 시간/돈 + -ing 시간/돈을 ~하는 데 쓰다	
have difficulty(trouble, a problem) (in) + -ing ~하는 데 어려움을 겪다	

They will need to spend more time (~~to complete~~, completing) the sales report.
그들은 판매 보고서를 작성하는 데 더 많은 시간을 필요로 할 것이다.

Mr. Bayer had difficulty (~~to edit~~, editing) the manuscripts.
Mr. Bayer는 원고를 편집하는 데 어려움을 겪었다.

❷ '전치사 to + 동명사'를 포함하는 표현

contribute to -ing ~에 공헌하다	be committed to -ing ~에 전념하다
look forward to -ing ~하기를 고대하다	be dedicated to -ing ~에 헌신적이다
lead to -ing ~의 원인이 되다	be devoted to -ing ~에 헌신적이다
object to -ing ~에 반대하다, ~에 이의를 제기하다	be used to -ing ~에 익숙하다

Airline personnel must be dedicated to (~~serve~~, serving) the passengers.
항공사 직원들은 승객을 접대하는 데 헌신적이어야 한다.

The factory workers object to (~~work~~, working) overtime on Fridays.
공장 근로자들은 금요일에 초과 근무하는 것에 반대한다.

토익 실전 Check-up 둘 중 알맞은 것을 고르세요. 정답·해석·해설 p.23

1. Mr. Glover says he will keep on (revise, revising) the budget proposal until the end of the month.
2. The new public gallery is devoted to (display, displaying) paintings by local artists.

HACKERS **TEST**

⏱ 제한 시간 12분

Part 5

01 Experts predict that fuel prices will continue ------- until the next financial quarter.

(A) had risen (B) risen
(C) rise (D) rising

02 The new manager thanked all the staff for ------- her to the office and making her feel like part of the team.

(A) welcomes (B) welcomed
(C) welcoming (D) welcome

03 Attendees of the workshop spent a lot of time ------- the cooking demonstrations for a variety of dishes.

(A) observation (B) observed
(C) observe (D) observing

04 After speedy -------, the firm started construction on the office tower earlier than expected.

(A) planning (B) to plan
(C) planned (D) plan

05 Waldorf Appliances is dedicated to ------- accidents in all their manufacturing plants and warehouses.

(A) preventable (B) preventing
(C) prevention (D) prevents

06 Mr. Henderson has been given other ------- during the event, but his top priority is seating guests.

(A) assigning (B) assigns
(C) assignments (D) assigned

07 The city government showed its gratitude for the dedication of doctors at Mansfield Hospital by ------- a new hospital wing.

(A) finance (B) financing
(C) financial (D) finances

08 After the success of the advertising campaign for Clear-White, Gerald Carson received a ------- and a raise in salary.

(A) promotional (B) promoting
(C) promotion (D) promoted

09 ------- a building permit for the construction of the library was a demanding process that included a lot of paperwork.

(A) Obtaining (B) Obtain
(C) Obtained (D) Obtains

10 The security officer ------- some concerns that employees were not carrying their security passes at all times.

(A) expression (B) expressed
(C) expressing (D) to express

11 Even though their cosmetics are best sellers, the consultant recommended ------- the company's current line.

(A) enhanced (B) enhancing
(C) enhances (D) to enhance

12 Mortens Public Relations is in charge of ------- DeSilva's latest collection of women's accessories.

(A) advertisement (B) advertises
(C) advertising (D) advertised

13 The editor said she was looking forward to ------- Larry Collin's article on music industry trends.

(A) reads (B) reader
(C) reading (D) read

14 ------- the software program's newest functions was not easy for the instructor, and the attendees found his instructions quite complicated.

(A) Demonstrates (B) Demonstrative
(C) Demonstrating (D) Demonstrate

15 Ross Cuddy has been concentrating primarily on ------- the museum's Web site for the past few weeks.

(A) updates (B) update
(C) updating (D) updated

16 The new presentation system ------- by the convention center's audio visual staff.

(A) had installed (B) will install
(C) was installed (D) is installing

17 ------- lost data from a computer after a system crash is one of the company technician's most difficult tasks.

(A) Recovery (B) Recovering
(C) Recover (D) Recovers

18 The purpose of the meeting was ------- the architect's plans for the headquarters.

(A) revealed (B) will reveal
(C) to reveal (D) reveals

Part 6

Questions 19-22 refer to the following e-mail.

To: Selena Santos <s.santos@topmail.com>
From: Customer service <cs@idealhouseapp.com>

Dear Ms. Santos,

Thank you for -------(19) the Ideal House application for the past 12 months.

Our records indicate that your membership will expire on December 20. If you wish to -------(20) it, you do not need to do anything. Your membership will automatically continue. This will also qualify you for some added benefits. For instance, you will receive a 15 percent discount on the annual rate of $50. In addition, you will get tickets to -------(21) events. We regularly hold workshops around the country on interior design. You will learn how to pick furniture, accessories, colors, and more. The workshops are suitable for those with little experience. -------(22). For a description of upcoming events, please visit the main page of our Web site.

To log in to the application and go to your account settings, click here.

19 (A) use (B) user
(C) using (D) usage

20 (A) replace (B) explore
(C) cancel (D) renew

21 (A) social (B) global
(C) educational (D) cultural

22 (A) This will give you the chance to meet some of your new neighbors.
(B) The bill for the monthly events will be sent to you.
(C) Find out how easy it is to change the look of your home.
(D) Artists from different regions have gathered to show off their work.

정답 · 해석 · 해설 p.23

기출 어휘 리스트 최빈출 명사 어휘 2

01 **fluctuation**[flʌ̀ktʃuéiʃən] 변동, 동요

stabilize the **fluctuation** of stock prices
주식 가격의 변동을 안정화시키다

02 **innovation**[inəvéiʃən] 혁신

consider **innovation** to be important
혁신을 중요하다고 여기다

03 **reliability**[rilàiəbíləti] 신뢰도

enhance the **reliability** of products
상품의 신뢰도를 높이다

04 **policy**[páləsi] 정책

improve the current safety **policy**
현재의 안전 정책을 개선하다

05 **output**[áutpùt] 생산량

control **output** and efficiency at the same time
생산량과 효율성을 동시에 관리하다

06 **assistance**[əsístəns] 도움, 지원

need **assistance** installing the software
소프트웨어를 설치하는 데 도움이 필요하다

07 **position**[pəzíʃən] 직, 위치

apply for the managerial **position**
관리직에 지원하다

08 **rise**[raiz] 증가

lead to a significant **rise** in sales
판매량의 상당한 증가로 이어지다

09 **receipt**[risíːt] 영수증, 수취

submit all the **receipts** to Ms. Brown
Ms. Brown에게 모든 영수증을 제출하다

10 **replacement**[ripléismənt] 후임, 교체(품)

find a **replacement** by the end of August
8월 말까지 후임을 찾다

11 **session**[séʃən] 수업, (어느 활동의) 기간

set a budget for the summer **session**
여름 수업을 위한 예산을 세우다

12 **quality**[kwáləti] 품질

guarantee the **quality** of service
서비스의 품질을 보증하다

13 **feasibility**[fìːzəbíliti] 실현 가능성

conduct a study on the **feasibility** of opening a bakeshop
제과점 개업의 실현 가능성에 대한 조사를 실시하다

14 **transition**[trænzíʃən] 변화

undergo a process of **transition**
변화 과정을 겪다

15 **refund**[rífʌ̀nd] 환불

request a **refund** on a purchase made last week
지난주에 구입한 물품에 대해 환불을 요청하다

16 **priority**[praiɔ́ːrəti] 우선권, 우선하는 일

give **priority** to first-class passengers
일등석 승객들에게 우선권을 주다

17 **challenge**[tʃǽlindʒ] 어려운 일, 도전, 해볼 만한 일

prepare for the **challenge** of a new task
새로운 업무에 대한 어려운 일들에 대비하다

18 **shortage**[ʃɔ́ːrtidʒ] 부족

deal with the **shortage** of technicians
기술자의 부족에 대처하다

19-20 **decline**[dikláin] 하락 : **rejection**[ridʒékʃən] 거절

decline은 수치 등이 하락하는 것을 의미하고, rejection은 제안 등을 거절하는 것을 의미한다.

expect the biggest **decline** this quarter 이번 분기에 가장 큰 하락을 예상하다
receive a **rejection** from the employer 고용주에게 거절당하다

토익 실전 문제 ⓘ 제한 시간 5분

01 Ms. O'Grady could not return her purchase for an exchange as she had lost the -------.

(A) assignment (B) admission
(C) receipt (D) notice

02 According to national experts, the country's economy will experience further ------- next year.

(A) dismissal (B) rejection
(C) decline (D) prohibition

03 The employee conference will include six training ------- and two team workshops.

(A) supplies (B) qualifications
(C) sessions (D) applications

04 Birmington University offers financial ------- to students in need.

(A) assistance (B) division
(C) connection (D) production

05 The ------- of oil prices makes it difficult for the company to plan its budget accurately.

(A) hesitation (B) confusion
(C) indecision (D) fluctuation

06 Reorganizing the management structure at the head office will be the company's ------- for this quarter.

(A) standard (B) modification
(C) priority (D) suspension

07 Ms. Ryan said her computer is very outdated and has requested a -------.

(A) renovation (B) complaint
(C) reception (D) replacement

08 Before approving any proposal, the funding agency wants the organization to submit a report on the project's -------.

(A) feasibility (B) opportunity
(C) obligation (D) convention

09 The biggest ------- of opening a successful restaurant is finding the perfect location.

(A) challenge (B) dimension
(C) motivation (D) orientation

10 To receive authorization to use the company's executive suites, staff must obtain consent from a person in managerial -------.

(A) estimate (B) payment
(C) itinerary (D) position

정답 · 해석 · 해설 p.25

DAY 08 분사

· **분사** 관련 문제는 평균 1문제 정도 출제되며 최대 4문제까지 출제된다. 분사가 필요한 자리에 알맞은 현재분사와 과거분사를 선택하여 채우는 문제가 가장 많이 출제된다.

기본기 다지기

1. 분사의 기본 형태는 '동사원형 + ing(현재분사)'나 '동사원형 + ed(과거분사)'이며, 문장 속에서 형용사 역할을 한다.

   The company's plan for expansion in Russia seems promising. 회사의 러시아 진출 계획은 유망해 보인다.
   The manager will give an extended deadline. 부장은 연장된 마감일을 제시할 것이다.

2. 분사는 동사의 성질을 가지고 있어 목적어와 보어를 가질 수 있고, 부사의 수식을 받는다.

   There are many people using public transportation(목적어). 대중교통을 이용하는 사람들이 많다.

   Allen, feeling ill(보어), called in sick this morning. 몸이 아팠던 Allen은 오늘 아침 전화로 병결을 알렸다.

   The item delivered yesterday(부사) was quite damaged. 어제 배송된 물품은 상당히 손상되었다.

3. 분사구문은 부사절이 축약된 구문으로, 문장에서 부사 역할을 한다.

   Looking at the map(분사구문), you will find the museum in the city center.
   지도를 보면 당신은 도시 중심부에서 박물관을 찾을 것이다.

기출포인트 01

분사의 역할과 자리

❶ 분사는 문장에서 형용사 역할을 한다.

• 형용사처럼 명사 앞이나 뒤에서 명사를 꾸민다.

명사 앞 Governor Yi appointed a committee to tackle the state's growing unemployment rate.
Yi 주지사는 주의 증가하는 실업률을 다루기 위한 위원회를 임명했다.

명사 뒤 He reviewed the surveys completed by the employees.
그는 직원들에 의해서 완성된 조사를 검토했다.

• 형용사처럼 주격 보어나 목적격 보어로 쓰인다.

주격 보어 Dr. Stein's keynote speech was inspiring.
Dr. Stein의 기조연설은 고무적이었다.

목적격 보어 A large group gathered to watch the athletes practicing.
많은 사람들은 운동선수들이 연습하는 것을 보기 위해 모였다.

❷ 동사는 분사 자리에 올 수 없다.

Britten Airways offers (~~reduce~~, reduced) airfares to corporate clients.
Britten 항공사는 기업 고객들에게 할인된 항공 운임을 제공한다.

토익 실전 Check-up 둘 중 알맞은 것을 고르세요. 정답·해석·해설 p.26

1. Due to (decline, declining) sales, Ms. Lyle needed to shut down production at the textile plant.
2. Most critics agreed that Leona Shipley's performance at the concert was (exciting, excite).

기출포인트 02

분사구문

❶ 분사구문은 부사절(부사절 접속사 + 주어 + 동사)이 축약된 구문으로, '(접속사 +) 분사'의 형태를 가진다.

While he edited the essay, he noticed some errors. 그가 에세이를 수정하는 동안, 그는 몇 가지 실수를 알아냈다.

↓

~~While~~ he edited the essay, he noticed some errors.

부사절 접속사 While 생략 (접속사를 생략하여 의미가 모호해질 경우, 생략하지 않는다.)

↓

~~While he~~ edited the essay, he noticed some errors.

부사절 주어 he 생략 (주절의 주어와 같은 경우에만 생략한다.)

↓

Editing the essay, he noticed some errors.

부사절 동사를 분사로 교체

❷ 분사구문은 문장에서 부사절 역할을 하여 시간, 이유, 조건, 연속동작 등을 나타낸다.

시간 (When) Traveling internationally, Mr. Lim always reserved a seat in business class.
= When he traveled internationally, Mr. Lim always reserved a seat in business class.
외국 여행을 할 때, Mr. Lim은 언제나 비즈니스석을 예약했다.

이유 (As) Submitted early, Ms. Staples' loan application was processed quickly.
= As it was submitted early, Ms. Staples' loan application was processed quickly.
일찍 제출했기 때문에, Ms. Staples의 대출 신청서는 빨리 처리되었다.

조건 (If) Notified immediately, the technician will repair the copier by this afternoon.
= If he is notified immediately, the technician will repair the copier by this afternoon.
만약에 기술자가 즉시 통보받는다면, 그는 오늘 오후까지 복사기를 수리할 것이다.

연속동작 The cafeteria served a health-conscious menu, including fruits and vegetables.
= The cafeteria served a health-conscious menu, and it included fruits and vegetables.
간이식당은 건강에 좋은 메뉴를 제공했고, 과일과 야채를 포함했다.

❸ 동사나 명사는 분사구문의 분사 자리에 올 수 없다.

(~~Spend~~, Spending) most of the annual budget, city officials decided to delay the construction.
연간 예산의 대부분을 사용했기 때문에, 시 공무원들은 그 건설을 지연시키기로 결정했다.

(~~Agreement~~, Agreeing) to all of the changes, Ms. Thomas signed the contract.
모든 변경 사항에 동의했기 때문에, Ms. Thomas는 계약서에 서명했다.

토익 실전 Check-up 둘 중 알맞은 것을 고르세요. 정답·해석·해설 p.26

1. (Delivery, Delivered) once a week, the company newsletter is always up-to-date.
2. (Dine, Dining) at a restaurant, Mr. Kane ordered the daily pasta special.

기출포인트 **03**

현재분사와 과거분사 구별

1 분사가 명사를 수식하는 경우, 수식을 받는 명사와 분사와의 관계가 능동이면 현재분사, 수동이면 과거분사가 온다.

New stores opening in the East Beach Mall will be giving away free gifts.
East Beach 쇼핑몰에 새로 개장하는 상점들은 무료 선물을 나눠줄 것이다.

As part of the relocation package, employees will receive limited moving allowances.
전근 수당의 일부로, 직원들은 한정된 이사 수당을 받게 될 것이다.

2 분사가 보어로 쓰이는 경우, 주어와 보어 혹은 목적어와 보어의 관계가 능동이면 현재분사, 수동이면 과거분사를 사용한다.

This year's New Media Festival seems fascinating.
올해의 새로운 미디어 축제는 매우 재미있어 보인다.

The schedule changes made some employees confused.
일정 변경은 몇몇 직원들을 혼란스럽게 만들었다.

3 분사구문의 경우, 주절의 주어와 분사구문의 관계가 능동이면 현재분사, 수동이면 과거분사를 쓴다.

(~~Had~~, Having) no health insurance, they cannot pay for their medication.
건강 보험이 없기 때문에, 그들은 약값을 지불할 수 없었다.

(~~Expecting~~, Expected) to arrive by 9 A.M., the investors were delayed by heavy traffic.
오전 9시에 도착하기로 예상되었지만, 투자자들은 교통 체증으로 인해 늦었다.

토익 실전 Check-up 둘 중 알맞은 것을 고르세요. 정답·해석·해설 p.26

1. Customers (placing, placed) orders on the company's Web site will receive a 10 percent discount.
2. The flight cancellations at the international terminal left many passengers (upsetting, upset).

기출포인트 **04**

현재분사와 과거분사를 혼동하기 쉬운 표현

1 현재분사나 과거분사를 명사와 함께 사용하는 표현

현재분사 + 명사	과거분사 + 명사
leading brands 일류 브랜드	preferred vendors 선호되는 판매자
leading newspaper 일류 신문	proposed project 제안된 프로젝트
opening remarks 개회사	qualified candidate 적격의 후보자
promising member 유망한 회원	experienced technician 숙련된 기술자
existing equipment 기존 설비	detailed marketing plan 자세한 마케팅 안
lasting impression 오래 지속되는 영향	written permission 서면 허가
improving techniques 향상되고 있는 기술	limited time 제한된 시간
presiding officer 의장	attached document 첨부된 서류
missing luggage 분실된 수하물	damaged merchandise 손상된 제품

Any changes to the (~~proposing~~, proposed) project will be discussed tomorrow.
제안된 프로젝트에 대한 모든 변경 사항이 내일 논의될 것입니다.

토익 실전 Check-up 둘 중 알맞은 것을 고르세요. 정답·해석·해설 p.26

1. Her articles have been published in the country's (leaded, leading) newspaper for many years.
2. Mr. Clark is the only (experiencing, experienced) technician that applied for the job.

HACKERS TEST

제한 시간 12분

Part 5

01 Those ------- job positions may want to visit the new employment Web site.

(A) sought (B) will seek
(C) seek (D) seeking

02 Pueblo Manufacturing's newest sports shoes are a lot cheaper than other ------- brands on the market.

(A) leaders (B) leads
(C) leading (D) led

03 Regent Air International, formerly ------- as Regal Air, recently purchased 12 new aircrafts.

(A) knowing (B) known
(C) knows (D) knew

04 The train to Busan was ------- because of its late departure from the previous station.

(A) delayed (B) delays
(C) delaying (D) delay

05 ------- the building manager, Mr. Lang is responsible for the safety and security of all tenants.

(A) Been (B) Have been
(C) To be (D) Being

06 Andrea Guttenberg mentioned that attendance to this year's management workshop was rather -------.

(A) disappointing (B) disappoints
(C) disappointed (D) disappointment

07 Mr. Farris finally received a refund for his malfunctioning camera after ------- requests to the photography store.

(A) repetition (B) repeated
(C) repeat (D) repeats

08 The senator, ------- by the city mayor, toured the town's newly opened government building.

(A) to accompany (B) accompanying
(C) accompanied (D) accompany

09 After ------- ideas to increase revenue, the company agreed to construct a new port in Singapore.

(A) discussing (B) discussed
(C) discuss (D) discussion

10 With its ------- operations in Europe, Omni-Vision was able to reach its highest profit level to date.

(A) expands (B) expand
(C) expanded (D) expansively

11 At Fairyland's souvenir shop, guests may purchase gift bags ------- toys, shirts, and other merchandise for children.

(A) contained (B) containable
(C) containing (D) contain

12 Sun-Crest Incorporated offers full reimbursement or exchanges for any ------- product.

(A) damaged (B) damage
(C) damaging (D) damages

13 Before ------- her next project, Ms. Taylor decided to go on a short vacation.

(A) starting (B) to start
(C) will start (D) starts

14 West High Street, which houses many antique stores, is a commonly ------- place in the city.

(A) visited (B) visit
(C) visitor (D) visiting

15 Ms. Jenkins' primary responsibility was ------- changes for the current administrative system.

(A) proposal (B) proposes
(C) proposing (D) propose

16 The lawyer asked that the contract ------- by Mr. Lucerne be submitted into the firm's permanent records.

(A) are signing (B) sign
(C) was signing (D) signed

17 The travel agent sent Mr. Williams an ------- itinerary for his business trip to Berlin next month.

(A) updated (B) update
(C) updates (D) updating

18 Mr. Sato's computer did not have the program ------- to open the attached file from his client.

(A) require (B) required
(C) requires (D) requiring

Part 6

Questions 19-22 refer to the following press release.

Miami—Lineas Americas has announced that it will be -------(19) a direct ferry service from Tampa to Cancun on May 1. According to the company's chairman, Shelby Palmer, demand for the new service had been growing among its customers ever since Cancun started to become a popular destination years ago. -------(20).

The ferry service -------(21) passengers to make the trip between Tampa and Cancun in 30 hours. Since the boats will have a capacity of 2,000 passengers and 400 vehicles, some travelers may choose to bring their own cars. In addition, the total cost of the trip, -------(22) meals and a cabin, will be comparable to that of an economy plane ticket.

19 (A) launching (B) canceling
(C) rerouting (D) limiting

20 (A) Flights between the two cities are very affordable.
(B) There have been thousands of inquiries about it.
(C) The route has reduced the cost of shipping goods.
(D) Its hotel is usually booked from December to April.

21 (A) permit (B) permitted
(C) will permit (D) has permitted

22 (A) includes (B) included
(C) including (D) inclusion

정답 · 해석 · 해설 p.27

기출 어휘 리스트　최빈출 명사 어휘 3

01 **disruption** [disrʌ́pʃən] 중단, 두절

complain about the **disruption** of a power supply
전력 공급 중단에 대해 불평하다

02 **venture** [véntʃər] 벤처 기업, 모험적 사업

expect the **venture** to succeed
그 벤처 기업이 성공할 것을 예상하다

03 **phase** [feiz] 단계

approach the final **phase** of construction
공사의 마지막 단계에 가까워지다

04 **offer** [ɔ́:fər] 제공 가격, 제안

receive a special **offer** and discounts
특별 제공 가격과 할인을 받다

05 **distribution** [dìstrəbjú:ʃən] 배급, 분배

take charge of the **distribution** of the product
상품의 배급을 맡다

06 **employment** [implɔ́imənt] 고용

inform staff members of the new **employment** policy
직원들에게 새로운 고용 정책에 대해 알리다

07 **appointment** [əpɔ́intmənt] 약속, 예약

wish to reschedule the **appointment**
약속을 변경하고 싶어 하다

08 **deadline** [dédlàin] 마감 시간, 최종 기한

change the **deadline** for submitting the proposals
제안서 제출 마감 시간을 변경하다

09 **vendor** [véndər] 판매인, 행상인

ask the **vendor** to deliver the ordered products
주문한 제품을 배송해줄 것을 판매인에게 요청하다

10 **anniversary** [æ̀nəvə́:rsəri] (몇)주년, 기념일

celebrate the company's 10th **anniversary**
회사의 10주년을 기념하다

11 **invitation** [ìnvətéiʃən] 초대장

send an **invitation** through e-mail
이메일을 통해 초대장을 보내다

12 **failure** [féiljər] 고장

suspend train service due to a computer system **failure**
컴퓨터 시스템 고장으로 열차 운행을 중단하다

13 **proportion** [prəpɔ́:rʃən] 부분

spend a large **proportion** of time at home
대부분의 시간을 집에서 보내다

14 **objective** [əbdʒéktiv] 목표, 목적

reach the project's **objective**
프로젝트의 목표를 달성하다

15 **promotion** [prəmóuʃən] 판촉, 승진

advertise the supermarket's upcoming **promotions**
슈퍼마켓의 다가오는 판촉을 광고하다

16 **expense** [ikspéns] 비용

reduce maintenance **expenses** by 20 percent
관리 비용을 20퍼센트까지 줄이다

17 **source** [sɔ:rs] 원천

consider service fees as a major **source** of revenue
서비스 요금을 수익의 주 원천으로 여기다

18 **standard** [stǽndərd] 표준, 기준

comply with industry **standards**
산업 표준을 따르다

19-20 **pay** [pei] 봉급 : **cost** [kɔ:st] 비용, 값

pay는 노동의 대가로 지불하는 임금을 의미하고, cost는 고객의 입장에서 상품이나 서비스에 대한 대가로 지불하는 비용을 의미한다.

decide to raise the **pay** 봉급을 인상하기로 결정하다
include the **cost** of electricity and heating 전기와 난방 비용을 포함하다

토익 실전 문제 ⏱ 제한 시간 5분

01 Mr. Murphy accepted the ------- for the regional director position after meeting with the company's CEO.

(A) recruitment (B) result
(C) attachment (D) offer

02 In celebration of its 25th -------, Bonhomme Grill is giving away free desserts to all customers.

(A) establishment (B) anniversary
(C) initiation (D) origin

03 The conveyor machine should be maintained on a regular basis to prevent ------- of the company's production schedule.

(A) shortage (B) reformation
(C) disruption (D) resistance

04 The factory missed its delivery ------- last month because a number of items did not pass the company's quality checks.

(A) deadline (B) priority
(C) exemption (D) program

05 The preliminary ------- of the building renovation will consist of complying with the city's safety requirements.

(A) state (B) topic
(C) phase (D) cause

06 The salesperson met her ------- of increasing the sales every month.

(A) disclosure (B) information
(C) compliment (D) objective

07 Although Pulman Manufacturing provides lower ------- than its competitors, it has a much better benefits package.

(A) estimate (B) price
(C) cost (D) pay

08 Researchers who do not use credible ------- of information often produce substandard reports.

(A) challenges (B) consequences
(C) sources (D) assemblies

09 The Morton Dental Clinic schedules weekend ------- for its patients on Saturday only from 10 A.M. to 2 P.M.

(A) appointments (B) subscriptions
(C) interviews (D) receipts

10 Bolton Financial Group's new hotel ------- is expected to bring a lot of additional employment opportunities to the region.

(A) forecast (B) venture
(C) prediction (D) integration

정답 · 해석 · 해설 p.29

명사

파트 5&6 문법 총 28문제
명사 (3문제)
최근 출제 경향

· **명사** 관련 문제는 매회 3문제 정도 꾸준히 출제되며 최대 5문제까지 출제된다. 명사가 필요한 자리에 다른 형태(동사, 형용사 등)와 구별하여 명사를 채우는 문제가 가장 많이 출제되며, 사람명사와 사물/추상명사를 구별하여 채우는 문제도 자주 출제된다.

기본기 다지기

1. 명사는 사람, 사물, 추상적인 개념 등을 가리킨다.

Mr. Jones (사람) has published a book (사물) on how to find and maintain happiness (추상적인 개념).

Mr. Jones는 행복을 찾고 유지하는 방법에 대한 책을 출간했다.

2. 명사는 가산 명사와 불가산 명사로 나뉜다.

가산 명사(= 셀 수 있는 명사)	사람/사물을 가리키는 일반적인 명사	manager, applicant, ticket, document
	집합을 가리키는 명사	family, people, team, committee
불가산 명사(= 셀 수 없는 명사)	특정한 사람/사물의 이름	John, Seoul, Chicago, Mars
	형태가 분명치 않은 명사	water, air, fire, oil
	추상적인 개념을 나타내는 명사	history, success, information, news

기출포인트 01

명사 자리

❶ 명사는 주어, 목적어, 보어 자리에 올 수 있다.

주어 자리	Servers will hand out the menus. 종업원들이 메뉴를 나누어 줄 것이다.
동사의 목적어 자리	Please read the contract carefully. 계약서를 신중히 읽어주시기 바랍니다.
전치사의 목적어 자리	The CEO selected a local charity organization for the company to sponsor. 최고 경영자는 회사가 후원할 지역 자선 단체를 선정했다.
보어 자리	Diana Badler is the supervisor of the company's call center. Diana Badler는 회사의 콜센터 감독이다.

❷ 명사는 관사, 소유격, 형용사 뒤에 올 수 있다.

관사 뒤	The committee reviewed the applications of all the candidates. 위원회는 모든 지원자들의 지원서를 검토했다.
소유격 뒤	The manager has promised his employees pay raises. 관리자는 그의 직원들에게 봉급 인상을 약속했다.
형용사 뒤	Local branches of the company are experiencing financial difficulties. 그 회사의 지방 지점들은 재정난을 겪고 있다.

❸ 동사, 형용사 등은 명사 자리에 올 수 없다.

Jennifer's (~~understands~~, understanding) of finance is a valuable asset.
재정학에 대한 Jennifer의 지식은 귀중한 자산이다.

Jell Software is offering a (~~reducible~~, reduction) on service fees for new customers.
Jell Software사는 신규 고객들에게 서비스 요금 인하를 제공한다.

토익 실전 Check-up 둘 중 알맞은 것을 고르세요. 정답·해석·해설 p.30

1. Cottonwood Textiles invited their (investors, invest) to attend an anniversary celebration.
2. The (direct, director) wants to know if any members are available to work this weekend.

기출포인트 02

가산 명사와 불가산 명사 구별

❶ 부정 관사 a/an은 단수 가산 명사 앞에만 오며, 복수 가산 명사나 불가산 명사 앞에는 올 수 없다.

가산 명사	불가산 명사
approach 방법, 접근법	access 접근, 출입, 이용
color 색	advice 조언, 충고
certificate 증명서	approval 승인
compliment 칭찬	clothing 의류
detail 세부 사항	consent 동의
discount 할인	equipment 기구, 장비
increase 증가	furniture 가구
note 짧은 편지	information 정보
profit 이익	luggage 수하물
region 지역	merchandise 상품
request 요청	permission 허가
requirement 요구 사항, 요구물	research 연구

Previous sales experience is not a (~~requirements~~, requirement) for any of the open positions.
이전 영업 경험은 어느 공석에서도 요구 사항이 아니다.

Board members discussed (~~approach~~, approaches) to increasing the company's revenues.
이사회 위원들은 회사 수익을 증가시키는 것에 대한 방법을 논의했다.

The payroll department needs (~~approvals~~, approval) from the director to reimburse the clients.
급여 부서는 고객들에게 배상을 하기 위해서는 이사의 승인이 필요하다.

❷ 가산 명사와 불가산 명사 앞에 올 수 있는 수량 표현이 있다.

가산 명사 앞		불가산 명사 앞	가산·불가산 명사 모두의 앞
단수 명사 앞	복수 명사 앞		
one 하나의	(a) few 몇 개의	(a) little 적은	all 모든
each 각각의	many 많은	less 더 적은	some/any 몇몇의, 어떤
every 모든	both 둘 다의	much 많은	other 다른
another 또 다른	several 여러 개의	a great deal of 많은	more 더 많은
			most 대부분의

* all, some, other, more, most는 가산 명사와 쓰일 때 복수 명사 앞에 온다.

가산 명사 앞 Following the winter storm, many (~~road~~, roads) in the city were closed.
겨울 폭풍 후, 도시의 많은 도로가 폐쇄되었다.

불가산 명사 앞 Mr. Carlton quit his job as he received little (~~compensations~~, compensation) for his efforts.
Mr. Carlton은 자신의 노력에 대해 적은 보상을 받았기 때문에 직장을 그만두었다.

토익 실전 Check-up 둘 중 알맞은 것을 고르세요. 정답·해석·해설 p.30

1. The farm is located in a remote (region, regions) of the country, far from major cities.
2. The owner of the restaurant chain disagreed with several (detail, details) in the contract.

기출포인트 03 사람명사와 사물/추상명사 구별

❶ 사람명사와 사물/추상명사는 모두 명사 자리에 올 수 있으나 문맥에 어울리는 명사가 와야 한다.

analyst 분석가 - analysis 분석
applicant 지원자 - application 지원 - appliance 전자 제품
assistant 조수 - assistance 원조, 지원
attendant 참석자, 안내원 - attendee 참석자 - attendance 출석
competitor 경쟁자 - competitiveness 경쟁력
complainer 불평자 - complaint 불평
deliverer 배달원 - delivery 배달
developer 개발자 - development 발달
distributor 분배자 - distribution 분배
exhibitor 출품자 - exhibition 전시
expert 전문가 - expertise 전문 지식
evaluator 평가자 - evaluation 평가
grower 재배자 - growth 성장, 증가
inspector 검사자 - inspection 검사
instructor 강사 - instruction 설명, 지시
manager 경영자 - management 경영
manufacturer 제조자 - manufacture 제조
negotiator 협상자 - negotiation 협상
participant 참가자 - participation 참가
performer 연주자 - performance 연주, 실적, 성과
professional 전문가 - profession 전문직, 직업
provider 제공자 - provision 공급
remover 이동시키는 사람 - removal 제거
resident 거주자 - residence 거주
reviewer 비평가 - review 평론
shopper 쇼핑객 - shopping 쇼핑
supervisor 감독자 - supervision 감독
technician 기술자 - technology 기술
visitor 방문객 - visit 방문
viewer 관람객 - view 시각

Ms. Marx showed the (~~visit~~, visitor) around the facilities.
Ms. Marx는 방문객에게 시설을 안내하였다.

The employee with the best (~~performer~~, performance) this year will be awarded with a bonus.
올해 최고의 실적을 낸 직원은 보너스를 받을 것이다.

토익 실전 Check-up 둘 중 알맞은 것을 고르세요. 정답·해석·해설 p.30

1. Experts predict significant (growth, grower) in the alternative energy industry within 10 years.
2. After introducing herself, the facilitator gave participants (instructions, instructor) for the workshop.

기출포인트 04 복합 명사

❶ '명사 + 명사'의 형태로 관용적으로 쓰이는 복합 명사가 있다.

customer satisfaction 고객 만족
contract negotiation 계약 협상
housing development 주택 단지
keynote speaker 기조 연설자
living expenses 생활비
office supplies 사무용품
profit losses 수익 감소
repair work 복구 공사
retail sales 소매 판매
retirement celebration 퇴직 기념 축하연
safety regulations 안전 규정
sales increase 판매 증가
sales representative 판매 사원
savings plan 저축 계획
shipping charge 운송비
standard procedure 통상 절차

Applicants must have two years of experience in (~~retailed~~, retail) sales.
지원자들은 2년의 소매 판매 경력이 있어야 한다.

토익 실전 Check-up 둘 중 알맞은 것을 고르세요. 정답·해석·해설 p.30

1. Copeland Financial provides effective (savings, save) plans free of charge to its clients.
2. The price of the product will be affected first if the shipping (charges, charged) increase.

HACKERS **TEST**

제한 시간 12분

Part 5

01 All airline passengers must put their tray tables up and fasten their seatbelts in ------- for departure.

(A) prepares (B) prepared
(C) preparative (D) preparation

02 The public relations department initiated ------- into complaints filed about the firm's new product.

(A) investigative (B) investigations
(C) investigate (D) investigatory

03 The ------- clients will be taken on a tour of the corporate headquarters.

(A) visit (B) visitation
(C) visiting (D) visited

04 Maika Motors had to halt the ------- of its factories because the company failed to extend the business permits.

(A) operational (B) operated
(C) operation (D) operating

05 Benjamin Salvador will contact the ------- that have been chosen to take a written examination.

(A) applications (B) applicable
(C) applicants (D) applying

06 Many economic ------- shown by Japan's use of windmills persuaded other countries to invest in clean energy resources.

(A) benefited (B) benefits
(C) benefiting (D) benefit

07 The board has not reached a ------- as to who will represent the company at the fashion industry conference in Paris.

(A) decided (B) decision
(C) deciding (D) decisive

08 The development of the new perfume would not have been completed without the research team's -------.

(A) contribute (B) contribution
(C) contributive (D) contributes

09 The nomination of the documentary film *Ambulansya* at the recent International Film Awards was a huge -------.

(A) surprises (B) surprising
(C) surprise (D) surprised

10 The elevator located at the south exit needs maintenance work, so it will be out of service until further -------.

(A) noticeable (B) notice
(C) noticed (D) noticeably

11 The lecturer stated that there are several new ------- to coping with the rising cost of production.

(A) approaches (B) approach
(C) approaching (D) approached

12 Sym-Tex customer service is well-known for providing ------- to all inquiries within an hour.

(A) responsive (B) responds
(C) responded (D) responses

13 Because many ------- at the workshop were from local companies, only a few hotel rooms had to be reserved.

(A) participation (B) participatory
(C) participates (D) participants

14 The conference in July is intended for ------- who work in the interior design field.

(A) professions (B) professional
(C) professionally (D) professionals

15 The profit ------- for the last year were mainly caused by a surplus of products on the market.

(A) losses (B) to lose
(C) lost (D) losing

16 Due to the current ------- of the highway, traffic will be rerouted for the next five days.

(A) expands (B) expansive
(C) expansively (D) expansion

17 The airport added several emergency exits in accordance with new government ------- regulations.

(A) safety (B) safely
(C) safe (D) safeness

18 Oleander Cosmetics has significantly improved its ------- in the South American market.

(A) performance (B) perform
(C) performed (D) performer

Part 6

Questions 19-22 refer to the following article.

October 12, New Delhi—Data from the Department of Labor shows that rate of ------- (19) in the information and communications technology sector rose by 3.5 percent last year. The increase was attributed to the rising number of newly established Business Process Outsourcing (BPO) firms in the country.

In general, BPO firms provide a narrow range of services. ------- (20). For example, American-owned GenPride works exclusively with banks and insurance companies. Its ------- (21) will therefore have experience in those fields. This is because the company hired nearly 100 individuals who had previously worked at local banks when it set up an office in New Delhi last month.

The Secretary of the Department of Labor, Prashant Krishnam, hopes BPOs will continue generating jobs for citizens. "It is our belief that the industry ------- (22) the key to ensuring access to stable work around the country over the next few years," Krishnam said.

19 (A) employment (B) employer
(C) employs (D) employed

20 (A) Many companies are establishing branches in other countries of the region.
(B) They specialize in finance, customer service, and public relations.
(C) The Indian government encourages both local and foreign investment.
(D) These are some of the requirements for setting up a BPO.

21 (A) clients (B) investors
(C) inspectors (D) representatives

22 (A) will become (B) will have become
(C) has become (D) became

정답 · 해석 · 해설 p.30

기출 어휘 리스트 최빈출 명사 어휘 4

01 **persistence**[pə:rsístəns] 끈기, 고집

earn a special promotion by showing **persistence**
끈기를 보여줌으로써 특별 승진을 획득하다

02 **indicator**[índikèitər] 지표, 척도

be an **indicator** of poor heart conditions
약한 심장 상태의 지표이다

03 **discretion**[diskréʃən] 재량, 결정권

hire staff at the **discretion** of the manager
관리자의 재량대로 직원을 고용하다

04 **qualification**[kwɑ̀ləfikéiʃən] 자격

have the right **qualifications** for the position
직책을 위한 알맞은 자격을 갖추다

05 **surplus**[sə́:rplʌs] 흑자, 여분

announce a trade **surplus** this fiscal year
이번 회계 연도의 무역 수지 흑자를 발표하다

06 **warranty**[wɔ́:rənti] 보증서, 보증 (기간)

come with a 90-day **warranty**
90일짜리 보증서가 딸려오다

07 **boost**[bu:st] (생산량 등의) 증대, (가격 등의) 상승

result in a **boost** in profits
수익의 증대를 야기하다

08 **completion**[kəmplí:ʃən] 완료, 수료

report the **completion** of the building construction
건물 건설의 완료를 보고하다

09 **commitment**[kəmítmənt] 헌신

make a **commitment** to research in robotics
로봇 공학을 연구하는 데 헌신하다

10 **extension**[iksténʃən] (기간의) 연장

agree to an **extension** for submitting the proposal
제안서 제출 기간을 연장시키는데 동의하다

11 **itinerary**[aitínərèri] 여행 일정표

enclose the **itinerary** for the tour of Japan
일본 여행 일정표를 동봉하다

12 **competition**[kɑ̀mpətíʃən] 경쟁

facilitate **competition** among the airline companies
항공사들 사이에서의 경쟁을 조장하다

13 **connection**[kənékʃən] 접속, 연결

offer a free Internet **connection** at the hotel
호텔에서 무료 인터넷 접속을 제공하다

14 **procedure**[prəsí:dʒər] 절차

simplify the reimbursement **procedure**
상환 절차를 단순화하다

15 **acquisition**[æ̀kwəzíʃən] 인수, 습득

discuss the firm's newest **acquisition**
회사의 최신 인수에 대해 논의하다

16 **variation**[vɛ̀əriéiʃən] 변화

be informed of any **variation** in the work schedule
작업 일정의 모든 변화를 잘 알고 있다

17 **benefit**[bénəfìt] 수당, 이득, 혜택

receive extra retirement **benefits**
추가 퇴직 수당을 받다

18 **career**[kəríər] 경력, 직업

build a **career** as a film director
영화감독으로서의 경력을 쌓다

19~20 **division**[divíʒən] 부서, 계열사 : **category**[kǽtəgɔ̀:ri] 부문, 범주

division은 큰 조직 내에서 특정 업무를 담당하는 단체를 의미하고, category는 동일한 성질을 가진 부류를 의미한다.

report any changes to the payroll **division** 어떤 변동 사항이든 임금 지불 부서에 보고하다
include the cost in the office expense **category** 사무실 지출 부문의 비용을 포함하다

토익 실전 문제 ⓒ 제한 시간 5분

01 Spark Air will be moving into the new terminal after the ------- of the airport's reconstruction next month.

(A) proof (B) admission
(C) completion (D) requirement

02 The advertisement lists a four-year college degree as one of the ------- for the job.

(A) qualifications (B) exemptions
(C) reputations (D) prescriptions

03 Mr. Chan, the CEO of Sanxan Electronics, appreciates and rewards employees' ------- to the company.

(A) statement (B) reply
(C) choice (D) commitment

04 The office supplies company was offering a discount on photocopy paper because of a ------- in its warehouse.

(A) provision (B) replacement
(C) surplus (D) price

05 Many educators believe that standardized tests do not provide a good ------- of a person's intelligence.

(A) pointer (B) indicator
(C) signal (D) meter

06 One of the main benefits of buying from Royal Standard Appliance is that all products are covered by a -------.

(A) chance (B) warranty
(C) restoration (D) strategy

07 The beverage company introduced a new line of flavored teas in response to the heavy ------- in the marketplace.

(A) competition (B) observation
(C) encounter (D) venture

08 The ------- for dealing with staff grievances is outlined in detail in the managerial manual.

(A) calculation (B) procedure
(C) interaction (D) establishment

09 The ------- specifies that Mr. Lopez will be visiting Dubai and Cairo before returning to the main office in Barcelona.

(A) endorsement (B) itinerary
(C) selection (D) location

10 *Stock Magazine* is owned by Turner Publishing, which is a ------- of Timeline Incorporated.

(A) category (B) position
(C) division (D) distribution

정답 · 해석 · 해설 p.32

DAY 10 대명사

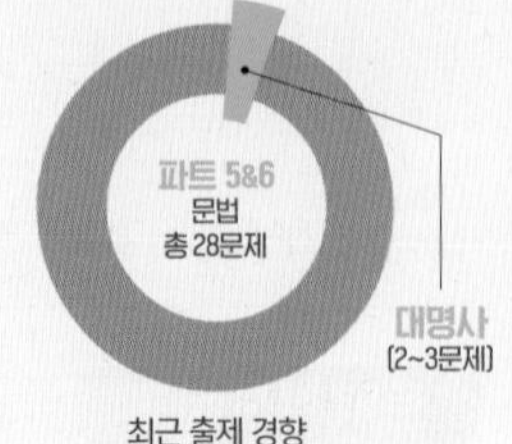

· **대명사** 관련 문제는 평균 2~3문제 정도 출제되며 최대 5문제까지 출제된다. 격에 맞는 인칭대명사를 채우는 문제가 가장 많이 출제되며, 의미와 쓰임에 알맞은 부정대명사를 채우는 문제도 자주 출제된다.

기본기 다지기

대명사는 명사를 반복해서 사용하지 않기 위해 해당 명사 대신 쓰는 말로, 쓰임에 따라 인칭대명사와 재귀대명사, 지시대명사, 부정대명사로 나뉜다.

1. 인칭대명사는 사람이나 사물을 대신할 때 쓰인다.

   Cynthia Petrovich left her briefcase in the meeting room.
   Cynthia Petrovich는 그녀의 서류가방을 회의실에 두고 왔다.

2. 재귀대명사(yourself, herself, themselves 등)는 인칭대명사에 -self(-selves)를 붙여 '자신, 스스로'라는 의미를 가지며, 바로 그 자신을 나타낸다.

   Ms. Compton proved herself capable of running the office while her boss was on vacation.
   Ms. Compton은 그녀의 상사가 휴가 중인 동안에 그녀 자신이 사무실을 운영할 수 있는 능력이 있다는 것을 증명했다.

3. 지시대명사는 '이것(들)', '저것(들)'이라는 뜻으로 특정 사람이나 사물을 가리킬 때 쓰이며, 명사 앞에서 지시형용사로도 쓰인다.

   The sales of Blankport's shoes were much higher than those of its competitors.
   Blankport사의 신발 판매량은 경쟁사의 판매량보다 훨씬 많았다.

4. 부정대명사는 막연한 사물, 사람 등을 나타낼 때 쓰이며, 명사를 수식하는 부정형용사로도 쓰인다.

   Most of the staff liked the lobby, but others said it was far too dark.
   직원들의 대부분은 로비를 좋아했지만, 다른 직원들은 너무 어둡다고 말했다.

기출포인트 01

인칭대명사

❶ 인칭대명사의 종류

인칭/수/성 \ 격			주격 (-은, -는, -이, -가)	소유격 (-의)	목적격 (-을, 를)	소유대명사 (-의 것)
1인칭	단수		I	my	me	mine
	복수		we	our	us	ours
2인칭	단수		you	your	you	yours
	복수		you	your	you	yours
3인칭	단수	남성	he	his	him	his
		여성	she	her	her	hers
		사물	it	its	it	–
	복수		they	their	them	theirs

• 주격은 주어 자리에 온다.

주어 자리 As a manager, you need to remind all employees of the rules.
관리자로서, 당신은 모든 직원들에게 규칙을 상기시킬 필요가 있습니다.

• 소유격은 명사 앞에 온다.

명사 앞 Ms. Malone called a staff meeting to announce her resignation.
Ms. Malone은 그녀의 사임을 발표하기 위해 직원 회의를 소집했다.

• 목적격은 목적어 자리에 온다.

목적어 자리 After Mr. Park performed, the audience applauded him.
Mr. Park이 공연을 한 이후에 관객들은 그를 격찬했다.

• 소유대명사는 주어, 목적어, 보어 자리에 온다.

주어 자리 My business trip will be to Manila. Yours will be to Taipei.
저의 출장지는 마닐라입니다. 당신의 출장지는 타이베이입니다.

목적어 자리 Because Ms. Topher had submitted her assignment early, she helped Mr. Hearst finish his.
Ms. Topher는 그녀의 연구 과제를 일찍 제출했기 때문에, Mr. Hearst가 그의 것을 끝내는 걸 도와 주었다.

보어 자리 Rose told the staff that the red car parked outside was hers.
Rose는 직원들에게 밖에 주차된 빨간 차가 그녀의 것이라고 말했다.

토익 실전 Check-up 둘 중 알맞은 것을 고르세요. 정답·해석·해설 p.33

1. Mr. Stravinsky asked the secretary to adjust work priorities on (him, his) weekly agenda.
2. Ms. Kwan prefers Mr. Bates' new office furniture to (she, hers).

기출포인트 02

재귀대명사

❶ 목적어가 주어와 같은 사람이나 사물을 지칭할 때, 목적어 자리에 재귀대명사가 온다. 이때, 재귀대명사는 생략할 수 없다.

Susan considered herself to be the best person for the marketing position.
Susan은 스스로를 마케팅 직에 가장 적절한 사람이라고 여겼다.

❷ 주어나 목적어를 강조할 때, 강조하고자 하는 말 바로 뒤나 문장 맨 뒤에 재귀대명사가 온다. 이때, 재귀대명사는 생략할 수 있다.

The president himself gave the presentation to the new buyers. 사장이 새 구매자들을 상대로 직접 발표를 했다.

❸ 토익에 출제되는 재귀대명사의 관용 표현을 알아둔다.

by oneself (= on one's own) 혼자서, 혼자 힘으로	for oneself 혼자 힘으로
of itself 저절로	in itself 자체로, 본질적으로

Mr. Lee has to train the new employees by himself. Mr. Lee는 혼자서 신입 직원들을 교육시켜야 한다.

토익 실전 Check-up 둘 중 알맞은 것을 고르세요. 정답·해석·해설 p.33

1. Mr. Solomon decided to buy his own bakery so that he could run the business by (himself, him).
2. The visitors introduced (theirs, themselves) as government officials.

기출포인트 03

지시대명사 / 지시형용사

❶ 지시대명사 that은 앞에서 언급된 단수 명사를, those는 복수 명사를 대신한다.

The reputation of the London office is far better than that of any other branch in Europe.
런던 지사의 평판은 유럽의 다른 어떤 지사의 평판보다 훨씬 좋다.

Economists argue that Korean investment strategies are similar to those of Japan.
경제학자들은 한국의 투자 전략이 일본의 투자 전략과 비슷하다고 주장한다.

❷ 지시대명사 those는 관계절, 분사, 전치사구의 수식을 받아 '~한 사람들'이란 의미로도 쓰인다.

Those [who work on Saturdays] are entitled to additional vacation days.
토요일에 일하는 사람들은 추가 휴가를 받을 자격이 있다.

❸ 지시형용사 this/that은 단수 명사를, these/those는 복수 명사를 수식하며, 각각 '이-', '저-'를 의미한다.

This professional development seminar will boost the employees' confidence.
이 전문성 개발 세미나는 직원들의 자신감을 증진시킬 것이다.

Those manuals have been updated twice already. 저 안내서들은 이미 두 번 갱신되었다.

토익 실전 Check-up 둘 중 알맞은 것을 고르세요. 정답·해석·해설 p.33

1. (Those, That) who want to attend the lecture are urged to register with Ms. Tan as soon as possible.
2. Mr. Kim asked the maintenance department to move (these, this) conference table to the auditorium.

기출포인트 04

부정대명사 / 부정형용사 1 : some / any

❶ some은 '몇몇(의), 약간(의)'이라는 의미의 부정대명사와 부정형용사로 주로 긍정문에 쓰이고, any는 '몇몇(의), 조금(의)'이라는 의미의 부정대명사와 부정형용사로 주로 부정문, 의문문, 조건문에 쓰인다. 참고로, any가 긍정문에 쓰이면 '어떤 ~라도'라는 의미이다.

부정대명사 some — Some of the desks the purchasing department ordered are for the new office.
구매부서에서 주문한 책상들 중 몇 개는 새로운 사무실을 위한 것들이다.

부정형용사 some — Ms. Greene offered the team some advice on the presentation.
Ms. Greene은 그 팀에 발표에 대한 약간의 조언을 했다.

부정대명사 any — The store does not have any of the ink cartridges left.
그 상점은 남은 잉크 카트리지가 조금도 없다.

부정형용사 any — If there are any problems with the proposal, please call the sales department.
만약 제안서에 조금이라도 문제가 있다면, 영업부서로 연락주십시오.

토익 실전 Check-up 둘 중 알맞은 것을 고르세요. 정답·해석·해설 p.34

1. If passengers have (this, any) questions about arrival times, they can contact the airport.
2. The exhibit at the Wilson Gallery includes (any, some) well-known pieces by famous artists.

기출포인트 05

부정대명사 / 부정형용사 2 : one / another / other

❶ one은 정해지지 않은 단수 가산 명사를 대신하고, another는 '(이미 언급된 것 이외의) 또 다른 하나'의 의미로 단수 가산 명사를 대신하거나 수식한다.

부정대명사 one — The previous digital copier broke down, so the coordinator purchased a new one.
예전 디지털 복사기가 고장이 나서 코디네이터가 새것을 구입했다.

부정대명사 another — One of the conventions will be held in Miami. Another will be in Atlanta.
집회 중 하나는 마이애미에서 개최될 것이다. 또 다른 하나는 애틀랜타에서 개최될 것이다.

부정형용사 another — One of the assistants is on vacation. Another assistant is filling in for her.
조수 중 한 명은 휴가를 갔다. 다른 조수가 그녀의 자리를 대신 채울 것이다.

❷ other/others는 '(이미 언급된 것 이외의) 다른 몇몇'이라는 의미로, the other(s)는 '나머지 전부'라는 의미로 쓰인다.

부정형용사 other — The company's Internet service is cheaper than those of other companies.
그 회사의 인터넷 서비스는 다른 회사들의 서비스보다 덜 비싸다.

부정대명사 others — Some of the staff commute by bus. Others take the subway.
어떤 직원들은 버스로 통근한다. 다른 직원들은 지하철을 탄다.

부정대명사 the others — Mr. Lee was late to his team's meeting, but the others were on time.
Mr. Lee는 그의 팀 회의에 늦었지만 나머지 사람들은 정시에 왔다.

토익 실전 Check-up 둘 중 알맞은 것을 고르세요. 정답·해석·해설 p.34

1. The mobile application allows users to send large files from one phone to (any, another).
2. Some people enjoyed the film, but (others, each) thought it was too long.

HACKERS TEST

⏱ 제한 시간 12분

Part 5

01 Mr. Jancovic will work on Maria's contract this morning and send ------- a copy of it by the end of the day.

(A) she (B) herself
(C) her (D) hers

02 Only ------- with boarding passes are permitted in the departure lounge.

(A) these (B) whose
(C) those (D) them

03 ------- employee wishing to transfer to a different department may consult the supervisor about the proper procedure.

(A) Both (B) Many
(C) Few (D) Any

04 If you are unable to install the new software on -------, please contact one of our technical support experts.

(A) yourself (B) yourselves
(C) your own (D) your

05 Mr. Meyer was transferred from the finance department because ------- asked him to lead a new project in Qatar.

(A) I (B) my
(C) me (D) myself

06 There are no sneakers available in a size 9, but there are ------- in stock that come in size 10.

(A) others (B) one
(C) another (D) other

07 The successful candidate for the engineering position will be asked to visit ------- main facilities in Denver.

(A) us (B) ours
(C) we (D) our

08 Because of her ------- in interior design, Ms. Wilson is regarded as a highly valuable employee of the Martinez Corporation.

(A) strong (B) strengthen
(C) strongest (D) strength

09 Mr. Barnes and Ms. Kim received an award for ------- contribution, which was for the renovation of city hall.

(A) them (B) themselves
(C) their (D) they

10 Described as ------- of the greatest songs of this year, the latest single of Jamie White has received enthusiastic reviews.

(A) any (B) one
(C) someone (D) each other

11 Development in communications technology allows ------- to contact international colleagues more efficiently.

(A) we (B) us
(C) our (D) ours

12 The clerk told Mr. Polanski that if there were problems with the new cell phone, he could replace it with -------.

(A) each other (B) every
(C) another (D) other

13 At the airport baggage claim, Ms. Simpson nearly picked up a suitcase that was almost exactly identical to -------.

(A) hers (B) her
(C) she (D) herself

14 The department manager asked ------- who are planning to take extended vacations this summer to notify him by next Tuesday.

(A) they (B) these
(C) those (D) them

15 After the discussion with the supervisor, Mr. Ling met with ------- team members to explain the new production schedule.

(A) he (B) himself
(C) him (D) his

16 ------- of the containers were loaded onto the Seagull cargo ship two hours prior to its departure from Cape Town.

(A) Some (B) Other
(C) Ones (D) Almost

17 Sarah Lincoln will conduct interviews with the applicants ------- rather than with the associate manager.

(A) her (B) she
(C) herself (D) hers

18 For the first time in 30 years, the country's economic growth has exceeded that of ------- neighbors in the region.

(A) them (B) its
(C) themselves (D) itself

Part 6

Questions 19-22 refer to the following article.

Unique Solution to the Coming Food Crisis

Amman—A growing world population combined with worsening climate change makes ------- (19) of food more likely. If this were to happen, food costs would rise sharply.

Dealing with this issue has been a great ------- (20). The Sahara Corporation failed several times, but it has now developed a new type of wheat that requires less water to grow. It plans to conduct field trials in Jordan's desert areas. If the crop grows well on the experimental farms, the country will be able to increase its wheat production. ------- (21). According to Sahara spokesperson Laura Baker, the company's scientists are also working on other potential solutions to the problem of food scarcity. "------- (22) will be revealed over the coming years," she said.

19 (A) to shorten (B) shortly
(C) shortages (D) shortened

20 (A) advantage (B) occasion
(C) mistake (D) challenge

21 (A) Flour consumption has declined throughout the region.
(B) The company has been recognized for its innovative contributions.
(C) Agricultural industries employed a substantial number of people.
(D) The need to import wheat from overseas would thus be reduced.

22 (A) He (B) They
(C) We (D) It

정답 · 해석 · 해설 p.34

기출 어휘 리스트 최빈출 형용사 어휘 1

01 **adequate** [ǽdikwət] 충분한, 적당한

provide **adequate** information to investors
투자자들에게 충분한 정보를 제공하다

02 **doubtful** [dáutfl] 확신이 없는, 의심스러운

remain **doubtful** about the suggestion
그 제안에 대해 여전히 확신이 없다

03 **substantial** [səbstǽnʃəl] 상당한, 많은

attract a **substantial** number of customers
상당한 수의 고객들을 유인하다

04 **limited** [límitid] 한정된

open for a **limited** period
한정된 기간 동안 열리다

05 **additional** [ədíʃənl] 부가적인, 추가의

construct **additional** research facilities
부가적인 연구 시설들을 건설하다

06 **practical** [prǽktikəl] 현실적인, 실용적인

explain **practical** ways to reduce costs
비용을 줄일 수 있는 현실적인 방법들을 설명하다

07 **informative** [infɔ́:rmətiv] 유익한

update the staff manual to be more **informative**
직원 수칙서가 더 유익하도록 업데이트하다

08 **entertaining** [èntərtéiniŋ] 재미있는

deliver an **entertaining** speech
재미있는 연설을 하다

09 **affordable** [əfɔ́:rdəbl] (가격 등이) 알맞은

obtain **affordable** housing in New Zealand
뉴질랜드에 가격이 알맞은 주택을 얻다

10 **temporary** [témpərèri] 임시의, 일시적인

work as a **temporary** assistant
임시 보조로 일하다

11 **previous** [prí:viəs] 이전의

read a copy of the **previous** edition
이전 판의 복사본을 읽다

12 **beneficial** [bènəfíʃəl] 유익한

make some **beneficial** suggestions
몇몇 유익한 제안을 하다

13 **outstanding** [àutstǽndiŋ] 우수한

receive an award for **outstanding** work
우수한 업무로 상을 받다

14 **initial** [iníʃəl] 초기의, 처음의

present an overview of the **initial** results of the study
연구의 초기 결과에 대한 개요를 보여주다

15 **reasonable** [rí:zənəbl] 합리적인

provide quality furniture at **reasonable** prices
품질 좋은 가구를 합리적인 가격에 제공하다

16 **ambitious** [æmbíʃəs] 야심찬

announce an **ambitious** sales plan
야심찬 판매 계획을 발표하다

17 **reliable** [riláiəbl] 믿을 수 있는

be well-known for **reliable** products
믿을 수 있는 상품으로 유명하다

18 **valued** [vǽlju:d] 소중한

retain **valued** members of staff
소중한 직원들을 보유하다

19~20 **frequent** [frí:kwənt] 빈번한 : **repetitive** [ripétətiv] 반복적인

frequent는 행동의 횟수가 나타내는 정도가 빈번함을 의미하고, repetitive는 행동이 계속 반복된다는 것을 의미한다.
require **frequent** medical treatment 빈번한 의학 치료를 필요로 하다
get bored of **repetitive** tasks 반복적인 업무에 싫증이 나다

토익 실전 문제 ⓘ 제한 시간 4분

01 An ------- rise in fuel costs will affect households and businesses across the country.

(A) industrious (B) advisory
(C) additional (D) optional

02 Because of the ------- repairs needed to modernize the subway line, the transport authority requested a larger budget.

(A) substantial (B) growing
(C) usable (D) involving

03 Lyrex is well known for selling high-quality household appliances at ------- prices.

(A) endurable (B) financial
(C) intelligent (D) reasonable

04 Seminar participants said the talks were ------- enough, but thought explanations could have been clearer.

(A) problematic (B) developmental
(C) informative (D) cooperative

Questions 05-08 refer to the following letter.

Dear Ms. Miller,

Welcome to the team! Here at BUU Corporation, we are known for our commitment to ------- (05) in technology. We are pleased that you have taken this ------- (06) step. Many engineers started out as members of our internship program. We are confident you will fit right in.

Your internship will last for exactly three months and no extensions will be granted. ------- (07). During the program, Mr. Benson will share his experience as an expert in software engineering and introduce you to your new colleagues. This will be helpful for your ------- (08).

Orientation will take place on Monday, April 27. I hope to see you there.

Raymond Farley, HR Manager
BUU Corporation

05 (A) measure (B) estimate
(C) assurance (D) innovation

06 (A) initial (B) unusual
(C) distant (D) cautious

07 (A) In the event of an emergency, contact your manager.
(B) Exceptions to this policy are not allowed for any reason.
(C) Your request for a longer stay is being considered.
(D) The deadline for enrollment is fast approaching.

08 (A) event (B) report
(C) career (D) account

정답 · 해석 · 해설 p.36

DAY 11 형용사

· **형용사** 관련 문제는 매회 2~3문제 정도 꾸준히 출제되며 최대 5문제까지 출제된다. 형용사가 필요한 자리에 다른 형태(부사, 명사 등)와 구별하여 형용사를 채우는 문제가 가장 많이 출제되며, 가산/불가산 명사 앞에 알맞은 수량 표현을 채우는 문제도 가끔 출제된다.

기본기 다지기

1. 형용사는 명사의 성질이나 상태를 수식하거나 설명한다.

The company offers an excellent health insurance package.
그 회사는 훌륭한 건강 보험 패키지를 제공한다.

The employees are happy with the company's new office space.
직원들은 회사의 새로운 사무실 공간에 만족한다.

2. 형용사는 대개 '-able, -al, -ible, -ic, -tive, -ous, -ful, -y'로 끝난다.

-able	reasonable 적당한
-al	critical 중요한
-ible	responsible 책임이 있는
-ic	specific 구체적인
-tive	innovative 혁신적인
-ous	ambitious 야심 있는
-ful	resourceful 자원이 풍부한
-y	sticky 끈적거리는

기출포인트 01

형용사 자리

① 형용사는 명사 앞이나 보어 자리에 올 수 있다.

명사 앞 The creative advertising campaign was popular with consumers.
그 창의적인 광고 캠페인은 소비자들에게 인기가 많았다.

주격 보어 자리 Calculating the company's profits is important.
회사의 이윤을 계산하는 것은 중요하다.

목적격 보어 자리 A budget increase will make higher wages possible by the end of the third quarter.
예산 증가는 3분기 말까지 임금 인상을 가능하게 할 것이다.

② 부사나 명사는 형용사 자리에 올 수 없다.

The manual contains (~~comprehensively~~, comprehensive) instructions.
그 안내서는 종합적인 설명을 포함하고 있다.

There is an (~~incredibility~~, incredible) office tower in Boston.
보스턴에는 훌륭한 사무실 타워가 있다.

토익 실전 Check-up 둘 중 알맞은 것을 고르세요. 정답·해석·해설 p.37

1. The café offers a variety of (nutritious, nutrients) soups and salads on its lunch menu.
2. The lease is (valid, validly) only if it is signed by the owner.

기출포인트 02

수량 형용사

① 가산 명사·불가산 명사의 앞에 올 수 있는 수량 형용사가 있다.

가산 명사 앞		불가산 명사 앞	가산·불가산 명사 모두의 앞
단수 명사 앞	복수 명사 앞		
each 각각의 every 모든 one 하나의 another 또 다른	(a) few 몇 개 many 많은 both 둘 다의 several 여러 개의	(a) little 적은 less 더 적은 much 많은 a great deal of 많은	all 모든 some/any 몇몇의, 어떤 other 다른 more 더 많은 most 대부분의

* all, some, other, more, most는 가산 명사와 쓰일 때 복수 명사 앞에 온다.

(~~Many~~, Every) member of the team will submit a monthly progress report.
모든 팀원은 월간 진행 보고서를 제출할 것이다.

In (~~much~~, many) reviews, critics reported how spectacular the author's new book was.
많은 평론에서, 비평가들은 그 작가의 신작이 얼마나 극적인지 말했다.

토익 실전 Check-up 둘 중 알맞은 것을 고르세요. 정답·해석·해설 p.37

1. Leland Supplies provides free delivery for (each, all) orders.
2. The janitor noticed a (few, little) water leaking from the pipes.

기출포인트 03

'be + 형용사' 숙어

❶ 토익에 자주 출제되는 'be + 형용사' 형태의 숙어가 있다.

표현	예문
be about to + 동사 막 ~하려고 하다	Mr. Jacobs is about to sell his shares in the company. Mr. Jacobs는 자신이 소유한 회사 지분을 막 팔려고 한다.
be available to + 동사 ~할 수 있다	They will be available to work overtime beginning next Friday. 그들은 다음 주 금요일부터 초과 근무를 할 수 있을 것이다.
be available for ~이 가능하다	Dr. Hargreaves is available for the 3 P.M. appointment. Dr. Hargreaves는 오후 3시에 진료 예약이 가능하다.
be aware of ~을 알고 있다	Employees are aware of the office policy. 직원들은 사무실 방침을 알고 있다.
be capable of -ing ~할 능력이 있다	Receptionists should be capable of taking messages in English. 접수원들은 영어로 메시지를 적을 능력이 있어야 한다.
be eligible for/to + 동사 ~할 자격이 있다	To be eligible for the position, applicants must be fluent in Spanish. 그 직책에 자격이 되려면, 지원자들은 스페인어 실력이 유창해야 한다.
be familiar with ~에 정통하다	All managers are familiar with the office manual. 모든 부장들은 사무 지침서에 정통하다.
be responsible for ~에 책임이 있다	Directors will be responsible for training new employees. 이사들은 신입 사원 교육에 책임을 질 것이다.
be skilled in/at ~에 능력이 있다	We expect team leaders to be skilled in office management techniques. 우리는 팀장들이 사무 관리 기술에 능력이 있을 것을 기대한다.
be subject to + 명사 ~을 받다/~을 받기 쉽다	All plans to develop this area will be subject to approval by the city council. 이 지역을 개발하려는 모든 계획들은 시의회의 승인을 받을 것이다.

토익 실전 Check-up 둘 중 알맞은 것을 고르세요. 정답·해석·해설 p.37

1. The speaker will be (availability, available) for questions at the end of the conference.
2. It was mentioned in the applicant's cover letter that he is (skilled, skill) at research analysis.

기출포인트 04

혼동하기 쉬운 형용사

❶ 토익에 출제되는 형태가 비슷해 혼동하기 쉬운 형용사가 있다.

advisable 권할 만한, 바람직한 - advisory 조언하는	beneficial 유익한 - beneficent 인정 많은
comparable 필적하는 - comparative 비교의	considerable 상당한, 중요한 - considerate 사려 깊은
economic 경제의 - economical 경제적인, 절약하는	favorable 유리한, 호의적인 - favorite 가장 좋아하는
impressive 인상적인 - impressed 감명받은	informative 유익한 - informed 정통한, 알고 있는
preventive 예방적인 - preventable 예방할 수 있는	dependent ~에 좌우되는, 의존적인 - dependable 믿을 수 있는
reliable 믿을 수 있는 - reliant 의존하는, 의지하는	responsible 책임이 있는 - responsive 민감하게 반응하는
successful 성공한, 성공적인 - successive 연속의, 상속의	understanding 이해심 많은 - understandable 이해할 만한

A (~~considerate~~, considerable) number of employees will lose their jobs.
상당 수의 직원들이 직장을 잃을 것이다.

The press conference was (~~successive~~, successful) in restoring the company's image.
기자 회견은 그 회사의 이미지를 회복하는 데 성공적이었다.

토익 실전 Check-up 둘 중 알맞은 것을 고르세요.

정답·해석·해설 p.37

1. Workers were well (informed, informative) about the proper maintenance of the factory machines.
2. Because of the company's (economical, economic) situation, real estate plans were put on hold.

HACKERS TEST

⏱ 제한 시간 12분

Part 5

01 FMC Services uses an ------- computer program that allows its employees to work remotely from any location.

(A) innovation (B) innovates
(C) innovative (D) innovatively

02 Suzanne Wilson arrived for the general staff meeting just as the director was ------- to make a presentation.

(A) close (B) about
(C) away (D) near

03 The analyst predicted that the ------- outcome of A&G's financial crisis would be a reduction of its workforce.

(A) probably (B) probability
(C) probable (D) probabilities

04 In order to be eligible for the winter exhibition, it is ------- for entrants to present their submissions by April 5.

(A) necessitates (B) necessarily
(C) necessities (D) necessary

05 Antonio Severino was honored with the Lifetime Achievement Award for his ------- contributions to the business sector.

(A) except (B) exception
(C) exceptionally (D) exceptional

06 ------- customers can receive a free beverage with a purchase of a meal from the restaurant on Freeman Avenue.

(A) Each (B) All
(C) Every (D) Another

07 With a ------- budget, the public relations department was able to produce print advertisements for the local market.

(A) limit (B) limited
(C) limitedly (D) limitation

08 The relocation department is ------- for arranging moves and locating housing for employees working abroad.

(A) responsibility (B) responsible
(C) responsibly (D) responsibilities

09 If the parking facilities at the convention center are full, visitors may leave ------- vehicles at the adjacent parking lot.

(A) them (B) they
(C) their (D) theirs

10 The embassy spokesperson said it is ------- for travelers to keep a copy of their passports in a safe location in case of loss.

(A) advisory (B) advise
(C) advisable (D) advises

11 The exercise recommended to Mr. Wilbert by the physical therapist was quite ------- to perform but very effective.

(A) simple (B) simplify
(C) simplifies (D) simplification

12 A worker's ------- lapse of concentration on the factory assembly line caused thousands of dollars of losses for the paint manufacturer.

(A) moment (B) momentary
(C) momentum (D) momentarily

13 Many students found the series of lectures on future energy sources to be highly -------, as well as easy to understand.

(A) inform (B) information
(C) informative (D) informs

14 After the guests were seated in the auditorium, the manager gave a ------- introduction about the company.

(A) brief (B) briefly
(C) briefs (D) briefed

15 Many clothing manufacturers are ------- on production plants in China.

(A) reliant (B) reliably
(C) reliable (D) rely

16 ------- employee who finishes the management training program will receive a certificate from the general manager.

(A) Each (B) Both
(C) Other (D) All

17 Not only does Persepolis Florist offer same-day delivery, but they provide bouquets at very ------- prices.

(A) reasonable (B) reasoned
(C) reasonably (D) reasons

18 For Mr. Claude, it was ------- work to finish the report while managing his regular duties.

(A) difficulty (B) difficult
(C) difficultly (D) difficultness

Part 6

Questions 19-22 refer to the following e-mail.

To: Brandon Easton <beaston@veralink.com>
From: Sheena Salisbury <ssalisbury@veralink.com>
Subject: Notice

Dear Mr. Easton,

-------(19). Effective October 30, your probationary period will end, and you will become a regular employee of Veralink.

As stated in your contract, you -------(20) entitled to a salary increase of $400, reflected in your next paycheck. The company is very satisfied with the quality of your work. This is -------(21) in the glowing reviews you received in your recent employee performance evaluation. Raymond Bell will be your new supervisor. He will oversee any -------(22) training and give you your work assignments.

Congratulations and keep up the good work!

Sheena Salisbury

19 (A) I have made the arrangements for your trip.
(B) Your application has been accepted.
(C) The candidates are ready to be interviewed.
(D) This is to update you on your new employment status.

20 (A) will be (B) will have been
(C) were being (D) had been

21 (A) opposing (B) evident
(C) helpful (D) thoughtful

22 (A) add (B) addition
(C) additional (D) additionally

정답 · 해석 · 해설 p.37

기출 어휘 리스트 최빈출 형용사 어휘 2

01 **innovative**[ínnəvèitiv] 혁신적인

propose an **innovative** sales strategy
혁신적인 영업 전략을 제안하다

02 **unavailable**[ʌ̀nəvéiləbl] 이용할 수 없는

remove **unavailable** items from a catalog
이용할 수 없는 제품들을 카탈로그에서 삭제하다

03 **exemplary**[igzémpləri] 훌륭한, 모범적인

recognize her **exemplary** work on the project
프로젝트에 대한 그녀의 훌륭한 업무를 인정해주다

04 **secure**[sikjúər] 안전한

keep the confidential document in a **secure** place
기밀 문서를 안전한 장소에 보관하다

05 **interactive**[ìntərǽktiv] 쌍방향의, 상호 작용하는

develop a new **interactive** networking system
새로운 쌍방향 네트워크 시스템을 개발하다

06 **dissatisfied**[dissǽtisfàid] 불만스러운

feel **dissatisfied** with the service
서비스에 불만을 느끼다

07 **exclusive**[iksklú:siv] 독점적인

claim **exclusive** rights to a logo
로고에 대한 독점권을 주장하다

08 **selective**[siléktiv] 신중한

make **selective** choices when buying stocks
주식을 살 때 신중한 선택을 하다

09 **ongoing**[ángòuiŋ] 진행 중인

enhance writing skills through an **ongoing** workshop
진행 중인 워크숍을 통해 작문 실력을 향상시키다

10 **outgoing**[áutgòuiŋ] 발신의, 나가는

keep all the **outgoing** messages for a while
얼마간 모든 발신 메시지를 보관하다

11 **complete**[kəmplí:t] 완성된, 완료한

present a **complete** report on the research
연구에 대한 완성된 보고서를 제출하다

12 **appropriate**[əpróuprièit] 적절한, 적당한

learn about the **appropriate** use of machinery
장치의 적절한 사용법에 대해 배우다

13 **relevant**[réləvənt] 관련된

forward a brochure with the **relevant** details
관련된 세부 사항을 포함하는 소책자를 발송하다

14 **spacious**[spéiʃəs] 넓은

provide a **spacious** place for the opening ceremony
개업식을 위해 넓은 장소를 제공하다

15 **typical**[típikl] 일반적인, 전형적인

exercises for 30 minutes on a **typical** day
일반적인 날에는 30분 동안 운동하다

16 **notable**[nóutəbl] 유명한

visit **notable** sites in the city
도시에서 유명한 장소를 방문하다

17 **official**[əfíʃəl] 공식적인

extend the **official** business hours
공식적인 영업 시간을 연장하다

18 **pleasant**[plézənt] 유쾌한

enjoy the **pleasant** atmosphere of the art gallery
미술관의 유쾌한 분위기를 즐기다

19-20 **following**[fálouiŋ] 다음의 : **upcoming**[ʌ́pkʌ̀miŋ] 다가오는

following은 시제에 상관없이 '다음의'를 의미하고, upcoming은 현재를 기준으로 다가오는 미래를 의미한다.

expand a product range in the **following** year 다음 해에 제품의 다양성을 넓히다
participate in the **upcoming** project 다가오는 프로젝트에 참여하다

토익 실전 문제

제한 시간 5분

01 The CEO discussed the company's ------- projects before he talked about finished work and future assignments.

(A) considerate (B) moderate
(C) ongoing (D) resolved

02 Several ------- professors who are well-known in the industry will speak at the financial forum in San Diego.

(A) private (B) beneficial
(C) definite (D) notable

03 The office has ------- monthly expenses of around $2,000, including rent.

(A) typical (B) intelligent
(C) absent (D) orderly

04 The security officer must prepare a short report once the facility inspection is -------.

(A) whole (B) supportive
(C) full (D) complete

05 Mr. Jensen asked the administrative assistant to look for an ------- restaurant for the banquet to be held next week.

(A) appropriate (B) elevated
(C) enlisted (D) irreparable

06 Ms. Reagan was quite ------- with the service she received at the new Japanese restaurant across the street.

(A) estimated (B) dissatisfied
(C) abnormal (D) unpredictable

07 Hotel guests are requested to keep all valuables in the safety deposit box at the front desk or in a ------- location.

(A) limited (B) strict
(C) secure (D) careful

08 Water was ------- in the downtown area yesterday morning because of scheduled maintenance work on the pipe system.

(A) fixed (B) related
(C) unavailable (D) immediate

09 Ms. Godwin's ------- leadership has inspired her team to achieve new levels of performance.

(A) exemplary (B) decorous
(C) promotional (D) disturbed

10 Marisa O'Donnell received an award for her ------- method to predict the age of ancient artifacts from the International Archaeological Association.

(A) innovative (B) existing
(C) upcoming (D) positive

정답 · 해석 · 해설 p.39

부사

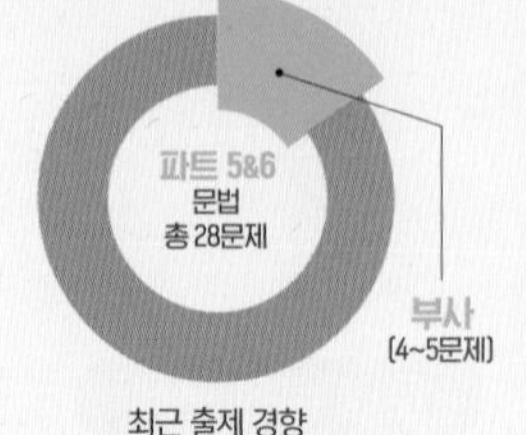

· **부사** 관련 문제는 매회 4~5문제 정도 꾸준히 출제되며 최대 7문제까지 출제된다. 부사가 필요한 자리에 다른 형태(형용사, 동사 등)와 구별하여 부사를 채우는 문제가 가장 많이 출제되며, 문맥에 알맞은 접속부사를 채우는 문제도 자주 출제된다.

기본기 다지기

부사는 형용사, 부사, 동사 및 준동사(to 부정사, 동명사, 분사)와 구, 절, 문장 전체를 수식한다.

형용사 수식 — Sales staff reported an increasingly problematic error with the online shopping site.
판매 직원은 온라인 쇼핑 사이트에서 점점 문제가 되는 오류를 보고했다.

부사 수식 — Ms. Ward very carefully negotiated the details of the investors' agreement.
Ms. Ward는 투자자들 계약의 세부 사항을 매우 신중히 협상했다.

동사 수식 — Officials quickly reached a decision to expand the financial district.
임원들은 금융가를 확장시키자는 결정에 빨리 이르렀다.

to 부정사 수식 — Sales representatives are trained to respond kindly to the customers' questions.
영업 담당자들은 고객들의 질문에 친절하게 응답하도록 교육받는다.

동명사 수식 — Doctors often agree that eating regularly is the easiest way to stay healthy.
의사들은 규칙적으로 먹는 것이 건강을 유지하기 위한 가장 쉬운 방법이라는 것에 종종 동의한다.

분사 수식 — The widely criticized movie became the top-grossing film of the year.
크게 비판받은 그 영화는 올해 최고 총수입을 거둔 영화가 되었다.

구 수식 — The publicity brochures for the company were designed mostly by Ms. Winters.
회사의 광고 소책자는 주로 Ms. Winters에 의해 설계되었다.

절 수식 — The committee will meet tomorrow right after the interviews are completed.
위원회는 내일 면접이 완료되는 직후에 모일 것이다.

문장 수식 — Unexpectedly, negotiations with the Chinese firm were postponed until next year.
예상외로, 중국 회사와의 교섭은 내년까지 연기되었다.

기출포인트 **01**

부사 자리

① 부사는 형용사나 부사 앞에 온다.

형용사 앞 — Mr. Singh is extremely proud of his accomplishments.
Mr. Singh은 그의 성과를 상당히 자랑스러워 한다.

부사 앞 — Rather cautiously, the politician addressed the issue of increasing taxes.
다소 조심스럽게, 정치가는 세금 증가에 대한 쟁점을 제기했다.

② 부사는 [(준)동사 + 목적어] 앞이나 뒤, [be동사/조동사 + -ing/p.p] 사이나 그 뒤에 올 수 있다.

동사 + 목적어 앞 — The association members regularly hold a session to discuss community events.
협회 회원들은 지역 사회 행사들에 관한 토론을 하기 위해 정기적으로 회의를 개최한다.

준동사 + 목적어 뒤 — You need to submit the report immediately to the board of directors.
당신은 이사회에 그 보고서를 즉시 제출해야 한다.

be동사와 -ing 뒤 — Mr. Cowell is working closely with the head of the legal department.
Mr. Cowell은 법무부장과 긴밀하게 일하고 있다.

조동사와 p.p. 사이 — The downtown area has rapidly improved in the past 10 years.
도심 지역은 지난 10년간 급속히 발전되어 왔다.

③ 형용사는 부사 자리에 올 수 없다.

The employees' competence has (~~great~~, greatly) improved since last quarter.
직원들의 능력은 지난 분기 이래로 크게 향상되었다.

Mr. Andrews travels (~~occasional~~, occasionally) to the branch offices in Europe.
Mr. Andrews는 유럽에 있는 지사들로 가끔 출장을 간다.

토익 실전 Check-up 둘 중 알맞은 것을 고르세요. 정답·해석·해설 p.40

1. Mr. Jeon is (large, largely) accountable for the success of the company's newest advertising campaign.
2. To receive a refund (instantly, instant), please bring the receipt along with the purchased item.

기출포인트 02 부사의 종류 1 : 시간 부사

❶ already/still/yet

- already는 '이미, 벌써'라는 뜻으로 긍정문에 쓰인다.

Dunn Publications has already filled the position for an assistant researcher.
Dunn 출판사는 이미 보조 연구원직을 충원했다.

- still은 '아직도, 여전히'라는 뜻으로 긍정문, 부정문, 의문문에 쓰인다.

Mr. Hong is still planning the marketing workshop in June.
Mr. Hong은 아직도 6월 마케팅 워크숍을 계획하는 중이다.

- yet은 '아직'이라는 뜻일 때에는 부정문에, '이미, 벌써'라는 뜻일 때에는 의문문에 쓰인다.

Ms. Bourne has not finished reading the analysis yet.
Ms. Bourne은 그 분석을 읽는 것을 아직 끝내지 못했다.

Have the part-time workers submitted their time cards yet?
시간제 직원들이 벌써 근무 시간 카드를 제출했나요?

❷ ago/once

- ago는 '이전에'라는 뜻으로 현재를 기준으로 언급된 시간 이전에 일어난 일을 나타낸다.

The architectural drafts were revised several weeks ago.
건축 초안은 몇 주 전에 수정되었다.

- once는 '한때'라는 뜻으로 막연한 과거의 시점을 나타낼 때 쓰인다.

Malcom Warner, once a cook at a local cafeteria, is now the owner of a restaurant franchise.
한때 지역 구내식당의 요리사였던 Malcom Warner는 현재 식당 프랜차이즈의 소유자이다.

❸ later/since

- later는 '그 이후에'라는 뜻으로 언급된 시간 이후에 일어날 일을 나타낸다.

Construction of the convention center will begin two weeks later.
컨벤션센터 건설은 2주 후에 시작될 것이다.

- since는 '그 이래로'라는 뜻으로 과거 시점 이후 지금까지 일어난 일을 나타낸다.

Mr. Doyle left the company five years ago, and hasn't contacted us since then.
Mr. Doyle은 5년 전에 퇴사하고 그 이래로 우리에게 연락을 하지 않았다.

토익 실전 Check-up 둘 중 알맞은 것을 고르세요. 정답·해석·해설 p.40

1. The results of the survey showed 99 percent of households in the US (so, already) have a television.
2. All-Crisp Foods started out 20 years (ago, after) as a small supermarket based in New York.

기출포인트 03
부사의 종류 2 : 빈도 부사

❶ 빈도 부사는 보통 일반 동사 앞, 또는 조동사나 be동사 뒤에 온다.

always 항상	frequently 종종	usually 보통	once 한 번
sometimes 때때로	hardly/rarely/seldom/scarcely/barely 거의 ~않다		never 결코 ~않다

River Sands Hotel usually offers business travelers special rates.
River Sands 호텔은 보통 비즈니스 여행자들에게 특별가를 제공한다.

The university has always provided excellent commerce programs.
대학은 항상 훌륭한 통상 프로그램들을 제공해왔다.

토익 실전 Check-up 둘 중 알맞은 것을 고르세요. 정답·해석·해설 p.40

1. Insurance agents (frequently, yet) contact potential clients, asking them to sign up for a policy.
2. Ms. Lydon has (still, never) visited the company's headquarters in Copenhagen.

기출포인트 04
부사의 종류 3 : 접속부사

❶ 접속부사는 앞뒤 절의 의미를 연결한다.

besides 게다가	moreover 더욱이	furthermore 더욱이	therefore 그러므로
however 그러나	meanwhile 그동안	(or) else 그렇지 않으면	otherwise 그렇지 않으면
then 그러고 나서	nevertheless/nonetheless 그럼에도 불구하고		

Customers have complained about long lines and therefore the bank will hire four new tellers.
고객들이 긴 줄에 대해 불평을 했으므로 은행은 신규 금전 출납계원 네 명을 고용할 것이다.

❷ 접속부사는 콤마와 함께 문장의 맨 앞에 위치하여 두 개의 문장을 의미적으로 연결한다.

Morris did not study much during the semester. However, he did well on the final exam.
Morris는 학기 중에 공부를 많이 하지 않았다. 그러나, 그는 기말고사를 잘 봤다.

토익 실전 Check-up 둘 중 알맞은 것을 고르세요. 정답·해석·해설 p.40

1. Harmon's products are manufactured in China and (therefore, then) they are sent to Canada for packaging.
2. Passengers must be at the gate by 2 o'clock. (Otherwise, Even if) they may miss their flight.

기출포인트 05

부사의 종류 4 : 강조 부사

❶ only/just

• only와 just는 '단지, 오직'이라는 뜻으로 전치사구나 명사구 등을 강조한다.

It was only in economically favorable periods that the company took marketing risks.
회사가 마케팅 위험을 감수했던 것은 단지 경제적으로 유리한 시점들일 때뿐이었다.

Just Mr. Blaine and his research team are required to stay after the meeting.
단지 Mr. Blaine과 그의 연구팀만이 회의 후에 남도록 요구되었다.

❷ much/even

• much와 even은 '훨씬'이란 뜻으로 비교급을 강조하며, even은 '~까지도'라는 뜻으로 단어나 구를 강조하기도 한다.

The telecommunications services are much cheaper in Bangkok than they are in Boston.
전자 통신 서비스들은 보스턴에서보다 방콕에서 훨씬 싸다.

Even government-regulated banks reported third quarter losses for the year.
정부에 의해 통제되는 은행들까지도 그 해의 3분기 손해를 보고했다.

❸ so/very/too

• so와 very는 둘 다 '매우'를 의미하지만 so는 that절과 함께 쓰일 수 있는 반면, very는 that절과 함께 쓰일 수 없다.

The president was (~~very~~, so) impressed by his assistant's hard work that he raised her salary.
사장은 그의 보좌관의 노고에 매우 감명을 받아서 그녀의 월급을 인상했다.

• too는 '너무'를 의미하며 부정적인 의미를 갖는다.

The advertising assistant was too busy to complete the assignment.
광고 보조는 할당된 일을 끝내기에는 너무 바빴다.

토익 실전 Check-up 둘 중 알맞은 것을 고르세요. 정답·해석·해설 p.41

1. Dayton Bed and Breakfast is located (less, just) 10 minutes from the city's historic district.
2. The new mobile phone allows users to scan documents and (very, even) take pictures underwater.

기출포인트 06

혼동하기 쉬운 부사

❶ 의미가 비슷해 혼동하기 쉬운 부사가 있다.

also	'또한'을 의미하며, 문장 처음이나 중간에 위치	Ms. Dunn visited Japan, India, and also France. Ms. Dunn은 일본과 인도, 그리고 또한 프랑스도 방문했다.
as well	'또한'을 의미하며, 문장의 끝에 위치	The keynote speaker is late as well. 기조 연설자 또한 늦는다.

❷ 형태가 비슷해 혼동하기 쉬운 부사가 있다.

hard 열심히, 힘들게	The supervisor worked hard on the evaluation reports. 감독관은 평가 보고서를 열심히 작성했다.
hardly 거의 ~않다	The failure of the company was hardly surprising to market analysts. 시장 분석가들에게는 그 회사의 실패가 거의 놀랍지 않았다.
high (높이·목표가) 높게	The training manuals are stacked high up on the shelves. 교육 지침서는 선반 위에 높게 쌓여 있다.
highly (위상·평가가) 매우	Dr. Jennings is highly regarded by leading medical associations. 주요 의학 협회는 Dr. Jennings를 매우 존경한다.
late 늦게	Dr. Moreno arrived late for the conference on international affairs. Dr. Moreno는 국제 정세 회의에 늦게 도착했다.
lately 최근에	Sales have decreased lately due to the economic crisis. 경제 위기로 최근에 판매량이 감소했다.
most 매우/가장 많이	Mr. Lieu's articles on medical technology impressed the readers most. 의료 기술에 대한 Mr. Lieu의 기사는 독자들에게 매우 감명을 주었다.
mostly 주로/대체로	Jennifer Dean's experience is mostly in the field of market research. Jennifer Dean의 경력은 주로 시장 조사 분야이다.

토익 실전 Check-up 둘 중 알맞은 것을 고르세요. 정답·해석·해설 p.41

1. Ms. Suzuki will (as well, also) visit the exhibit in Shanghai after she attends the trade fair.
2. Mr. Andropov was offered the managerial position because he is (high, highly) qualified for the job.

HACKERS TEST

⏱ 제한 시간 12분

Part 5

01 As the renovation was ------- finished, the contractor was unwilling to renegotiate the price of the repairs with the homeowner.

(A) complete (B) completion
(C) completely (D) completed

02 The new pair of headphones from Grand Music Incorporated is ------- better than those from other brands sold on the market.

(A) even (B) furthermore
(C) too (D) soon

03 The team manager will be missed when he retires, as he is ------- respected by his colleagues.

(A) high (B) higher
(C) highest (D) highly

04 Maintenance service will be ------- available for seven years, except for some special cases.

(A) continuously (B) continued
(C) continuing (D) continuous

05 Linda Morrison ------- has a lot of reports to finish before the investor's meeting on Monday morning.

(A) once (B) still
(C) yet (D) until

06 The trainees will begin working on projects ------- after completing their orientation next week.

(A) direct (B) directions
(C) directly (D) directive

07 Mr. Waller ------- gives suggestions to aspiring entrepreneurs trying to establish their own businesses.

(A) much (B) always
(C) quick (D) lately

08 After Ms. Benson sends the copy of the rental agreement, she ------- needs to put down a security deposit.

(A) also (B) instead
(C) too (D) as well

09 Collingwood Hotels provides ------- rooms with a variety of amenities to all its guests.

(A) attraction (B) attracts
(C) attractive (D) attracted

10 The prolonged worldwide economic recession will ------- influence many corporations' plans to expand their businesses abroad.

(A) negativity (B) negatively
(C) negative (D) negatives

11 Dilliner Bank's success lies in its excellent customer service, and ------- it has an advantage over other competitors.

(A) therefore (B) however
(C) meanwhile (D) instead of

12 Dr. Martinez ------- closed his clinic in Miami, as he will move to Los Angeles by the end of the month.

(A) recent (B) recentness
(C) more recent (D) recently

13 Solar panels will cost Shiner Electronics more initially, but the company has ------- decided to install them to help protect the environment.

(A) besides (B) nevertheless
(C) or else (D) accordingly

14 Tel-Can launched a new Web site to help customers deal with connection problems more -------.

(A) efficient (B) efficiencies
(C) efficiency (D) efficiently

15 Office policy makes it very clear that ------- supervisors are permitted to change deadlines.

(A) certainly (B) simply
(C) only (D) entirely

16 Richmond Financial ------- hires consultants when developing real estate projects.

(A) frequency (B) frequent
(C) frequents (D) frequently

17 Mr. Chang went on a business trip to Sao Paulo -------, so he has some knowledge of Brazilian culture.

(A) once (B) ever
(C) yet (D) soon

18 Drivers are asked to ------- check rental cars for damage before signing an agreement.

(A) care (B) cared
(C) careful (D) carefully

Part 6

Questions 19-22 refer to the following notice.

Voicecreations' Voice Acting Summer Course

Voicecreations will hold another series of voice acting classes from August 15 to 17 at the Voicecreations' main office. The highlight of this year's course will be a showing of *Feechie the Cat* with -------(19) commentary provided by Gerald Wells, the director of the award-winning film.

Just like last summer, this course will include informative lectures, one-on-one coaching, and mock auditions. -------(20), the classes will be shortened to make time for a visit to a production studio. Participants can watch one of the program's episodes being recorded there. -------(21). Moreover, more time will be set aside for questions since last summer's open forum contributed greatly to the course.

-------(22) will begin on August 1. To sign up for the activity, you may call Ms. Regina Jackson at 555-9078 or visit our Web site at www.voicecreations.org.

19 (A) ran (B) run
(C) running (D) to run

20 (A) Nevertheless (B) For instance
(C) Therefore (D) However

21 (A) Many viewers tuned in to last week's episode.
(B) This promises to be special treat for enrollees.
(C) Other television shows are produced at the studio.
(D) The finished programs are about an hour long.

22 (A) Auditions (B) Admissions
(C) Cancellations (D) Submissions

정답 · 해석 · 해설 p.41

기출 어휘 리스트 최빈출 형용사 어휘 3

01 **reluctant** [rilʌ́ktənt] ~을 꺼리는, 주저하는

feel **reluctant** to make a decision
결정을 내리는 것을 꺼리다

02 **leading** [lí:diŋ] 일류의, 이끄는

work on the design of a **leading** magazine
일류 잡지의 디자인을 작업하다

03 **definitive** [difínətiv] 가장 신뢰할 만한, 결정적인

regard Mr. Park as the **definitive** expert in stock market
Mr. Park을 주식 시장에서의 가장 신뢰할 만한 전문가로 여기다

04 **exceptional** [iksépʃənl] 뛰어난

receive **exceptional** reviews from critics
비평가들로부터 뛰어난 논평을 받다

05 **successful** [səksésfəl] 성공적인

expect to achieve a **successful** outcome
성공적인 결과를 달성할 것을 기대하다

06 **minor** [máinər] 사소한, 중요치 않은

notice a **minor** error in the figures
수치상 사소한 실수를 알아채다

07 **incidental** [ìnsidéntl] 부차적인, 중요하지 않은

contain **incidental** information
부차적인 정보를 포함하다

08 **versatile** [və́:rsətl] 다용도의

seek durable and **versatile** furniture
튼튼한 다용도의 가구를 찾다

09 **mandatory** [mǽndətɔ̀:ri] 의무적인

take part in a **mandatory** training session
의무적인 교육에 참여하다

10 **considerable** [kənsídərəbl] 상당한

build a structure at a **considerable** cost
상당한 비용을 들여 건물을 세우다

11 **essential** [isénʃəl] 필수적인

neglect to insert an **essential** part of the machine
기계의 필수적인 부품을 끼워 넣는 것을 잊다

12 **related** [riléitid] 관련된

require work experience in a **related** field
관련 분야에서의 직무 경험을 필요로 하다

13 **routine** [ru:tí:n] 일상적인

adjust some details in a **routine** schedule
일상적인 일정에 몇몇 세부 사항들을 조정하다

14 **unpopular** [ʌnpɑ́pjulər] 인기 없는

prove **unpopular** with consumers
소비자들에게 인기 없는 것으로 판명되다

15 **comprehensive** [kɑ̀mprihénsiv] 포괄적인

conduct a **comprehensive** study on the economy
경제학에 대한 포괄적인 연구를 수행하다

16 **administrative** [ædmínəstrèitiv] 경영상의

apply for an **administrative** position
경영직에 지원하다

17 **constant** [kɑ́nstənt] 지속적인

receive **constant** inquiries about orders
주문에 관해 지속적인 문의를 받다

18 **knowledgeable** [nɑ́lidʒəbl] 아는 것이 많은

become **knowledgeable** about foreign cultures
외국 문화들에 대해 아는 것이 많아지다

19-20 **unauthorized** [ʌnɔ́:θəraizd] 권한이 없는 : **ineffective** [ìniféktiv] 효과가 없는

unauthorized는 권한이 없는 것을 의미하고, ineffective는 효과가 없는 것을 의미한다.
prohibit **unauthorized** visitors from entering offices 권한이 없는 방문객들의 사무실 출입을 금하다
advise against **ineffective** medical treatments 효과가 없는 치료를 하지 않기를 권하다

토익 실전 문제 ⏱ 제한 시간 5분

01 The servers at Melise Restaurant must undergo ------- training on customer service and cleanliness.

(A) convincing (B) nutritious
(C) lacking (D) mandatory

02 Ms. Huxley asked Mr. Kahn to bring his investment report and all ------- material to the board meeting on Friday.

(A) attracted (B) related
(C) alike (D) attentive

03 The editor sent the article back to Jerry Burns so that he could correct a few ------- problems.

(A) satisfactory (B) inefficient
(C) minor (D) tardy

04 It is important to focus on key tasks and disregard ------- matters when creating a project plan.

(A) deficient (B) spacious
(C) incidental (D) suitable

05 The tourist office provides visitors with a ------- list of all hotels within the city.

(A) previous (B) comprehensive
(C) visible (D) sudden

06 *Wild Man Camping Guide* is considered the ------- source of campground information in North America.

(A) definitive (B) relative
(C) reflective (D) expressive

07 Zec-Tech Research Laboratories does not permit any ------- access to its computer system or research files.

(A) ineffective (B) uncertain
(C) inferior (D) unauthorized

08 The lecturer told the amateur writers that creativity is ------- for a novel to be successful.

(A) diligent (B) essential
(C) familiar (D) original

09 Dr. Johansen said all his students showed ------- talent in developing their science experiments.

(A) total (B) multiple
(C) exceptional (D) complete

10 During his internship, Mike proved himself to be extremely ------- about different types of accounting software.

(A) understanding (B) formal
(C) knowledgeable (D) possible

정답 · 해석 · 해설 p.43

전치사

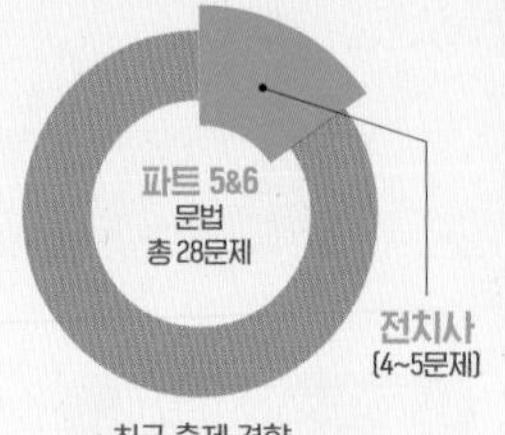

· **전치사** 관련 문제는 매회 4~5문제 정도 꾸준히 출제되며 최대 8문제까지 출제된다. 전치사 자리에 들어갈 후보 중 문맥에 알맞은 전치사를 채우는 문제가 가장 많이 출제되며, 동사 · 명사 · 형용사와 함께 쓰인 전치사 표현을 완성하는 문제도 종종 출제된다.

기본기 다지기

1. 전치사는 명사나 대명사, 동명사, 명사절과 같은 명사 역할을 하는 것 앞에 와서 시간, 장소, 이유, 목적 등을 나타낸다.

명사 앞 The office near the elevator is currently vacant. 그 엘리베이터에 가까운 사무실은 현재 비어 있다.
(the elevator: 명사)

대명사 앞 We're going to hold a farewell party for him. 우리는 그를 위해 송별회를 열 예정이다.
(him: 대명사)

동명사 앞 Ms. Parker was tired from working late last night.
(working: 동명사)
Ms. Parker는 어젯밤에 늦게까지 일해서 지쳤다.

명사절 앞 Jane sent a letter to where her grandmother lives. Jane은 편지를 그녀의 할머니가 사는 곳으로 보냈다.
(where her grandmother lives: 명사절)

2. '전치사 + 전치사의 목적어' 형태의 전치사구는 문장에서 명사를 꾸미는 형용사나 동사를 꾸미는 부사 역할을 한다.

The picture by the clock is very big. 시계 옆에 있는 그림은 매우 크다.

We deliver in the morning. 우리는 아침에 배송을 한다.

기출포인트 01

전치사의 종류 1 : 시간과 장소 in/at/on

❶ 시간 전치사 in/at/on

전치사	쓰임	예	
in	월·연도 ~ 후에	in October 10월에 in two days 2일 후에	in 2006 2006년에
at	시각·시점	at 5 o'clock 5시에	at noon 정오에
on	날짜·요일	on February 21 2월 21일에	on Sunday 일요일에

❷ 장소 전치사 in/at/on

전치사	쓰임	예	
in	큰 공간 내 장소	in Europe 유럽에서	in the conference room 회의실에서
at	지점·번지	at the station 역에서	at Park Avenue Park가에서
on	표면 위·일직선 상의 지점	on the street 거리에서	on the second floor 2층에서

토익 실전 Check-up 둘 중 알맞은 것을 고르세요. 정답·해석·해설 p.44

1. The applicants' examination will be held (in, on) the office's main meeting room.
2. Leo Corbin will issue a press release regarding the corporate merger (on, at) June 14.

기출포인트 02

전치사의 종류 2 : 시점과 기간

❶ 시점을 나타내는 전치사

before/prior to ~ 전에 since ~ 이래로 until/by ~까지	after ~ 후에 toward ~ 무렵 from ~부터	+ 시점 표현 (July, this morning, 8 A.M.)

* until은 '상황이나 상태가 언제까지 계속되는지'를, by는 '마감이나 기한이 언제까지인지'를 나타낸다.

Registration for the trade seminar will continue until 10 A.M. this Friday.
무역 세미나 참가 등록은 이번 주 금요일 오전 10시까지 계속될 것입니다.

❷ 기간을 나타내는 전치사

for/during ~ 동안 over/through/throughout ~하는 내내 within ~ 이내에	+ 기간 표현 (two years, a decade, holiday)

* for는 two years와 같은 숫자를 포함한 기간 표현 앞에서 '얼마나 오랫동안 지속되는지'를, during은 holiday와 같은 명사 앞에 와서 '언제 일어나는지'를 나타낸다.

The CEO must find a less expensive location for the factory within the next four months.
최고 경영자는 다음 4개월 이내에 덜 비싼 공장 부지를 찾아야 한다.

토익 실전 Check-up 둘 중 알맞은 것을 고르세요. 정답·해석·해설 p.44

1. Design proposals for the company's new logo should be submitted (by, during) next Monday.
2. Ms. Marc has worked as the CEO of Legend Cosmetics (since, for) the past 10 years.

기출포인트 03 전치사의 종류 3 : 위치와 방향

❶ 위치를 나타내는 전치사

above ~ 위에	below/under ~ 아래에	behind ~ 뒤에
over ~ 위에, ~을 넘어	between/among ~ 사이에	beside/next to ~의 곁에
within ~ 이내에	near ~의 가까이에, 근처에	throughout ~의 도처에, 전역에
around ~ 주위에	in front of ~ 앞에	

The gate to the parking lot is near the Bruno Café on 10th Street.
주차장 출입구는 10번가의 Bruno 카페 가까이에 있다.

❷ 방향을 나타내는 전치사

from ~로부터	to ~에게, ~ 쪽으로	along ~을 따라	through ~을 통하여	across ~을 가로질러

The subway station entrance is located across the street.
지하철역 입구가 거리를 가로질러 위치해 있다.

토익 실전 Check-up 둘 중 알맞은 것을 고르세요. 정답·해석·해설 p.44

1. Recyclable materials must be discarded in bins located (over, behind) the office building.
2. The new city park will be constructed (among, along) the Missouri River.

기출포인트 04 전치사의 종류 4 : 이유 · 목적 · 양보 · 제외 · 부가

❶ 이유·목적·양보·제외·부가를 나타내는 전치사

구분	전치사		
이유	due to ~ 때문에	because of ~ 때문에	for ~ 때문에
목적	for ~을 위해서		
양보	in spite of ~에도 불구하고	despite ~에도 불구하고	
제외	without ~ 없이	except (for/that) ~을 제외하고	
부가	in addition to ~에 더하여	besides ~ 외에도	

Due to an innovative marketing campaign, the firm's profits rose by 2 percent.
혁신적인 마케팅 캠페인 때문에, 회사 수익이 2퍼센트 증가했다.

Despite increased competition, Friendly Foods Incorporated reported its highest earnings ever.
심화된 경쟁에도 불구하고, Friendly Foods사는 역대 최고 수익을 기록했다.

토익 실전 Check-up 둘 중 알맞은 것을 고르세요. 정답·해석·해설 p.44

1. Tenants are not permitted to make any renovations (without, for) consulting the owner.
2. (In addition to, In spite of) his lack of experience, Mr. Dakota was offered the bookkeeping position.

기출포인트 05

전치사의 종류 5 : 기타

❶ 기타 전치사

with ~와 함께, ~을 가지고	by ~함으로써, ~에 의해	in ~을 입고	unlike ~과 달리
of ~의	regarding/as to ~에 관하여	about/on ~에 관하여	for ~의 보답으로
following ~에 이어	against ~에 반대하여, ~과 비교하여	beyond ~이상으로	as ~ 로서
through ~을 통해서			

Dr. Baxter's presentation was about effective investment strategies in the global marketplace.
Dr. Baxter의 발표는 세계 시장에서의 효과적인 투자 전략에 관한 것이었다.

Participants interested in joining the seminar may receive a discount by signing up before June 1.
세미나에 참석하는 데 관심이 있는 참가자들은 6월 1일 이전에 등록함으로써 할인을 받을 수 있다.

토익 실전 Check-up 둘 중 알맞은 것을 고르세요. 정답·해석·해설 p.44

1. Mr. Thomas will have an interview (with, in) the personnel director tomorrow.
2. Credit card applicants must hand in a copy of their work contracts (as, of) employment confirmation.

기출포인트 06

전치사의 종류 6 : 전치사 표현

❶ 다양한 품사와 함께 쓰이는 전치사 표현

전치사 표현	예
according to ~에 따르면	According to the contract, Mr. Miller is permitted 10 days of paid vacation. 계약에 따르면, Mr. Miller는 10일의 유급 휴가가 허용된다.
in charge of ~을 책임지고 있는	Leslie Howard is in charge of setting up the conference rooms for meetings. Leslie Howard는 회의를 위한 회의실 준비를 책임지고 있다.
instead of ~ 대신에	The employer gave cash bonuses to the workers instead of having a staff party. 고용주는 직원 파티를 여는 대신에 직원들에게 현금 보너스를 주었다.
in the event of 만일 ~의 경우에는	In the event of an emergency, please contact Dr. Andrews on his mobile phone. 만일 긴급 상황의 경우에는 Dr. Andrews에게 휴대 전화로 연락하시기 바랍니다.
a solution to ~에 대한 해결책	The company provided a full refund as a solution to the shipping error. 회사는 운송 오류에 대한 해결책으로 전액 환불을 제공했다.
at no cost 비용이 들지 않고	Customers will receive a free battery charger at no additional cost. 고객들은 추가 비용 없이 무료 배터리 충전기를 받을 것이다.
at a low cost 저렴한 가격으로	Blowndon Market sells local produce at a low cost. Blowndon 시장은 저렴한 가격으로 현지 농산물을 판매한다.

토익 실전 Check-up 둘 중 알맞은 것을 고르세요. 정답·해석·해설 p.44

1. (According to, Instead of) the salesperson, the photocopier comes with a two-year guarantee.
2. The hotel guests may use the swimming pool (at, by) no additional cost.

HACKERS **TEST**

Part 5

01 Concord Supplies provides businesses with furnishings and stationery ------- low costs.

(A) toward (B) from
(C) at (D) of

02 No one, ------- a few close associates, was aware that Ms. Colson had plans to leave the company at the end of the year.

(A) except (B) toward
(C) regarding (D) around

03 Ms. Bradley will be ------- charge of arranging Mr. Marcos' accommodations for his business trip to Shanghai.

(A) at (B) on
(C) to (D) in

04 Exit gates on Canary Street and Kingfisher Avenue will be closed ------- 10 P.M. during the holiday season.

(A) after (B) outside
(C) over (D) behind

05 ------- a limited budget, the personnel department managed to organize a fantastic celebration for the company's 50th anniversary.

(A) Also (B) Before
(C) Unless (D) Despite

06 The airline company has announced that many of its flights to Hong Kong will be delayed ------- tomorrow morning.

(A) within (B) since
(C) upon (D) until

07 The local bus station is ------- the city hall, next to the public library.

(A) between (B) through
(C) near (D) against

08 Langley Pharmaceuticals will start a new business ------- the suburban area.

(A) after (B) in
(C) to (D) onto

09 Okanagan Provincial Park is located just outside of the city of Kelowna, only a short drive ------- Bennett Bridge.

(A) inside (B) besides
(C) among (D) across

10 Woodcurve products may be returned and replaced ------- seven days of the date of purchase.

(A) through (B) within
(C) above (D) into

11 According to company policy, refunds can be requested ------- sending an e-mail to the customer service center.

(A) for (B) from
(C) by (D) of

12 ------- his promotion to CEO of Sanford Hotels, Mr. Gibson worked as vice president in the company's subsidiary in Macau.

(A) Following (B) Over
(C) Prior to (D) Except

13 The quarterly financial meeting ------- investors will be held at Brighton Hall.

(A) for (B) over
(C) from (D) along

14 The new hybrid car became highly profitable ------- effective advertisement, so the public relations team will receive a bonus.

(A) besides (B) through
(C) among (D) under

15 To learn more ------- GBC Language School's programs, visit their Web site and click on the foreign language class of your choice.

(A) by (B) about
(C) within (D) for

16 The terrible weather was ------- accountable for the low attendance at the trade fair in Brasilia.

(A) partial (B) part
(C) partly (D) parted

17 Ms. Poirot has decided to build a new storage room ------- enlarging the current one.

(A) above all (B) instead of
(C) except that (D) because of

18 The president will likely announce Veronica Lourdes ------- his successor when he retires next month.

(A) by (B) as
(C) to (D) but

Part 6

Questions 19-22 refer to the following letter.

Dear Ms. Peters,

I would like to cancel my reservation for the Maine Information Technology Society's training course on computer programming. Originally, I -------(19) to take some time off to attend. However, I have an urgent matter to take care of. -------(20).

Your Web site states that participants can cancel their reservations at least one week -------(21) the event and get a full refund. Since I am making this request 10 days in advance, I believe I am entitled to get my money back.

Please reply to this letter, and let me know when the amount will be -------(22). You can deposit it into the same account I used when I signed up.

Irene Villanueva

19 (A) was scheduled
(B) will have scheduled
(C) has been scheduling
(D) schedules

20 (A) I highly recommend the course for professionals.
(B) I would like to change my airline reservation.
(C) I can be present on the dates indicated.
(D) I thus have no choice but to withdraw.

21 (A) when (B) while
(C) during (D) before

22 (A) billed (B) returned
(C) conducted (D) invested

정답 · 해석 · 해설 p.45

기출 어휘 리스트 최빈출 형용사 어휘 4

01 **obsolete**[àbsəlíːt] 구식의, 안 쓰이는

upgrade the computers that are now **obsolete**
지금은 구식인 컴퓨터들을 업그레이드하다

02 **conclusive**[kənklúːsiv] 결정적인

provide **conclusive** proof of global warming
지구 온난화에 대한 결정적인 단서를 제공하다

03 **primary**[práimeri] 주된, 첫째의

use the message board as the **primary** form of communication
게시판을 의사소통의 주된 형태로 사용하다

04 **numerous**[njúːmərəs] 수많은

receive **numerous** complaints about the products
제품들에 대한 수많은 불평을 접수하다

05 **tentative**[téntətiv] 임시의

notify staff of the **tentative** course list
직원들에게 임시 교육 과정 목록을 알리다

06 **continuous**[kəntínjuəs] 지속적인, 연속적인

lead to a **continuous** decrease in sales
판매량의 지속적인 감소로 이끌다

07 **optimistic**[àptəmístik] 낙관적인

take an **optimistic** view of the future
미래를 낙관적인 관점으로 보다

08 **urgent**[ə́ːrdʒənt] 긴급한

deal with an **urgent** problem
긴급한 문제를 처리하다

09 **productive**[prədʌ́ktiv] 생산적인, 생산력을 가진

take steps to make the meeting more **productive**
회의를 더 생산적으로 만들기 위해 조치를 취하다

10 **improper**[imprápər] 잘못된, 부적절한

prevent the **improper** installation of a cooling system
냉방 장치의 잘못된 설치를 방지하다

11 **unfavorable**[ʌnféivərəbl] 나쁜

analyze the causes of an **unfavorable** economy
나쁜 경제의 원인들을 분석하다

12 **stringent**[stríndʒənt] 엄격한, 긴박한

order the **stringent** inspection of passengers' luggage
승객들의 짐에 대한 엄격한 정밀 검사를 지시하다

13 **confidential**[kànfədénʃəl] 기밀의

prohibit Mr. Ichiro from disclosing **confidential** files
Mr. Ichiro가 기밀 파일들을 누출시키지 못하게 하다

14 **broad**[brɔːd] 광범위한, 폭이 넓은

have a **broad** knowledge of art history
예술사에 대해 광범위한 지식을 가지고 있다

15 **personal**[pə́ːrsənl] 개인의

keep **personal** belongings in a locker
개인 소지품을 사물함에 넣어 두다

16 **sincere**[sinsíər] 진실의, 성실한

maintain **sincere** cooperation with Ort Incorporated
Ort사와 진실한 협력 관계를 유지하다

17 **traditional**[trədíʃənl] 전통적인

employ **traditional** production methods
전통적인 생산 방법을 쓰다

18 **sensitive**[sénsətiv] 신중을 요하는, 민감한

store any **sensitive** documents in a safe place
신중을 요하는 모든 서류들을 안전한 장소에 보관하다

19~20 **apparent**[əpǽrənt] 명백한, 분명한 : **visible**[vízəbl] 눈에 보이는, 명확한

apparent는 상황, 사실, 품질, 감정 등이 확실해졌음을 의미하며, visible은 직접 눈으로 보아 감지할 수 있는 것을 의미한다.
report the **apparent** success of recent advertisements 최근 광고의 명백한 성공을 보고하다
make the warning lights more **visible** 경고등을 더 눈에 보이게 하다

토익 실전 문제

제한 시간 5분

01 Following her interview at the bank, Cindy Marshall was quite ------- about her chances of being offered the finance director position.

(A) available (B) successful
(C) assertive (D) optimistic

02 To encourage assembly line workers to be more -------, the plant manager created a new incentive program.

(A) abundant (B) rewarding
(C) productive (D) persistent

03 Ms. Lind made a ------- schedule of events for the conference, which will be updated next week.

(A) timely (B) rapid
(C) tentative (D) routine

04 Only authorized personnel are allowed to enter Ms. Taberna's office as ------- documents are stored inside the room.

(A) future (B) confidential
(C) prohibitive (D) determined

05 It is ------- that Mr. Heinz has accepted the executive job in Munich, because he is presently looking for a home in the city.

(A) viewable (B) appropriate
(C) apparent (D) occupied

06 Before they are shipped to various points of sale, Jewel-Star Kitchen appliances go through a ------- safety inspection process.

(A) relative (B) founded
(C) stringent (D) satisfied

07 The survey will have to be repeated as it did not produce ------- results.

(A) conclusive (B) deductive
(C) adaptive (D) coercive

08 The company holds monthly employee orientations due to the ------- hiring of staff for the production plant.

(A) complete (B) continuous
(C) profitable (D) mature

09 The CEO nominated Ms. Angelo for the director position because of her ------- knowledge of international markets.

(A) brief (B) eligible
(C) short (D) broad

10 A training program in safety and sanitation was designed to help the kitchen staff avoid ------- handling of food materials and equipment.

(A) conservative (B) improper
(C) deleted (D) preserved

정답 · 해석 · 해설 p.47

등위접속사와 상관접속사

· **등위접속사와 상관접속사** 관련 문제는 평균 1문제 정도 출제된다. 등위접속사를 채우는 문제가 가장 많이 출제되며, 상관접속사의 짝을 채우는 문제도 가끔 출제된다.

기본기 다지기

등위접속사는 단어나 구, 절을 대등하게 이어주는 접속사이며, 이 중 서로 짝을 이루어 쓰이는 접속사는 상관접속사이다.

등위접속사

This chair is heavy (단어(형용사)) but comfortable (단어(형용사)). 이 의자는 무겁지만 편안하다.

The doctor can see you at 5:00 P.M. on Wednesday (구(전치사구)) or before noon on Thursday (구(전치사구)).
의사는 수요일 오후 5시 또는 목요일 정오 이전에 당신을 볼 수 있습니다.

The museum holds three exhibitions annually (절), and the first one begins in February (절).
박물관은 매년 세 번의 전시회를 열고 첫 번째 전시회는 2월에 시작한다.

상관접속사

Mr. Kim's presentation begins at either two (단어(명사)) or three (단어(명사)) this afternoon.
Mr. Kim의 발표는 오늘 오후 2시나 3시에 시작한다.

I will wait for you not in the lobby (구(전치사구)) but in the parking lot (구(전치사구)).
나는 당신을 로비가 아니라 주차장에서 기다릴 것이다.

She wants to both find a new job (절) and move into another apartment (절).
그녀는 새로운 직업을 찾는 것과 다른 아파트로 이사 가는 것을 모두 원한다.

기출포인트 01

등위접속사

❶ 등위접속사의 종류

and 그리고	or 또는	but 그러나	yet 그러나	so 그래서	for 왜냐하면

The president and vice president are leaving today for the economic summit in Geneva.
사장과 부사장은 제네바에서 있을 경제 정상 회담을 위해 오늘 떠난다.

Mary Sanchez recommends daily walking or swimming for heart patients.
Mary Sanchez는 심장병 환자들에게 매일 산책이나 수영을 할 것을 권한다.

❷ 등위접속사는 문맥에 알맞은 것을 써야 한다.

Coffee (~~but~~, or) tea will be served during the seminar.
세미나 동안에 커피나 차가 나올 것입니다.

Mr. Daniels is sick today, (~~for~~, so) he will not be able to attend the training session.
Mr. Daniels는 오늘 아파서 교육 활동에 참석하지 못할 것이다.

토익 실전 Check-up 둘 중 알맞은 것을 고르세요. 정답·해석·해설 p.47

1. We have reviewed your résumé, (for, but) we are sorry to inform you that no positions are available.
2. Repairs (and, yet) maintenance are taken care of by the building supervisor's office.

기출포인트 02

상관접속사

❶ 상관접속사의 종류

both A and B A와 B 모두	either A or B A 또는 B 중 하나	neither A nor B A도 B도 아닌
not A but B A가 아닌 B	not only A but (also) B = B as well as A A뿐 아니라 B도	

The retirement party for Mr. Wilson is not this Friday but next Friday.
Mr. Wilson의 은퇴 기념 파티는 이번 금요일이 아니라 다음 금요일이다.

You need a portfolio as well as a reference letter to apply for the research grant.
연구 보조금을 신청하기 위해서는 추천서뿐 아니라 포트폴리오도 필요하다.

❷ 상관접속사는 서로 짝이 맞는 것을 써야 한다.

Payment for the shipping charges can be made either by cash (~~and~~, or) credit card.
운송비 지불은 현금 또는 신용카드 중 하나로 이루어질 수 있다.

Advertising costs for (~~either~~, both) this year and last year have risen considerably.
금년과 작년의 광고 비용은 상당히 증가했다.

토익 실전 Check-up 둘 중 알맞은 것을 고르세요. 정답·해석·해설 p.48

1. Critics said the newly designed office tower was (either, both) modern and innovative.
2. When searching for an apartment, Mr. Hito had to think of (not only, although) price but location.

HACKERS TEST

⏱ 제한 시간 12분

Part 5

01 Donald Kim is in charge of analyzing the company's budget ------- reviewing work done by the accounting team.

(A) away from (B) as well as
(C) even though (D) provided

02 The bank will be closed on June 10 ------- 11 in observance of the national holiday.

(A) for (B) and
(C) yet (D) also

03 ------- Mr. Goldblum nor Ms. Davis will be able to meet the client at the airport.

(A) Neither (B) Furthermore
(C) Which (D) If

04 Ms. Hong developed an advertising campaign to respond to the increasing ------- in the cosmetics market.

(A) competitor (B) compete
(C) competitively (D) competition

05 The Newton Theater Group's newest production is sure to please ------- adults and children of all ages.

(A) either (B) each
(C) so (D) both

06 Uncle Ted's has remained the number one fast food chain in the country ------- more than 15 years.

(A) of (B) at
(C) for (D) to

07 The new airport lounge is expected to open in either August ------- September.

(A) even (B) nor
(C) or (D) both

08 A generator at the Simcal Power Plant broke down several hours ago ------- was repaired right away.

(A) that (B) how
(C) what (D) but

09 Managers find it challenging to both manage their team ------- conduct their own work at the same time.

(A) so (B) either
(C) such (D) and

10 Genex Software is famous not ------- for its quality merchandise, but also for its charitable foundations.

(A) both (B) moreover
(C) less (D) only

11 First-class passengers on Fast-Rail have the choice of eating in the dining car ------- being served at their seats.

(A) even (B) also
(C) yet (D) or

12 Neither using video recorders ------- taking photographs is permitted in the gallery.

(A) either (B) and
(C) nor (D) also

13 There will be limited seats at the event, ------- please let us know if you are attending.

(A) so (B) as
(C) or (D) until

14 Making personal calls ------- using the Internet for matters unrelated to work are prohibited by management.

(A) as (B) and
(C) nor (D) since

15 ------- did manufacturing costs rise in the last quarter, but prices for shipping also increased.

(A) Though (B) Moreover
(C) Not only (D) Furthermore

16 The flight to Dubai was scheduled to arrive at 8 o'clock, ------- it was delayed because of a mechanical problem.

(A) so (B) like
(C) but (D) or

17 Those wishing to open a bank account should submit ------- a copy of their work contract or a statement of employment.

(A) every (B) either
(C) both (D) which

18 Mr. Song started working for the company three years ago ------- is now up for promotion.

(A) still (B) and
(C) either (D) nor

Part 6

Questions 19-22 refer to the following letter.

Dear Mr. McEnroe,

We would like to -------(19) you that Amithran Cooling Systems Incorporated (ACSI) has started its voluntary product recall of its latest no-frost refrigerator model, the Coldmax NF100. You -------(20) this particular unit at our store on November 15. Consequently, we are advising you to contact us at 555-7681 on or before March 31 if you want to return the product. If you wish to do so, we will make arrangements with ACSI to refund the amount you paid in full -------(21) to replace the product with a refrigerator model manufactured by the company. Please note that the new item you choose must have similar specifications. -------(22).

For more information on the recall, please visit www.amithrancoolingsystems.com.

Leo Roman
Orion Appliance Hub

19 (A) report (B) inform
(C) convey (D) declare

20 (A) will be buying (B) will buy
(C) bought (D) are buying

21 (A) or (B) yet
(C) for (D) so

22 (A) Only selected models are offered as replacements.
(B) Your defective refrigerator will be repaired immediately.
(C) The company apologizes for not having the model.
(D) We will get in touch with you at your convenience.

정답 · 해석 · 해설 p.48

기출 어휘 리스트 최빈출 부사 어휘 1

01 **skillfully** [skílfəli] 능숙하게, 솜씨 있게

operate the new equipment **skillfully**
새로운 장비를 능숙하게 조작하다

02 **approximately** [əprάksəmətli] 대략

take **approximately** one hour to complete the survey
설문 조사를 완료하는데 대략 한 시간이 걸리다

03 **arguably** [ά:rgjuəbli] 거의 틀림없이

be **arguably** the novelist's best work
거의 틀림없이 그 소설가의 최고의 작품이다

04 **exclusively** [iksklú:sivli] 오로지, 독점적으로

provide a lounge **exclusively** for executives
오로지 중역들을 위한 휴게실을 제공하다

05 **unbearably** [ʌnbέərəbli] 견딜 수 없이

forecast **unbearably** low temperatures
견딜 수 없이 낮은 기온을 예보하다

06 **regularly** [régjulərli] 정기적으로

update the information **regularly**
정보를 정기적으로 갱신하다

07 **properly** [prάpərli] 정확히, 올바르게

report working hours **properly**
근무 시간을 정확히 보고하다

08 **definitely** [défənitli] 확실히

definitely maintain the quality of all products
모든 제품들의 품질을 확실히 유지하다

09 **indirectly** [ìndəréktli] 간접적으로

indirectly influence consumer demand
소비자의 수요에 간접적으로 영향을 끼치다

10 **easily** [í:zili] 쉽게

operate the new equipment **easily**
새로운 장비를 쉽게 조작하다

11 **accordingly** [əkɔ́:rdiŋli] 따라서

adapt **accordingly** to the economic recession
경기 침체에 따라서 적응하다

12 **adversely** [ædvə́:rsli] 불리하게

adversely affect investment in Europe
유럽에서의 투자에 불리하게 영향을 끼치다

13 **immediately** [imí:diətli] 즉시

leave the office **immediately** when the alarm sounds
비상 경보가 울리면 즉시 사무실을 떠나다

14 **carefully** [kέərfəli] 신중히

carefully remove the contents from the container
용기에서 신중히 내용물을 제거하다

15 **actually** [ǽktʃuəli] 실제로

actually meet the workers in person
실제로 직원들을 직접 만나다

16 **especially** [ispéʃəli] 특히

consider the seminar **especially** informative to artists
세미나가 예술가들에게 특히 유익하다고 여기다

17 **cautiously** [kɔ́:ʃəsli] 조심스럽게

move the fragile items **cautiously**
깨지기 쉬운 물품들을 조심스럽게 옮기다

18 **solely** [sóulli] 오직

travel to Rio de Janeiro **solely** for business
오직 사업을 위해 리우데자네이루로 가다

19~20 **closely** [klóusli] 면밀히 : **nearly** [níərli] 거의, 하마터면

closely는 물리적 거리가 가깝거나 무언가를 자세히 한다는 것을 의미하고, nearly는 대략적인 분량 등을 의미한다.
closely inspect factory facilities 공장 시설들을 면밀히 점검하다
visit **nearly** three branches a day 하루에 거의 세 지점을 방문하다

토익 실전 문제

ⓛ 제한 시간 5분

01 All equipment used in the radiology department is ------- inspected by the hospital's computer support staff.

(A) evenly (B) regularly
(C) vacantly (D) accidentally

02 Those experiencing difficulties installing the software ------- may contact Ms. Kim in the technical office.

(A) elegantly (B) surely
(C) solidly (D) properly

03 Each of the items sold at Handelman's Jewelry Store has been ------- crafted by hand.

(A) heavily (B) frequently
(C) skillfully (D) readily

04 Visitors were required to proceed ------- during the tour of the factory so as to avoid the dangerous machinery.

(A) sufficiently (B) imperatively
(C) cautiously (D) tentatively

05 Yesterday's record snowstorm has ------- affected all arrivals and departures at the Renfrew International Airport.

(A) precisely (B) adversely
(C) usefully (D) strenuously

06 The presentation should take ------- one hour and will be followed by refreshments in the main lobby.

(A) gracefully (B) approximately
(C) discretely (D) finally

07 The new electronic ticketing system allows passengers to purchase train tickets ------- during busy periods.

(A) definitely (B) clearly
(C) easily (D) hardly

08 The government officials in Alkinville are ------- concerned about the remarkably low voter turnout in the two most recent elections.

(A) patiently (B) deliberately
(C) instantly (D) especially

09 The airline has one check-in counter that is ------- available to Diamond Club passengers.

(A) narrowly (B) progressively
(C) identically (D) exclusively

10 The sharp decline in the number of registrants for the future technologies trade show ------- caused the cancellation of the entire event.

(A) uncertainly (B) nearly
(C) warmly (D) closely

정답 · 해석 · 해설 p.50

관계절

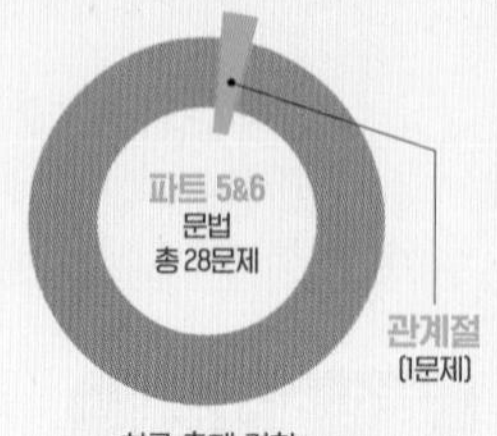

· **관계절** 관련 문제는 평균 1문제 정도 출제된다. 사람 또는 사물 선행사에 알맞은 관계대명사를 선택하거나, 관계대명사의 격을 구별하여 채우는 문제가 주로 출제된다.

기본기 다지기

1. 관계절은 관계사(관계대명사, 관계부사)가 이끄는 수식어절로 문장 안에서 바로 앞의 명사(선행사)를 꾸미는 형용사 역할을 하며, '관계대명사 + 동사' 혹은 '관계부사 + 주어 + 동사'로 이루어져 있다.

   Mr. Wilson, who is in charge, will submit your claim.
   담당자인 Mr. Wilson이 당신의 청구신청을 제출할 것이다.

   The restaurant where the president eats is on 10th Street.
   사장님이 식사하는 식당은 10번가에 있다.

2. 관계절은 앞의 명사를 수식하는 한정적 용법과 앞의 명사에 대해서 부가 설명을 하는 계속적 용법으로 나눌 수 있다.

   한정적 용법 Luhrman Finance has six employees who are experts in corporate accounting.
   Luhrman Finance사에는 기업 회계 전문가인 직원 여섯 명이 있다.

   계속적 용법 Luhrman Finance has six employees, who are experts in corporate accounting.
   Luhrman Finance사에는 여섯 명의 직원들이 있는데, 그들은 기업 회계 전문가이다.

기출포인트 01

관계절의 자리와 쓰임

1 관계절은 문장에서 형용사 역할을 하는 수식어절이며, 수식하는 명사(선행사) 뒤에 온다.

Abel Foods whose products are organic will open its third store in the Fort Greene district.
유기농 제품을 취급하는 Abel Foods사는 Fort Greene 지역에 3호점을 개점할 예정이다.

Mr. Nichols is the financial advisor who recommended the merger.
Mr. Nichols는 그 합병을 제안한 재정 고문이다.

2 관계절을 이끄는 관계대명사나 관계부사 자리에 대명사나 부사는 올 수 없다.

The design team consulted Mr. Ramis, (~~he~~, who) has a lot of experience in that field.
디자인팀은 Mr. Ramis와 상의했는데, 그는 그 분야에 많은 경험이 있다.

No one knows the exact time (~~there~~, when) the new security system will be installed.
아무도 새로운 보안 시스템이 설치될 정확한 시간을 모른다.

3 관계절을 이끄는 관계사와 명사절을 이끄는 명사절 접속사를 구분해야 한다.

관계절 I was late for the meeting that I had this morning. 나는 오늘 아침에 있었던 회의에 늦었다.

명사절 I forgot that I had a meeting this morning.
나는 오늘 아침에 내가 회의가 있었다는 것을 잊어버렸다.

4 관계절의 동사 자리에 준동사, 명사는 올 수 없다.

City officials will close the parkway where many accidents (~~occurring~~, occur).
시 공무원들은 많은 사고가 일어나는 공원 도로를 폐쇄할 것이다.

The committee introduced Mr. Ratner, who (~~publisher~~, published) a book on market strategies.
위원회는 Mr. Ratner를 소개했는데, 그는 시장 전략에 관한 책을 출판했다.

토익 실전 Check-up 둘 중 알맞은 것을 고르세요. 정답·해석·해설 p.50

1. Ms. Smith collects the time cards (they, which) are submitted every Friday.
2. The broker suggested buying stocks in a company (that, what) has recently been made public.

기출포인트 02

관계대명사

❶ 관계대명사는 주격, 목적격, 소유격이 있다.

선행사 \ 격	주격	목적격	소유격
사람	who	whom, who	whose
사물·동물	which	which	whose, of which
사람·사물·동물	that	that	–

Ms. Jenkins is the employee who updated the employee handbook.
Ms. Jenkins는 사원 지침서를 갱신했던 직원이다.

Bruce and Joan came to work on the subway, which stops two blocks from the office.
Bruce와 Joan은 지하철을 타고 회사에 오는데, 그 지하철은 회사에서 두 블록 떨어진 곳에서 선다.

Temp-Out Limited, whose employees organized a fundraiser, received an award from the city.
직원들이 모금 행사를 계획한 Temp-Out사는 시로부터 상을 받았다.

❷ '주격 관계대명사 + be동사'는 생략할 수 있다.

The presentation, (which was) about the history of the city, was delivered by the new mayor.
도시의 역사에 관한 그 발표는 새로운 시장에 의해서 진행되었다.

The seminar was hosted by Liza Dunbar, (who is) a highly regarded economist.
세미나는 Liza Dunbar의 사회로 진행되었는데, 그녀는 매우 존경받는 경제학자이다.

❸ 앞 문장과의 공통명사가 뒷 문장의 전치사의 목적어일 때, [관계대명사 + 완전한 절 + 전치사]나 [전치사 + 관계대명사 + 완전한 절] 형태가 된다. * 전치사 뒤 목적격 관계대명사 자리에 who와 that은 올 수 없다.

The director called her this morning. + Ms. Laurel sent her application to the director.
이사는 오늘 아침에 그녀에게 전화를 걸었다. Ms. Laurel은 이사에게 지원서를 보냈다.

→ The director, whom Ms. Laurel sent her application to, called her this morning.
→ The director, to whom Ms. Laurel sent her application, called her this morning.
Ms. Laurel이 지원서를 보낸 이사가 오늘 아침 그녀에게 전화를 걸었다.

토익 실전 Check-up 둘 중 알맞은 것을 고르세요. 정답·해석·해설 p.50

1. The retirement party, (of which, which) the staff planned for Dr. Midler, was enjoyed by all.
2. Sondrian Publishing is seeking applicants (who, whose) values match those of the company.

기출포인트 03

관계부사

❶ 선행사의 종류에 따른 알맞은 관계부사가 있다.

선행사의 종류	관계부사	예문
시간을 나타내는 선행사 day, year, time	when	Loretta Sanchez is looking forward to the day when her company opens an overseas branch. Loretta Sanchez는 그녀의 회사가 해외 지사를 개점할 날을 기대하고 있다.
이유를 나타내는 선행사 the reason	why	The sales director wanted to know the reason why profits had decreased so rapidly. 영업이사는 수익이 그렇게 빨리 감소한 이유를 알고 싶어 했다.
장소를 나타내는 선행사 place	where	Ms. Lee chose the place where the company will hold its press conference. Ms. Lee는 회사가 기자 회견을 개최할 장소를 선정했다.
방법을 나타내는 선행사 the way	how	Ms. Conner spent the morning trying to figure out the way/how the software functions. Ms. Conner는 그 소프트웨어가 어떻게 작동하는지 알아내기 위해 노력하면서 오전을 보냈다. * the way와 how는 함께 쓰이지 않고 각각 따로 쓰인다.

토익 실전 Check-up 둘 중 알맞은 것을 고르세요. 정답·해석·해설 p.51

1. Heavy traffic was the reason (when, why) Mr. Suarez arrived late for the meeting.
2. Mr. Fowler showed (how, of) employees can fix the projector.

기출포인트 04

관계대명사와 관계부사 구별

❶ 관계대명사 뒤에는 주어나 목적어가 빠진 불완전한 절이, 관계부사 뒤에는 완전한 절이 온다.

관계대명사 + 불완전한 절 Ms. Yoo works for Smart Finance, which assists clients with investments in Europe.
Ms. Yoo는 Smart Finance사에서 근무하는데, 그곳은 유럽 투자에 대해 고객들을 돕는다.

관계부사 + 완전한 절 Ryerson is a city where smoking in restaurants is forbidden.
Ryerson은 식당에서의 흡연이 금지된 도시이다.

토익 실전 Check-up 둘 중 알맞은 것을 고르세요. 정답·해석·해설 p.51

1. The coordinator introduced Mike Evans, (who, why) works in the legal division.
2. *The Financial Beacon* reports that this is the year (what, when) oil prices will decrease.

HACKERS **TEST**

제한 시간 12분

Part 5

01 Customers ------- arrive early for the store's grand opening will receive a free gift certificate.

(A) who (B) whose
(C) whom (D) what

02 The human resources office chose to hold the investors' convention at the hotel ------- had offered the best group rate.

(A) they (B) what
(C) why (D) that

03 Dargo Tech's new product failed to gain popularity in the target market for ------- it was designed.

(A) who (B) which
(C) what (D) where

04 Staff members ------- would like to register for the management workshop are advised to speak to Lisa Samuels in the research division.

(A) them (B) which
(C) whom (D) who

05 The restaurant ------- Mr. Sung is supposed to meet his potential investor is closed for maintenance.

(A) their (B) it
(C) when (D) where

06 The exhibition, ------- will open in September, is being arranged by the president of the city's art council.

(A) which (B) what
(C) who (D) there

07 Ms. Gilmore not only organized the company banquet but ------- arranged accommodations for guests.

(A) over (B) well
(C) therefore (D) also

08 Gleeson Events provides a variety of services ------- assist companies in organizing ceremonies and seminars.

(A) what (B) anyone
(C) that (D) who

09 Blue Crest Exploration will benefit ------- a proposed mining project in Aynak Valley.

(A) onto (B) along
(C) from (D) of

10 Ms. Paulson analyzes the reports ------- are sent to her every week from the branch offices.

(A) they (B) that
(C) what (D) where

11 Ms. Stanislav requested the documents in ------- the current trends of the Eastern European economy were described.

(A) what (B) when
(C) where (D) which

12 Mr. Barnes asked his assistant to schedule interviews with candidates ------- résumés include a background in stock investments.

(A) which (B) whose
(C) whom (D) who

13 The board of directors approved the proposal ------- would work best to improve the factory's production rates.

(A) how (B) those
(C) that (D) why

14 Lowell Cranston created a schedule that distributed the workload ------- among his team members.

(A) equal (B) equals
(C) equally (D) equalize

15 Mr. Reinhardt made a list of candidates ------- seemed interested in participating in the company's fundraiser.

(A) who (B) what
(C) whose (D) those

16 Please fill out the form ------- is enclosed and return it to the registration office.

(A) they (B) there
(C) that (D) what

17 The auditorium ------- the Natural Science Association holds its annual symposium will be closed this month for structural repairs.

(A) when (B) who
(C) where (D) which

18 Mr. Boyd was disappointed that he did not win the award for ------- he was nominated.

(A) when (B) what
(C) whom (D) which

Part 6

Questions 19-22 refer to the following memo.

To: Corporate Communications Staff
From: Aaron Villegas, program manager
Date: October 31
Subject: FTI Bank Foundation's Anniversary Party

As you already know, our department is in charge of the program for the foundation's anniversary party. The president asked me an hour ago to focus on the foundation's achievements -------(19) the past two decades. So I have brainstormed some ideas and would like to discuss them with you when we meet. -------(20).

Our meeting has been tentatively scheduled for 2 P.M. tomorrow. If there is a free conference room at that time, then we should be able to meet. I am waiting to hear from Beth Carter, -------(21) works in the administrative department. Once I get word from her, I will send you a message through the company's Web site.

Just to let you know, the celebration -------(22) on December 5 at the FTI Bank Theater. Thank you.

19 (A) without (B) off
(C) over (D) about

20 (A) I know we need to modify the ideas we discussed.
(B) I hope you can give me your honest opinion.
(C) I think the president is pleased with our plans.
(D) I am worried we will not finish the work on time.

21 (A) where (B) what
(C) when (D) who

22 (A) was holding
(B) will be held
(C) was held
(D) will have been held

정답 · 해석 · 해설 p.51

기출 어휘 리스트 최빈출 부사 어휘 2

01 **randomly**[rǽndəmli] 무작위로

be **randomly** assigned to a group
무작위로 그룹에 배치되다

02 **specifically**[spisífikəli] 특별히

specifically request a vegetarian meal
채식주의 식사를 특별히 요청하다

03 **absolutely**[ǽbsəlú:tli] 절대적으로

insist that the renovation is **absolutely** necessary
수리가 절대적으로 필요함을 주장하다

04 **gently**[dʒéntli] 천천히, 부드럽게

gently remove the cake from the baking tin
빵 굽는 그릇에서 케익을 천천히 옮기다

05 **promptly**[prámptli] 지체 없이, 정각에

start the discussion **promptly** after noon
정오 이후에 지체 없이 논의를 시작하다

06 **mutually**[mjú:tʃuəli] 상호 간에, 서로

build a **mutually** beneficial relationship with clients
고객과 상호 간에 유익한 관계를 쌓다

07 **relatively**[rélətivli] 상대적으로

visit **relatively** inexpensive restaurants
상대적으로 저렴한 식당들을 방문하다

08 **previously**[prí:viəsli] 이전에

reconsider **previously** approved proposals
이전에 승인된 제안서를 재고하다

09 **conveniently**[kənví:njəntli] 편리하게

book a hotel **conveniently** situated downtown
도심지에 편리하게 위치해 있는 호텔을 예약하다

10 **primarily**[praimérəli] 우선

focus **primarily** on current problems
현 문제들에 우선 집중하다

11 **shortly**[ʃɔ́:rtli] 곧

resume the opening ceremony **shortly**
곧 개관식을 다시 시작하다

12 **necessarily**[nèsəsérəli] [부정구문] 반드시 (~은 아니다)

not **necessarily** affect the entire delivery system
반드시 전체 배송 시스템에 영향을 주는 것은 아니다

13 **dramatically**[drəmǽtikəli] 극적으로

increase survey response rates **dramatically**
설문 조사 응답률을 극적으로 증가시키다

14 **briefly**[brí:fli] 간단히

briefly summarize the various sales strategies
다양한 판매 전략들을 간단히 요약하다

15 **efficiently**[ifíʃəntli] 효율적으로

deal with the client's complaints **efficiently**
고객의 불평을 효율적으로 처리하다

16 **occasionally**[əkéiʒənəli] 가끔, 때때로

stop by the bank **occasionally**
은행에 가끔 들르다

17 **consistently**[kənsístəntli] 지속적으로

consistently exhibit leadership skills
지속적으로 통솔력 기량을 드러내다

18 **separately**[sépərətli] 따로, 개별적으로

submit application documents **separately**
신청 서류들을 따로 제출하다

19-20 **currently**[kə́:rəntli] 현재 : **recently**[rí:sntli] 최근에

currently는 현재 일어나는 일이나 상태를 나타낼 때 사용하며, recently는 가까운 과거에 일어난 일이나 상태를 나타낼 때 사용한다.

currently work in the marketing department 현재 마케팅 부서에서 일하다
recently detected many flaws in the project 최근에 프로젝트의 많은 결점을 발견했다

토익 실전 문제 ⏱ 제한 시간 4분

01 Mr. Monroe, who managed the personnel department for the last 15 years, was ------- promoted to regional director.

(A) collectively (B) possibly
(C) recently (D) optionally

02 Mr. Green was sent ahead of the team to inspect the construction site, and the other members will meet him there -------.

(A) shortly (B) already
(C) mostly (D) firstly

03 Mr. Conner signed the contract with Pinn Incorporated, believing that the partnership would be ------- beneficial for both parties.

(A) officially (B) exclusively
(C) mutually (D) primarily

04 Coleman Manufacturing announced that the press conference will take place on Tuesday, ------- at 11 o'clock.

(A) often (B) early
(C) promptly (D) accurately

Questions 05-08 refer to the following memo.

MEMO

TO: ALL TORONTO GENERAL HOSPITAL NURSES
RE: OVERTIME WORK

Due to our ------- (05) need for staff, we are offering all employees the opportunity to work overtime. With many absences caused by the flu lately, we do not have enough nurses to care for patients and need others to cover additional shifts. We ------- (06) need nurses who can work at night. If you are available, please contact the nursing director so we can fill the schedule as soon as possible. Instructions will be ------- (07) explained in handouts posted at each department's nursing station. ------- (08). Thank you for your cooperation. We hope to return to our usual routine very soon.

05 (A) normal (B) traditional
(C) reduced (D) urgent

06 (A) carefully (B) specifically
(C) supposedly (D) relatively

07 (A) briefly (B) rarely
(C) previously (D) alternatively

08 (A) The flu shots are covered by your insurance provider.
(B) Several candidates have been shortlisted for the position.
(C) Additional questions may be directed to your respective managers.
(D) Nurses should request leave two weeks in advance.

정답 · 해석 · 해설 p.53

부사절

· **부사절** 관련 문제는 평균 2문제 정도 출제되며 최대 5문제까지 출제된다. 문맥에 알맞은 부사절 접속사를 채우는 문제가 주로 출제된다.

기본기 다지기

1. 부사절은 수식어절로 문장 안에서 시간이나 조건 등을 나타내는 부사 역할을 한다.

   Job applications will not be accepted after the deadline has passed.
   입사 지원서는 마감일이 지난 후에는 접수되지 않을 것이다.

   If Mr. Shin arrives late to the conference, he will miss his turn to speak.
   Mr. Shin이 회의에 늦게 도착한다면, 그는 연설할 차례를 놓칠 것이다.

2. 부사절은 '부사절 접속사 + 주어 + 동사'로 이루어진다. 단, 부사절의 동사가 be동사일 경우 [주어 + be동사]는 생략되고 부사절 접속사 뒤에 주어와 be동사 없이 바로 형용사나 전치사구가 올 수 있다.

   Once a performance starts, you can't go inside. 일단 공연이 시작하면, 당신은 안에 들어갈 수 없다.

   I'd like a refund for my purchase, if (it is) possible. 가능하다면, 나는 구입품을 환불받고 싶다.

   When (you are) in a meeting, you should turn your phone off. 회의 중일 때는, 당신의 전화기를 꺼두어야 합니다.

기출포인트 01

부사절의 자리와 쓰임

❶ 부사절은 문장에서 부사 역할을 하는 수식어절이며, 필수 성분의 앞이나 뒤에 온다.

As shipping costs rise, Freeman Carriers remains an economical option for companies.
배송비가 오름에 따라, Freeman Carriers사는 회사들의 경제적인 선택으로 남았다.

The convention center will be closed until all renovations have been completed.
컨벤션센터는 모든 수리가 끝날 때까지 문을 닫을 것이다.

❷ 부사절 접속사는 분사구문 앞에 오기도 한다.

After becoming the manager, Mr. Watson made changes to the staff.
부장이 된 후에, Mr. Watson은 직원들에게 변화를 가져왔다.

Attendees under 18 can attend the film festival when accompanied by an adult.
18세 미만의 참석자들은 성인을 동반할 때 영화제에 참석할 수 있다.

❸ 부사절 접속사 자리에 전치사는 올 수 없다.

(~~At~~, When) people file their taxes online, they must log in through a secure server.
세금을 온라인으로 제출할 때에는, 안전한 서버로 접속해야 한다.

토익 실전 Check-up 둘 중 알맞은 것을 고르세요. 정답·해석·해설 p.54

1. (While, During) the office is closed for the holidays, the heating system will be repaired.
2. Factory workers will seek legal action (without, unless) the new salary increases are implemented.

PART 5&6 DAY 16 부사절 해커스 토익 750+ RC

기출포인트 02

부사절 접속사 1 : 시간

❶ 시간을 나타내는 부사절 접속사

before ~하기 전	since ~한 이래로	when ~할 때
until ~할 때까지	after ~한 이후	while ~하는 동안
once 일단 ~하면, ~하는 대로	as soon as ~하자마자	as ~할 때, ~함에 따라

After Mr. Hackett introduced himself, he gave a demonstration of the product.
Mr. Hackett은 자신을 소개한 후에, 제품 시연을 했다.

Sales have increased dramatically since the new marketing manager was hired.
새로운 마케팅부장이 고용된 이래로 매출이 급격하게 증가해왔다.

❷ 시간을 나타내는 부사절에서는 미래를 나타내기 위해 현재 시제를 쓴다.

The CEO will review Ms. Jones' advertising portfolio before he (~~will meet~~, meets) her.
최고 경영자는 Ms. Jones를 만나기 전 그녀의 광고 포트폴리오를 검토할 것이다.

토익 실전 Check-up 둘 중 알맞은 것을 고르세요.
정답·해석·해설 p.54

1. (When, Once) Mr. Jenkins arrived at the auditorium, the performance had already ended.
2. Ms. Mallet was told to change the ink cartridges (before, until) she makes any copies.

기출포인트 03

부사절 접속사 2 : 조건, 양보

❶ 조건을 나타내는 부사절 접속사

if 만약 ~라면 unless 만약 ~이 아니라면 whether ~에 상관없이
in case (that), in the event (that) ~에 대비하여 (~의 경우)
as long as, providing/provided (that), only if, on condition that 오직 ~하는 경우에만

Unless Dr. Woods receives a grant, he will not be able to complete his research.
만약 Dr. Woods가 보조금을 받지 못한다면, 그는 연구를 마칠 수 없을 것이다.

Magic Toys will hire temporary staff only if there is a surplus of orders received.
Magic Toys사는 과잉으로 주문을 받게 될 때에만 임시 직원을 고용할 것이다.

❷ 양보를 나타내는 부사절 접속사

although, though, even if, even though 비록 ~이지만 whereas, while ~한 반면에

Prices on Lendell kitchen appliances are still high, even though they have been discounted.
할인이 되었지만, Lendell사의 주방용품은 여전히 비싸다.

Joy Ogawa's first novel was a success, whereas her second novel appears to be less popular.
Joy Ogawa의 두 번째 소설은 덜 인기 있었던 반면에, 그녀의 첫 번째 소설은 성공적이었다.

토익 실전 Check-up 둘 중 알맞은 것을 고르세요.
정답·해석·해설 p.54

1. (Although, If) the company's profits increased, investors remained pessimistic about its future.
2. Employees should keep photocopies of their identification cards (until, in case) they misplace them.

기출포인트 04

부사절 접속사 3 : 이유, 목적, 결과, 제외

❶ 이유를 나타내는 부사절 접속사

because, as, since ~이기 때문에	now that ~이니까	in that ~이라는 점에서

Participants are asked to wear comfortable clothing because the tour will include hiking.
관광에는 도보 여행이 포함되어 있기 때문에 참가자들은 편한 복장을 착용하도록 요청된다.

The firm will start the new project now that the operations budget has been approved.
운영 예산이 승인되었으니 그 회사는 새로운 프로젝트를 시작할 것이다.

❷ 목적을 나타내는 부사절 접속사

so that, in order that ~할 수 있도록

Ms. Moore will work on the manuscript this Saturday so that it is completed by next week.
다음 주까지 완성될 수 있도록 Ms. Moore는 이번 주 토요일에 원고를 작성할 것이다.

Employees are asked to keep a record of all overtime in order that they can verify the amount of time on their pay statements.
직원들은 급여 명세서에서 시간을 확인할 수 있도록 모든 초과 근무 시간을 기록해 둘 것이 요청된다.

❸ 결과를 나타내는 부사절 접속사

so/such ~ that - 매우 ~해서 -하다

The client put in such a large order that the supplier gave a special discount.
그 고객은 매우 많은 양의 주문을 해서 공급자가 특별 할인을 제공해 주었다.

❹ 제외를 나타내는 부사절 접속사

except that ~을 제외하고는

The basement parking garage is very convenient except that it is often full.
지하 주차장은 종종 만차가 된다는 것을 제외하고는 매우 편리하다.

토익 실전 Check-up 둘 중 알맞은 것을 고르세요. 정답·해석·해설 p.55

1. Management is satisfied with the equipment (except that, now that) its prices are a bit too expensive.
2. (Since, Though) Mr. Duke handles all business-related expenses, contact him for any reimbursement requests.

기출포인트 05

부사절 접속사 4 : 복합관계부사와 복합관계대명사

❶ 복합관계부사(whenever, wherever, however)가 이끄는 부사절은 문장에서 부사 역할을 한다.

whenever	언제 ~하든 상관없이 (= at any time when) 언제 ~하더라도 (= no matter when)
wherever	어디로/어디에 ~하든 상관없이 (= at any place where) 어디로/어디에서 ~하더라도 (= no matter where)
however	어떻게 ~할지라도 (= by whatever means) 아무리 ~하더라도 (= no matter how)

The departmental head organizes a special lunch whenever a new member joins the faculty.
부서장은 새로운 직원이 들어올 때마다 특별 점심을 준비한다.

Repairmen will work to fix the elevators, however long it may take.
수리공들은 시간이 아무리 오래 걸리더라도 엘리베이터 수리 작업을 할 것이다.

❷ 복합관계대명사 중 whoever, whatever, whichever는 부사절을 이끌 수 있다.

whoever	누가 ~하더라도 (= no matter who)
whatever	무엇이/무엇을 ~하더라도 (= no matter what)
whichever	어느 것이/어느 것을 ~하더라도 (= no matter which)

Whoever has enough time, ask them to meet Ms. Crowe at the train station.
누가 충분한 시간이 있든지 간에, 기차역으로 Ms. Crowe를 마중 나가라고 부탁하세요.

토익 실전 Check-up 둘 중 알맞은 것을 고르세요. 정답·해석·해설 p.55

1. Ms. Tyler will distribute office supplies (wherever, where) they are needed.
2. (Whoever, Whatever) the circumstances may be, employees must explain all absences from work.

기출포인트 06

부사절 접속사 5 : 기타 부사절 접속사

❶ 기타 부사절 접속사

as if, as though, (just) as 마치 ~처럼	given that, considering (that) ~을 고려했을 때, ~을 고려하여

When confronted by her supervisor, the intern acted as though she had done nothing wrong.
상관과 대면했을 때, 인턴은 마치 아무것도 잘못한 것이 없는 것처럼 행동했다.

Ms. Munoz's presentation went very well, considering that she only had the morning to prepare.
준비할 시간이 아침밖에 없었다는 것을 고려했을 때, Ms. Munoz의 발표는 매우 잘 진행되었다.

토익 실전 Check-up 둘 중 알맞은 것을 고르세요. 정답·해석·해설 p.55

1. Mr. Bayer prepared for the concert (as if, if) it would be his final performance.
2. (Given that, However) gas prices have dropped, automobile sales will likely increase.

기출포인트 **07**

부사절 접속사와 전치사 구별

❶ 부사절 접속사는 절 앞에 오는 반면, 전치사는 구 앞에 온다.

The report warns drivers not to use mobile phones (~~during~~, while) they are driving.
보고서는 운전자들에게 운전 중에는 휴대 전화를 사용하지 말 것을 경고한다.

(~~While~~, During) the negotiations for the acquisition, Mr. Park assisted the CEO of Sung Shin Motors.
인수 협상을 하는 동안, Mr. Park은 Sung Shin Motors사의 최고 경영자를 도왔다.

❷ 유사한 의미를 가진 부사절 접속사와 전치사

의미	부사절 접속사	전치사
시간	while ~하는 동안 by the time, until ~할 때까지 after ~ 후에 before ~ 전에 as soon as ~하자마자 since ~ 이래로	during ~ 동안 by, until ~까지 following, after ~ 후에 before ~ 전에 on(upon) -ing ~하자마자 since ~ 이래로
조건	unless 만약 ~이 아니라면 in case (that) ~한 경우에, ~에 대비하여	without ~이 없다면 in case of, in the event of ~의 경우에
양보	although, even though 비록 ~이지만 while ~한 반면에	despite, in spite of ~에도 불구하고
이유	because, as, since ~ 때문에	because of, due to ~ 때문에
제외	except that ~을 제외하면	except (for) ~을 제외하면
기타	given that, considering ~을 고려했을 때 whether ~에 상관없이 as if, as though 마치 ~처럼 as ~처럼	given, considering ~을 고려했을 때 regardless of ~에 상관없이 like ~처럼 as ~로서(자격)

The hospital enjoys an excellent reputation, (~~in spite of~~, although) the emergency room is frequently overcrowded.
비록 응급실이 자주 만원이지만 그 병원은 평판이 매우 좋다.

(~~As soon as~~, Upon) discovering the error in his account statement, Mr. Lim immediately called the bank.
자신의 계좌 내역서에 문제가 있는 것을 발견하자마자, Mr. Lim은 즉시 은행에 전화를 걸었다.

토익 실전 Check-up 둘 중 알맞은 것을 고르세요. 정답·해석·해설 p.55

1. (Because, Because of) his flight was canceled, Mr. Yoon will spend the night in Singapore.
2. The technician will complete the air conditioner installation today (unless, without) there is an unexpected problem.

HACKERS **TEST**

제한 시간 12분

Part 5

01 Users must ensure that batteries are properly placed in the charger ------- it is plugged into an outlet.

(A) during (B) before
(C) along (D) on

02 Employees are free to use their vacation days ------- they give one week's advance notice.

(A) without (B) so that
(C) only if (D) instead of

03 ------- the deadline has been moved forward, the advertising team will have to work over the weekend.

(A) Due to (B) Moreover
(C) Because (D) Despite

04 ------- the staff only had one day to prepare, the product demonstration at the showroom was an incredible success.

(A) After all (B) Given that
(C) Due to (D) Unless

05 ------- payment has been received, the furniture order will be shipped to the retailer's factory in Argentina.

(A) Whereas (B) Often
(C) After (D) While

06 ------- time-consuming it may be, assembly-line workers must conduct daily safety checks on all machinery.

(A) Still (B) However
(C) Indeed (D) Despite

07 ------- told otherwise by a superior, all maintenance staff are required to enroll in the seminar by Monday.

(A) Except that (B) Unless
(C) Therefore (D) While

08 The designer ------- created last season's collection was promoted to the position of artistic director.

(A) what (B) whose
(C) when (D) who

09 ------- receiving Mr. Mathias' resignation, the company has been searching for a new lawyer.

(A) Since (B) Between
(C) Following (D) Unless

10 ------- the bank wants to attract more clients, it must lower its interest rates on short-term loans.

(A) During (B) Instead
(C) Also (D) If

11 The management of Cleo Hotel encourages their office employees to discard used ones ------- the cartridges are empty.

(A) yet (B) furthermore
(C) soon (D) whenever

12 ------- the office has implemented an incentive program, staff have become increasingly more productive.

(A) In case (B) In spite of
(C) Even if (D) Now that

13 All passengers are required to stay in their seats ------- the seatbelt sign has been switched off.

(A) until (B) providing
(C) already (D) because

14 ------- the deadline of payment is tomorrow, many companies have yet to file income tax returns.

(A) Unless (B) Moreover
(C) So that (D) Although

15 Clay Majors will play the cello ------- Linda Meyers performs on the violin at the concert on Tuesday.

(A) furthermore (B) as well
(C) while (D) besides

16 Colton Fashions will open two additional stores in Santiago ------- they receive building permits from the city government.

(A) due to (B) so as
(C) until (D) as soon as

17 It is recommended to register for the convention in advance ------- a seat is guaranteed.

(A) as if (B) instead of
(C) so that (D) even

18 ------- some speakers are absent, the annual investors' conference will begin as scheduled.

(A) Whether (B) As to
(C) Even if (D) In case of

Part 6

Questions 19-22 refer to the following notice.

NOTICE: Graphic designers needed urgently

Play-tech Entertainment is currently seeking graphic designers to work on its newest interactive computer game. -------(19) Play-tech will provide a training course in the graphic design programs it uses, candidates with basic knowledge of design software are preferred. In addition, -------(20) should have at least four years of experience in the computer game industry and a related university degree.

If you are interested in the position, contact Muriel Collette at murcol@playtech.net. Requirements include your résumé, at least two references, and a portfolio of your previous work. -------(21). You will be sent a form to fill out and return by April 30 as well. In-person interviews will be offered to -------(22) who are qualified for the position. Further details will be offered at a later time.

19 (A) Once (B) After
(C) Although (D) When

20 (A) inspectors (B) applicants
(C) operators (D) supervisors

21 (A) We have received the documents you mailed us.
(B) None of the requirements have been met.
(C) Any work examples provided must be recent.
(D) You can download the application form from our site.

22 (A) other (B) they
(C) them (D) those

정답 · 해석 · 해설 p.55

기출 어휘 리스트 최빈출 전치사 관련 어구

01 **at all times** 항상, 언제든지

Passengers must stay seated **at all times** during takeoff.
승객들은 이륙 동안에는 항상 자리에 앉아 있어야 한다.

02 **in accordance with** ~에 따라서, ~과 일치하여

The pool closes at 9 P.M. **in accordance with** the hotel's rules.
그 수영장은 호텔의 규정에 따라서 오후 9시에 닫는다.

03 **in advance** 사전에, 미리

Tickets may be booked **in advance** online.
표는 사전에 온라인으로 예매될 수 있다.

04 **in response to** ~에 응하여

The increased output was **in response to** high demand.
증가된 생산량은 높은 수요에 응한 것이었다.

05 **in an effort to** ~하기 위한 노력으로

The campaign was launched **in an effort to** raise product visibility.
그 캠페인은 제품의 노출 정도를 높이기 위한 노력으로 착수되었다.

06 **in celebration of** ~을 축하하여

Infobyte Corporation will hold a party **in celebration of** its anniversary.
Infobyte사는 기념일을 축하하여 연회를 열 것이다.

07 **in the event of** ~의 경우에

Alarms will sound **in the event of** an emergency.
비상사태의 경우에 경보가 울릴 것이다.

08 **on schedule** 예정대로

The printer will be delivered **on schedule**.
프린터는 예정대로 배달될 것이다.

09 **on arrival** 도착하는 즉시

Passengers should claim their baggage **on arrival**.
승객들은 도착하는 즉시 그들의 짐을 찾아야 한다.

10 **on behalf of** ~을 대표하여

Ms. Ki will write the letter **on behalf of** Crystal Incorporated.
Ms. Ki는 Crystal사를 대표하여 편지를 쓸 것이다.

11 **to the point** 적절한

The product manual's instructions are clear and **to the point**.
그 제품 설명서의 지시 사항은 명확하고 적절하다.

12 **in compliance with** ~에 따라

Helmets must be worn **in compliance with** safety regulations.
안전 규칙에 따라 헬멧이 착용되어야 한다.

13 **at first** 초기에

The bank experienced financial problems **at first**.
은행은 초기에 재정 문제를 겪었다.

14 **at the request of** 요청에 의하여

The meeting place was changed **at the request of** the client.
회의 장소는 그 고객의 요청에 의하여 변경되었다.

15 **as of** ~부터, ~부로

All train fares will increase **as of** next month.
모든 기차 요금이 다음 달부터 인상될 것이다.

16 **at the latest** 늦어도

Proposals must be submitted by January 22 **at the latest**.
제안서는 늦어도 1월 22일까지 제출되어야 한다.

17 **in reply** ~에 답하여

Feel free to send a message **in reply**.
편하게 응답 메시지를 보내주시기 바랍니다.

18 **as a result of** ~의 결과로

The French branch was closed **as a result of** the reduced budget.
프랑스 지점은 축소된 예산의 결과로 폐점했다.

19 **in a timely manner** 시기 적절하게

Researchers will release the results **in a timely manner**.
연구원들은 시기 적절하게 결과를 발표할 것이다.

20 **in one's absence** ~의 부재 시에

Mr. Powell will lead the team **in the manager's absence**.
Mr. Powell은 부장님의 부재 시에 팀을 이끌 것이다.

토익 실전 문제

제한 시간 5분

01 In an ------- to improve people's perception of the company, Global-Connect has started a charity foundation.

(A) idea (B) effort
(C) initiation (D) understanding

02 In ------- with new standards issued by the American Association of Private Libraries, Rahmen Public Library amended their policies.

(A) experience (B) compliance
(C) structure (D) progression

03 ------- arrival, the guests checked in at the hotel's reception desk and were escorted to their rooms.

(A) In (B) By
(C) Beside (D) On

04 Kimura Watanabe's presentation on international communication strategies was very informative and to the -------.

(A) point (B) mark
(C) spot (D) limit

05 As ------- today, every item in the Rosenberg Jewelers' showroom is on sale.

(A) to (B) by
(C) at (D) of

06 In the event ------- an emergency, all the hotel guests must use the security exits.

(A) for (B) on
(C) of (D) with

07 A banquet will be held at the Ryon Hotel ------- celebration of Gumble Finance's 40th anniversary.

(A) to (B) over
(C) on (D) in

08 ------- the Krychek Ballet Company, Mr. Rhode thanked the sponsors for their patronage and support.

(A) Because of (B) On behalf of
(C) In spite of (D) In case of

09 In ------- to recent public demand, Lexington House-Wares will open three additional branches in West Virginia.

(A) location (B) request
(C) response (D) action

10 The employees of Hoka Corporation are asked to wear their identification badges in the office premises ------- all times.

(A) in (B) by
(C) at (D) until

정답 · 해석 · 해설 p.58

명사절

· **명사절** 관련 문제는 출제 비율이 높지 않지만, 가끔 1문제 정도 출제된다. 명사절 접속사 자리에 의문사를 구별하여 채우는 문제가 주로 출제된다.

기본기 다지기

1. 명사절은 문장 내에서 주어, 목적어, 보어의 역할을 하는 필수 성분이다.

주어 What Ms. Lintan asked for was a copy of the lease contract.
Ms. Lintan이 요청한 것은 임대 계약서 한 부였다.

목적어 The secretary does not know whether he can change the schedule or not.
비서는 그가 일정을 변경할 수 있을지 없을지를 모른다.

보어 The president's question is who will replace Mr. Patel.
사장님의 의문은 누가 Mr. Patel의 후임자가 될 것인가이다.

2. 명사절은 '명사절 접속사 + (주어) + 동사'로 이루어진다.

A guest wants to know if she can change her reservation. 손님은 그녀의 예약을 변경할 수 있는지 없는지를 알고 싶어 한다.
명사절 접속사(if) + 주어(she) + 동사(can change) ~ = 명사절

What keeps him busy is preparing for a presentation. 그를 바쁘게 만드는 것은 발표를 준비하는 것이다.
명사절 접속사(What) + 동사(keeps) ~ = 명사절

기출포인트 01 명사절의 자리와 쓰임

① 명사절은 문장에서 명사 역할을 하며 주어, 목적어, 보어 자리에 온다.

주어 자리	What the economists predicted concerned the business owners. 경제학자들이 예견한 것은 사업가들을 걱정하게 했다.
동사의 목적어 자리	The selection committee decided who would be interviewed. 선발 위원회는 누구를 면접할지를 결정했다.
전치사의 목적어 자리	The news was about how the government will attract more foreign investors. 뉴스는 정부가 어떻게 더 많은 외국인 투자자들을 유치할지에 관한 것이었다.
보어 자리	The director's worry is if the budget will be large enough to complete the project. 이사의 걱정은 예산이 그 프로젝트를 완수할 만큼 넉넉할지이다.

② 전치사, 대명사는 명사절 접속사 자리에 올 수 없다.

The inspector discovered (~~on~~, that) the building's heating system needed replacing.
검사관은 건물의 난방 시스템을 교체해야 한다는 것을 발견했다.

(~~He~~, Who) will perform at the festival is selected by the organizers.
누가 축제에서 공연을 할 것인지는 주최자에 의해 선발된다.

토익 실전 Check-up 둘 중 알맞은 것을 고르세요.

정답·해석·해설 p.59

1. Ms. Hamilton asked (about, if) she should rewrite the report.
2. The problem is (that, it) Ms. Liu will not be able to conduct interviews at that time.

기출포인트 02 명사절 접속사 1 : that

❶ that이 이끄는 명사절은 '~하는 것'을 의미하며, 문장에서 주어, 동사의 목적어, 보어, 동격절로 쓰인다.

주어 That there were few job applications disappointed the supervisor.
입사 지원서가 적었다는 것이 관리자를 실망시켰다.

동사의 목적어 The office manager requested that the employees work overtime.
사무부장은 직원들에게 초과 근무를 해줄 것을 요청했다.

보어 The best part of the demonstration was that it was co-presented by the CEO.
시연에서 가장 좋았던 부분은 그것이 최고 경영자와 함께 진행되었다는 것이었다.

동격절 The statement that he will run in the elections is false.
그가 선거에 출마할 것이라는 선언은 거짓이다.

토익 실전 Check-up 둘 중 알맞은 것을 고르세요. 정답·해석·해설 p.59

1. (That, Which) there were so many complaints about the new service was a disappointment to the bank.
2. The consultant recommended (that, of) the company hire 10 additional researchers.

기출포인트 03 명사절 접속사 2 : if, whether

❶ if나 whether(or not)가 이끄는 명사절은 '~인지 아닌지'를 의미하며, 문장에서 주어, 동사의 목적어, 전치사의 목적어, 보어로 쓰인다.

주어 Whether she can arrive by 11 A.M. is uncertain.
그녀가 오전 11시까지 도착할 수 있는지 없는지는 불확실하다.

동사의 목적어 We must decide if the report needs to be translated for foreign clients.
우리는 보고서가 외국인 고객들을 위하여 번역되어야 하는지를 결정해야 한다.

전치사의 목적어 They had an argument about whether or not the results were accurate.
그들은 결과가 정확한지 아닌지에 관한 논쟁을 벌였다.

보어 The question is whether consumers will pay more for the product.
문제는 고객들이 제품에 더 많은 값을 지불할 것인가이다.

❷ If절은 주어 자리나 전치사의 목적어 자리에 올 수 없다.

(~~If~~, Whether) Ms. Cruz chooses to open another branch is dependent on the success of her first shop.
Ms. Cruz가 또 하나의 지점을 열기로 정할지 아닌지는 그녀의 첫 번째 가게의 성공에 달려있다.

The managers had a discussion about (~~if~~, whether) it would be helpful to contact the client directly.
관리자들은 고객에게 직접 연락을 하는 것이 도움이 될 것인지 아닌지에 관해 논의했다.

토익 실전 Check-up 둘 중 알맞은 것을 고르세요. 정답·해석·해설 p.59

1. Ms. Beal needs to decide (if, what) she will accept the transfer to New Zealand.
2. (Whether, If) Ms. Jones takes the job will depend on the salary she is offered.

기출포인트 04

명사절 접속사 3 : 의문사

❶ 의문대명사 : who, whom, whose, what, which

의문대명사는 명사절을 이끌며, 명사절 내에서 주어나 목적어 역할을 한다. 따라서 그 뒤에는 주어나 목적어가 없는 불완전한 절이 온다.

Who will receive a bonus hasn't been decided yet.
누가 보너스를 받을 것인지는 아직 결정되지 않았다.

The manager has announced which of the applicants he will hire.
관리자는 어떤 지원자를 그가 채용할 것인지 발표했다.

❷ 의문형용사 : which, what, whose

의문형용사는 명사를 수식하면서 명사절을 이끌며 '의문형용사 + 명사'가 명사절 내에서 주어나 목적어, 보어 역할을 한다. 따라서 그 뒤에는 주어나 목적어, 보어가 없는 불완전한 절이 온다.

Which accounting firm carried out the audit is not clear.
어느 회계 법인이 감사를 시행했는지는 확실하지 않다.

What grades you receive on the applicant exam is important.
당신이 입사시험에서 어떤 점수를 받는지는 중요합니다.

The receptionist is not sure whose wallet it is.
응접원은 그 지갑이 누구의 것인지 확신하지 못한다.

❸ 의문부사 : when, where, how, why

의문부사는 명사절을 이끌며, 의문부사 뒤에는 완전한 절이 온다.

How Mexican filmmaking developed is the main focus of the talk.
멕시코의 영화 제작이 어떻게 발전했는지가 강연의 주제이다.

Recent surveys showed why companies are producing fewer automobiles.
최근 조사는 왜 회사들이 자동차를 덜 생산하고 있는지를 보여주었다.

토익 실전 Check-up 둘 중 알맞은 것을 고르세요. 정답·해석·해설 p.59

1. (Whose, Who) marketing plan would be used was not announced in the meeting.
2. An article in the magazine revealed (where, what) travelers can dine cheaply.

기출포인트 05

명사절 접속사 4 : 복합관계대명사

1 복합관계대명사가 이끄는 명사절은 문장에서 주어와 목적어로 쓰이며, 복합관계대명사는 '대명사 + 관계대명사'의 역할을 한다.

whoever(= anyone who) 누구든 간에 whomever(= anyone whom) 누구든 간에 whatever(= anything that) 무엇이든 간에 whichever(= anything that, anyone who) 어느 것이든 간에, 어떤 사람이든 간에

주어 Whoever(= Anyone who) wins the council position will lower property taxes.
위원회의 직책에 당선되는 것이 누구든 간에 (그 사람은) 재산세를 인하할 것이다.

목적어 Customers will choose whichever(= anything that) offers the lowest price.
고객들은 어느 것이든 간에 가장 저렴한 가격을 제공하는 것을 선택할 것이다.

2 복합관계대명사는 명사절 내에서 주어나 목적어 역할을 한다. 따라서 그 뒤에는 주어나 목적어가 없는 불완전한 절이 온다.

Whatever is said at the meeting is confidential and should not be repeated.
그 회의에서 언급된 것은 무엇이든 간에 극비이고 다시 언급되어서는 안 된다.

The hiring committee will nominate whoever they think is best suited for the position.
고용 위원회는 그 직무에 가장 적합하다고 판단한 사람은 누구든 간에 지명할 것이다.

토익 실전 Check-up 둘 중 알맞은 것을 고르세요. 정답·해석·해설 p.59

1. (Whoever, Whatever) is willing to work this weekend will receive three additional days of vacation.
2. The construction firm was asked to submit a list of (whatever, however) they require for the renovation.

기출포인트 06

what과 that의 구별

❶ what절은 문장 내에서 명사 역할만 하는 반면, that절은 문장 내에서 명사, 형용사, 부사 역할을 한다.

what절 The new assistant asked what to do with the receipts.
명사 역할
새로운 보조는 영수증들을 가지고 무엇을 해야 할지를 물었다.

that절 Many tourists agree that Trotters Travel is the best travel agency.
명사 역할
많은 여행자들은 Trotters Travel사가 가장 좋은 여행사라는데 동의한다.

The hotel serves a buffet that is reasonably priced.
형용사 역할
그 호텔은 적절한 가격의 뷔페를 제공한다.

The show is so popular that seats have been sold out for months.
부사 역할
그 쇼는 너무 인기가 많아서 좌석이 몇 달째 매진 상태이다.

❷ what과 that이 명사절을 이끌 때, what 뒤에는 불완전한 절이, that 뒤에는 완전한 절이 온다.

what + 불완전한 절 (~~That~~, What) was paid for the equipment seemed reasonable.
기계에 지불한 것은 합당해 보였다.

that + 완전한 절 Ms. Plath was informed (~~what~~, that) the new copier would arrive by Friday.
Ms. Plath는 새로운 복사기가 금요일까지 도착할 것이라고 통지받았다.

토익 실전 Check-up 둘 중 알맞은 것을 고르세요. 정답·해석·해설 p.59

1. (What, That) he repaired the technical problems was a surprise to no one.
2. The CEO told the press (what, that) he would do after retirement.

HACKERS TEST

⏱ 제한 시간 12분

Part 5

01 Mr. Warren mentioned ------- coming up with interesting stories was the most difficult part of his job.

(A) after (B) that
(C) from (D) although

02 Ms. Collins would like to know ------- the client wants her to fax over the documents.

(A) while (B) if
(C) which (D) however

03 With only one month left until the hotel's grand opening, the owner must decide ------- chef he wants to hire for the restaurant.

(A) on (B) about
(C) which (D) this

04 Mr. Affolter needs to check ------- the investors will arrive at the airport so that he can send someone to meet them.

(A) when (B) why
(C) what (D) which

05 Analysts believe ------- paper maps may become obsolete because of computerized navigation system.

(A) as (B) though
(C) that (D) to

06 ------- Douglas Stewart's second movie will be as widely popular as his debut film remains to be seen.

(A) About (B) Which
(C) Whether (D) How

07 The city requested that local architects give opinions on the renovation of the museum to ------- improve its unique interior design.

(A) succeed (B) success
(C) successfully (D) successful

08 The director was interested in ------- proposal was reviewed at the board meeting.

(A) whose (B) who
(C) when (D) that

09 Smartpro Communications provides free ------- to customers living within the city limits.

(A) install (B) installation
(C) installed (D) installer

10 The book covers ------- small businesses can best attract customers.

(A) what (B) for
(C) how (D) about

11 Sales clerks at Greensleeves Department store help shoppers find ------- they are searching for.

(A) whenever (B) every
(C) whatever (D) furthermore

12 The magazine reported ------- Coletech has appointed Mr. Heo as its new financial vice president.

(A) then (B) what
(C) who (D) that

13 Complimentary T-shirts will be given to ------- registers for the trade fair by April 9.

(A) whose (B) those
(C) whoever (D) which

14 The students will discuss ------- types of test questions give them the most trouble.

(A) which (B) when
(C) then (D) these

15 The research analysis from last month is ------- Mr. Wang asked for a copy of.

(A) that (B) whether
(C) what (D) when

16 The front desk clerk will check whether ------- any rooms are available on July 15.

(A) but (B) nor
(C) or not (D) yet

17 The office lease contract is invalid ------- it has been signed by both the owner and tenant.

(A) until (B) apart
(C) next (D) since

18 ------- will arrange Ms. Clarkson's retirement banquet has not yet been decided.

(A) Which (B) Who
(C) Whose (D) They

Part 6

Questions 19-22 refer to the following article.

May 25—Shannon Fuller first gained notice on *People I Know*, a popular sitcom on US television. Her performance attracted the attention of Hollywood producers. -------(19), she was offered a part in the hit movie *Sally Says*. This later led to other successful roles.

Now, Ms. Fuller is back in the new film, *Finding the Lost World*, where she plays a brave archeologist. According to her, filming the movie was difficult. Because of the location, the cast and crew worked in -------(20) conditions for most of the shoot. -------(21). "*Finding the Lost World* gave me an opportunity to show fans something new," she said. "I did -------(22) I could do to perform at my best."

Finding the Lost World will be released in theaters across the country next week.

19 (A) Instead (B) Similarly
(C) In contrast (D) As a result

20 (A) ideal (B) challenging
(C) favorable (D) reliable

21 (A) US primetime hours are from 7 to 9 P.M.
(B) This is why the actress turned down the project.
(C) Ms. Fuller returned to movies a year ago.
(D) Nevertheless, Ms. Fuller is happy that she took the role.

22 (A) that (B) some
(C) whatever (D) whoever

정답 · 해석 · 해설 p.59

기출 어휘 리스트 최빈출 형용사 관련 어구

01 **be appreciative of** ~에 감사하다

Management **was appreciative of** the contribution made by the team.
경영진은 팀이 한 공헌에 감사했다.

02 **be advantageous for** ~에 이롭다

The country's low tax rates **are advantageous for** owners of large international firms.
그 나라의 낮은 세율은 대형 다국적 기업의 소유주들에게 이롭다.

03 **be suitable for** ~에 적절하다

This venue **is suitable for** holding a retirement party.
이 장소는 은퇴 기념 파티를 열기에 적절하다.

04 **be responsible for** ~에 대한 책임이 있다

Mr. Hobbs **is responsible for** budget allocation.
Mr. Hobbs는 예산 배분에 대한 책임이 있다.

05 **be subject to** ~의 영향을 받기 쉽다

Overseas orders **are subject to** higher shipping rates.
해외 주문은 더 높은 운송료의 영향을 받기 쉽다.

06 **be concerned about/over** ~에 대해 걱정하다

The director **is concerned about** office security.
이사는 사무실 보안에 대해 걱정한다.

07 **be exempt from** ~이 면제되다

Items under $20 **are exempt from** import taxes.
20달러 미만의 물품들은 수입세가 면제된다.

08 **be compatible with** ~과 호환되다

The software **is compatible with** all office computers.
그 소프트웨어는 모든 사무실 컴퓨터와 호환된다.

09 **be eligible for** ~할 자격이 있다

The manager **is eligible for** a promotion.
그 부장은 승진할 자격이 있다.

10 **be about to** 막 ~하려고 하다

George Payne's book **is about to** be released.
George Payne의 책이 막 출간되려고 한다.

11 **be absent from** ~에 결석하다

The keynote speaker **was absent from** the seminar.
기조 연설자는 세미나에 결석했다.

12 **be willing to** 기꺼이 ~하다

We **are willing to** provide additional information.
저희는 기꺼이 추가 정보를 제공합니다.

13 **be grateful for** ~을 고맙게 여기다

Mr. Han **was grateful for** his staff's hard work.
Mr. Han은 그의 직원의 노고를 고맙게 여겼다.

14 **be interested in** ~에 흥미가 있다

The technicians **are interested in** an annual workshop.
기술자들은 연례 워크숍에 흥미가 있다.

15 **be pleased to** ~하게 되어 기쁘다

El Ristorante **is pleased to** announce its new menu.
El Ristorante는 새로운 메뉴를 발표하게 되어 기쁩니다.

16 **be honored for** ~으로 상을 받다

Ms. Fitz **was honored for** her managerial skills.
Ms. Fitz는 그녀의 관리 능력으로 상을 받았다.

17 **be superior to** ~보다 뛰어나다

Culver's furniture **is superior to** that of other brands.
Culver사의 가구는 다른 브랜드의 가구보다 뛰어나다.

18 **be comparable to** ~에 필적하다

This theatrical performance **is comparable to** the one from last year.
이번 연극 공연은 전년도 공연에 필적한다.

19 **be uncertain about** ~에 대해 확신하지 못하다

Ms. Lee **is uncertain about** the cost of renovation.
Ms. Lee는 보수 비용에 대해 확신하지 못한다.

20 **be eager to** ~을 열망하다

Sirenn Incorporated **is eager to** start the hotel construction.
Sirenn사는 호텔 건축을 시작하기를 열망한다.

토익 실전 문제

⏱ 제한 시간 5분

01 Knowing multiple languages can be ------- for those who are planning to work overseas.

(A) confident (B) advantageous
(C) patient (D) replaceable

02 All prices indicated on the sports equipment Web site are ------- to federal and state taxes.

(A) reliant (B) given
(C) satisfied (D) subject

03 The customer was very ------- of the clerk's assistance with finding the product in the store.

(A) demanding (B) excusable
(C) obligated (D) appreciative

04 Mavis Stein mentioned that she will be ------- from the meeting next week because of a prior engagement.

(A) absent (B) empty
(C) blank (D) complete

05 Cranston Incorporated stated at a press conference that they are ------- to open several new factories in Argentina.

(A) persuasive (B) original
(C) about (D) usual

06 Applicants who have 10 years of related work experience are ------- from submitting a reference letter.

(A) exclusive (B) attentive
(C) exempt (D) intact

07 Nuan Incorporated is ------- to start selling its products in the North American market to further widen its profit margin.

(A) regular (B) eager
(C) common (D) hospitable

08 Temporary staff is ------- for collecting all feedback forms from customers and analyzing their complaints.

(A) responsible (B) influential
(C) trusting (D) possible

09 Employees who are ------- to volunteer at the fundraiser are asked to contact the personnel department.

(A) accessible (B) willing
(C) convenient (D) intentional

10 Most critics agreed that Mr. York's latest paintings are far ------- to the works in his previous collections.

(A) superior (B) enhanced
(C) advanced (D) special

정답 · 해석 · 해설 p.62

비교·병치·도치 구문

· **비교·병치·도치 구문** 관련 문제는 평균 1문제 정도 출제되며 최대 3문제까지 출제된다. 알맞은 비교급·최상급의 형태를 채우는 문제가 주로 출제되며, 병치 구문의 일부를 채우는 문제, 도치 구문의 형태를 올바르게 완성하는 문제도 출제된다.

기본기 다지기

1. 비교 구문은 둘 이상의 대상을 비교하는 것이며, 원급, 비교급, 그리고 최상급이 있다.

   · 원급은 비교하는 두 대상이 동등할 때 쓴다.
   Confidence is as significant as experience in succeeding at the workplace.
   자신감은 직장에서의 성공에 경험만큼 중요하다.

   · 비교급은 비교하는 두 대상 중 하나가 우월할 때 쓰며, 형용사/부사 뒤에 (e)r 또는 앞에 more를 붙여서 만든다.
   Mr. Powers received his accounting certification more recently than Ms. Kramer.
   Mr. Powers는 Ms. Kramer보다 더 최근에 회계 자격증을 받았다.

   · 최상급은 셋 이상의 대상 중 하나가 가장 우월할 때 쓰며, 형용사/부사 뒤에 (e)st 또는 앞에 most를 붙여서 만든다.
   Granville had the highest employment rate in the United States.
   Granville은 미국에서 가장 높은 취업률을 보였다.

2. 병치 구문은 같은 품사나 구조가 등위접속사나 상관접속사로 연결되어 있는 것이다.

   Ms. Clark checked the e-mail notification and forwarded it to the entire staff.
   Ms. Clark은 이메일 통지를 확인하고 그것을 전 직원에게 전송했다.

3. 도치 구문은 특정한 말을 강조하기 위해 주어와 동사의 위치를 바꾼 것이다.

   Never had the price of gasoline risen so high.
   휘발유 가격이 이렇게 높게 오른 적은 없었다.

기출포인트 01

비교 구문

❶ '~만큼 -한'이라는 의미의 원급 표현은 'as + 형용사/부사 + as'를 쓴다.

This building is as old as the city itself. 이 건물은 그 도시 자체만큼 오래되었다.

We finished the report as quickly as we could. 우리는 우리가 할 수 있는 만큼 빨리 보고서를 완성했다.

❷ '~보다 -한'이라는 의미의 비교급 표현은 '형용사/부사의 비교급 + than'을 쓰며, 비교급을 강조할 때에는 much, even, still, far 등의 비교급 강조 부사를 쓴다.

Planet Treks' packages are more expensive than our company's.
Planet Treks사의 여행 패키지는 우리 회사 것보다 더 비싸다.

Organizers were disappointed that they had sold far fewer tickets for the concert than expected.
주최자들은 예상했던 것보다 콘서트 표가 훨씬 더 적게 팔려서 실망했다.

❸ '~ 중에 가장 -한'이라는 의미의 최상급 표현은 'the + 최상급 + (명사) + of ~/in ~/that절'을 쓴다.

Last year, Arnold's Footwear was ranked as one of the cheapest outlets in New York.
지난해 Arnold's Footwear사는 뉴욕에서 가장 저렴한 아울렛 중 하나로 평가되었다.

토익 실전 Check-up 둘 중 알맞은 것을 고르세요. 정답·해석·해설 p.62

1. Even though sales are higher (than, and) last quarter, Ms. Uffizi wants to change marketing strategies.
2. Among the laptop models currently available, the DX750 is the (largest, larger) of them all.

기출포인트 02

병치 구문

❶ 등위접속사와 상관접속사의 앞, 뒤에는 동일한 품사가 온다.

Ms. Carr was able to estimate the construction cost quickly and accurately.
Ms. Carr는 건설 비용을 빠르고 정확하게 추산할 수 있었다.

The supervisor is responsible for the safety as well as the overall productivity of the workers.
감독관은 작업자의 전반적인 생산성뿐만 아니라 안전에도 책임이 있다.

❷ 등위접속사와 상관접속사의 앞, 뒤에는 동일한 구조가 온다.

There are two copiers in the office, but only one of them is working.
사무실에 복사기 두 대가 있지만 그 중 한 대만 작동한다.

The delivery form was both signed and submitted to the shipping department.
배송 양식은 서명이 되었고 운송부서에 제출도 되었다.

토익 실전 Check-up 둘 중 알맞은 것을 고르세요. 정답·해석·해설 p.63

1. Cleo Jones will develop a campaign to market and (launch, launching) the product.
2. Only customers with a receipt are eligible to receive a refund or (replacement, replaced).

기출포인트 03

도치 구문

❶ 강조하고자 하는 말이 문장 앞으로 나올 때 도치가 일어난다.

• 부정어 도치: 부정어 + 조동사/be동사 + 주어 + 동사

Audience members are never allowed to go backstage at the theater.
→ Never are audience members allowed to go backstage at the theater.
관중들은 극장의 분장실로 가는 것이 절대 허용되지 않는다.

• Only - 부사(구, 절) 도치: only 부사(구, 절) + 조동사/be동사 + 주어 + 동사

The inflation rate only recently fell below 3 percent.
→ Only recently did the inflation rate fall below 3 percent.
최근에서야 인플레이션율이 3퍼센트 아래로 떨어졌다.

• So 도치: So + do동사/be동사 + 주어

Mr. Richland transferred to the Munich office, and his assistant transferred to the Munich office.
→ Mr. Richland transferred to the Munich office, and so did his assistant.
Mr. Richland는 뮌헨 지점으로 전근을 갔고, 그의 보조도 마찬가지였다.

토익 실전 Check-up 둘 중 알맞은 것을 고르세요. 정답·해석·해설 p.63

1. As Amazonia Journeys' client base grows, (as to, so does) the need for additional tour guides.
2. (In addition, Not only) did Ms. Grice organize the event, she also did the catering.

HACKERS **TEST**

제한 시간 12분

Part 5

01 With the newly installed hard drive, the computer is expected to operate ------- than usual.

(A) fastest (B) so fast
(C) faster (D) very fast

02 During construction, Mr. Lima often spoke to the architects and ------- the site manager about structural problems.

(A) consulting (B) consulted
(C) consult (D) consultation

03 Sound-Tech's new stereo system is much smaller ------- its previous models.

(A) of (B) to
(C) at (D) than

04 Coleman Office Supply is known to have the ------- prices of any store in the region.

(A) lower (B) lowly
(C) lowest (D) low

05 Karl Russell and Aki Komuro joined Wentworth Consulting as soon as both of ------- resigned from Triumph Properties.

(A) whom (B) them
(C) who (D) those

06 A study conducted by the Society of Anthropologists found that Stone Age people were ------- than previously thought.

(A) advanced (B) more advanced
(C) most advanced (D) much advanced

07 ------- recently has Mr. Marshall begun studying Chinese, even though he moves to Qingdao next month.

(A) Already (B) Ever
(C) Only (D) Yet

08 To recognize the ------- efforts of all interns on a recent project, the company gave away gift certificates as an incentive.

(A) exceptionally (B) exception
(C) exceptional (D) except

09 Brighto's products are as ------- as popular brands at cleaning stains.

(A) effectively (B) effective
(C) more effective (D) effectiveness

10 Not only did the trainer teach new techniques during the workshop, but he ------- participants to improve the managerial skills.

(A) motivated (B) motivational
(C) motivate (D) motivating

11 The travel program *Weekend Adventures* received the ------- ratings of any show on the CDS network.

(A) highly (B) so high
(C) highest (D) most highly

12 ------- the poor reviews, the studio still released the film on the scheduled date.

(A) Apart from (B) In spite of
(C) Even though (D) But for

13 Renovating the office would be more expensive ------- transferring to a larger location.

(A) than (B) and
(C) unless (D) next

14 Of the banks located in the financial district, Columnade Bank is the ------- to get to from our office.

(A) easy (B) easiest
(C) more easily (D) most easily

15 The editor did not mention ------- article would be published in next month's issue.

(A) who (B) where
(C) whose (D) when

16 The human resources manager always tries to explain new company policies as ------- possible.

(A) clearly as (B) cleared as
(C) clears as (D) clearest as

17 Ms. Levin has never led a project before, ------- does she have experience as a leader.

(A) though (B) besides
(C) only (D) nor

18 While several managers were unhappy with Ms. Davidson's presentation, the ------- critic of them all was the sales director.

(A) harshly (B) harsher
(C) most harshly (D) harshest

Part 6

Questions 19-22 refer to the following article.

Anerton Reports Surprising Results

Seoul—Anerton Technologies is now the world's largest electronics company in terms of revenue. According to a report in *Biz Review*, the Seoul-based company achieved a major increase in its market share and -------(19) last year.

Anerton's -------(20) is primarily due to the launch of its Olap home theater system. Profits from this product line exceeded $3 billion -------(21) the year. Furthermore, gross income from video game consoles and other entertainment appliances grew 20 percent to $800 million.

In the process, Anerton has overtaken its closest rival, Xantyo Industries. -------(22). If sales continue at their present rate, the company will remain an industry leader for years to come.

19 (A) sold (B) to sell
(C) sells (D) sales

20 (A) success (B) problem
(C) decision (D) method

21 (A) around (B) during
(C) beyond (D) against

22 (A) Xantyo is still the most profitable electronics company.
(B) Experts predict a positive future for Anerton.
(C) Anerton will close several production facilities.
(D) Xantyo went out of business several years ago.

정답·해석·해설 p.63

기출 어휘 리스트 최빈출 동사 관련 어구

01 **specialize in** ~을 전문적으로 하다

Tom's Auto Repair Shop **specializes in** fixing motorcycles.
Tom's 자동차 정비소는 오토바이를 수리하는 것을 전문적으로 한다.

02 **conclude with** ~으로 마치다, ~으로 끝나다

The three-day convention will **conclude with** a social reception held at the Rose Hotel.
그 3일짜리 대회는 Rose 호텔에서 열릴 사교 연회로 마칠 것이다.

03 **be charged with** ~의 책임을 맡고 있다

Ms. Law **is charged with** assigning duties to her team members.
Ms. Law는 그녀의 팀원들에게 임무를 할당하는 책임을 맡고 있다.

04 **print out** ~을 출력하다

Ms. Kane **printed out** all the résumés for the director.
Ms. Kane은 이사를 위해 모든 이력서를 출력했다.

05 **be divided into** ~으로 나뉘다

The workshop will **be divided into** four different sessions.
워크숍은 네 개의 다른 강연으로 나뉘어질 것이다.

06 **rely on** ~에 의지하다

Ms. Chambers **relies on** her assistant to run her office when she is away for business.
Ms. Chambers는 출장 때 그녀의 비서에게 의지하여 사무실을 운영한다.

07 **set up** ~을 설비하다

The hall will be **set up** for the conference on Sunday.
강당은 일요일에 열릴 회의를 위해 설비될 것이다.

08 **dispose of** ~을 처분하다

Residents must **dispose of** their trash in the bins behind the building.
입주자들은 건물 뒤 쓰레기통에 쓰레기를 처분해야 한다.

09 **be scheduled to** ~으로 예정되어 있다

The group **is scheduled to** tour the factory at 2 P.M.
그 단체는 오후 2시에 공장을 견학하기로 예정되어 있다.

10 **turn in** ~을 제출하다

Please **turn in** your evaluations by the end of today.
오늘 내로 귀하의 평가서를 제출해 주시기 바랍니다.

11 **deal with** ~와 거래하다, ~을 처리하다

Joe Polaski will **deal with** the new customers next week.
Joe Polaski는 다음 주에 새 고객들과 거래할 것이다.

12 **participate in** ~에 참여하다

The entire staff is encouraged to **participate in** the fundraiser.
전 직원은 모금 행사에 참여할 것이 권장된다.

13 **account for** ~의 원인이 되다, ~을 설명하다

The high cost of land **accounts for** the increasing price of homes.
높은 토지 가격은 상승하는 주택 가격의 원인이 된다.

14 **work alongside** 함께 일하다

Interns usually **work alongside** senior employees.
인턴들은 주로 고참 사원들과 함께 일한다.

15 **commit oneself to** ~에 전념하다

Mr. Harvey **committed himself to** scientific research for 20 years.
Mr. Harvey는 20년 동안 과학 연구에 전념했다.

16 **attribute A to B** A를 B의 탓으로 돌리다

Experts **attribute** the economic decline **to** fewer exports.
전문가들은 경기 하락을 수출 감소의 탓으로 돌린다.

17 **be compared with** ~과 비교되다

Quicom Limited **is compared with** its main competitors in the report.
Quicom Limited사는 그 보고서에서 주된 경쟁사들과 비교된다.

18 **extract A from B** B에서 A를 뽑아내다

We **extracted** the new marketing ideas **from** our survey results.
우리는 우리의 설문 조사 결과에서 새로운 마케팅 아이디어를 뽑아냈다.

19 **keep in touch with** ~와 연락을 유지하다

Ms. Oppenheimer **keeps in touch with** her clients through e-mail.
Ms. Oppenheimer는 이메일을 통해 고객들과 연락을 유지한다.

20 **qualify for** ~의 자격이 있다

All members **qualify for** a 10 percent discount.
모든 회원들은 10퍼센트 할인을 받을 자격이 있다.

토익 실전 문제

⏱ 제한 시간 5분

01 Haskell and Associates ------- in conducting marketing surveys for retail stores.

(A) solicits (B) operates
(C) designates (D) specializes

02 Any traveler who earns more than 200,000 flyer points ------- for free entry into business class lounges.

(A) represents (B) requires
(C) qualifies (D) quantifies

03 The one-day conference ------- a social event at which most of participants gathered to exchange their business cards.

(A) finished up (B) concluded with
(C) stopped at (D) handed over

04 The opening of a manufacturing plant in the vicinity ------- for the drop in the city's unemployment rate.

(A) predicts (B) accounts
(C) numbers (D) categorizes

05 Professional journalists use a variety of techniques to ------- meaningful information from people who give short answers.

(A) extract (B) explain
(C) protect (D) contract

06 For more than 20 years, Gayle Rivera ------- herself to making sure patients at the clinic were comfortable.

(A) admitted (B) committed
(C) accomplished (D) practiced

07 Layton Shipping has always ------- its regional directors to promote the company's products and services.

(A) mentioned that (B) relied on
(C) wanted to (D) informed of

08 Monroe Corporation's fuel expenses this quarter were ------- with last quarter's and showed a decline.

(A) complied (B) obligated
(C) compared (D) obtained

09 The new office furniture is ------- to be delivered by the end of this week.

(A) appointed (B) resolved
(C) decided (D) scheduled

10 Rachel Dawson has been ------- with developing an advertising campaign for the software manufacturer.

(A) directed (B) charged
(C) proposed (D) assumed

정답 · 해석 · 해설 p.65

문맥 파악 문제 1: 단어 고르기 문제

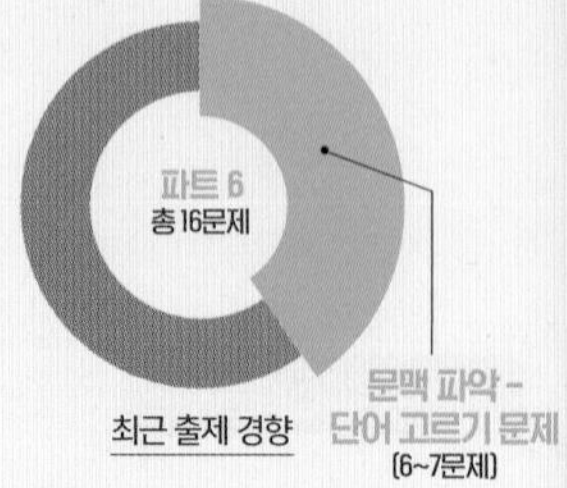

· **문맥 파악 문제(단어 고르기 문제)**는 Part 6 지문에서 빈칸이 있는 문장만으로 정답을 찾을 수 없으므로 주변 또는 전체 문맥을 파악하여 빈칸에 들어갈 알맞은 단어를 고르는 문제이다. 문법 문제와 어휘 문제가 매회 6~7문제 정도 출제된다.

문제 유형

- **문법 문제**
  주변 또는 전체 문맥을 파악하여 빈칸에 들어갈 알맞은 시제, 대명사, 접속부사를 묻는 문제가 출제된다.
- **어휘 문제**
  주변 또는 전체 문맥을 파악하여 빈칸에 들어갈 알맞은 어휘를 고르는 문제로, 주로 명사 어휘를 묻는 문제가 출제된다.

문제 풀이 전략

STEP 1 **빈칸이 있는 문장의 내용을 파악한 후 빈칸 주변 문장에서 단서를 찾는다.**

[문법] **시제 문제:** 빈칸 주변 문장에서 쓰인 동사의 시제를 확인하여 빈칸에 들어갈 동사의 시제를 예상한다. 만약 주변 문장에 날짜가 언급되어 있다면 지문 상단에 날짜가 언급되어 있는지도 함께 확인하여 시간의 흐름을 파악한다.

대명사 문제: 주로 빈칸 앞 문장에 빈칸에서 가리키는 대상이 있으므로 앞 문장의 명사들을 확인하여 가리키는 대상을 찾는다. 이때, 빈칸에서 가리키는 대상의 수(단수/복수), 인칭 등을 중점적으로 확인한다.

접속부사 문제: 빈칸이 있는 문장과 그 앞 문장의 의미 관계를 파악한다. 두 문장이 서로 상반되는 내용을 설명하는지, 추가적인 내용을 전달하는지, 시간 순서대로 일어나는 순차적인 일을 설명하는지 등 두 문장의 의미가 어떻게 연결되는지를 파악한다.

[어휘] 주로 빈칸의 주변 문장에 단서가 되는 어휘나 표현이 포함되어 있으므로 빈칸 주변 문장을 확인한다. 참고로, 명사 어휘 문제에서 빈칸 앞에 지시어, 정관사, 소유격이 있으면 가리키는 대상이 앞 문장에 언급되어 있으므로 빈칸 앞 문장을 먼저 확인한다.

STEP 2 **지문의 흐름에 자연스러운 보기를 정답으로 선택한다.**

전략 적용

[문법] **시제 문제**

Date: December 1

On Friday, December 18, our annual holiday party will start at 4 P.M. and finish at 8 P.M. This year, the event ------- in the office. Management is going to cover the drinks and the catering service. Employees who volunteered to help will decorate the office before the party. Everyone is encouraged to invite their friends and family.

Q. (A) to held
(B) has been held
(C) will be held
(D) was held

STEP 1 주변 문장에서 단서 찾기
빈칸이 있는 문장이 이번 해에, 그 행사는 사무실에서 열린다는 내용임을 파악한다. 빈칸 앞 문장에서 12월 18일에 연례 휴일 파티가 있을 것이라고 했고, 이메일이 쓰여진 날짜가 12월 1일이므로 미래에 있을 행사에 대해 이야기하고 있음을 확인한다.

STEP 2 정답 선택하기
미래에 있을 일에 대해 이야기하고 있으므로 미래 시제 (C) will be held가 정답이다.

문법 대명사 문제

Boston, December 10—Electronics manufacturer Boston-Blitzen announced plans to launch a new wireless headset model, the BB-9X. The product will feature improved noise-cancellation technology and 10 hours of battery life. ------- will be available for purchase on January 15. Advertisements placed online have already generated excitement for the new product among consumers. Due to the popularity of the Boston-Blitzen brand, the headset is expected to sell out very quickly.

Q. (A) It
(B) He
(C) We
(D) They

STEP 1 **주변 문장에서 단서 찾기**
빈칸이 있는 문장에서 1월 15일에 구매가 가능할 것이라고 했고, 빈칸 앞 문장에서 그 제품이 향상된 소음 제거 기술과 10시간의 배터리 수명을 특징으로 할 것이라고 했으므로 빈칸에서 가리키는 대상이 The product(그 제품)임을 알 수 있다.

STEP 2 **정답 선택하기**
빈칸에서 가리키는 대상인 The product(그 제품)와 수 일치하며 사물을 가리킬 수 있는 3인칭 단수 대명사 (A) It이 정답이다.

문법 접속부사 문제

To: Mason Library <info@masonlib.net>
From: David Wescott <dwescott78@upmail.net>

I have always been satisfied by my visits to the Mason Library. -------, since it introduced new policies, I have noticed a couple of problems. One is the change in hours. I used to come to the library after work and stay as late as 10 P.M. Now, it doesn't stay open past 8 P.M. Another issue is that finding a computer has become more difficult. Perhaps this is because of the shortened hours of operation. There are now more people having to share computers on the same time slot. I hope something can be done about these issues soon.

Q. (A) Besides
(B) Also
(C) However
(D) Moreover

STEP 1 **주변 문장에서 단서 찾기**
빈칸이 있는 문장에서 새로운 규정들을 도입한 후에 David가 몇 가지 문제점들을 발견했다고 했고, 빈칸 앞 문장에서 David가 Mason 도서관 방문에 항상 만족했었다고 했으므로 빈칸 앞 뒤 문장이 서로 상반되는 내용을 설명하고 있음을 확인한다.

STEP 2 **정답 선택하기**
서로 상반되는 두 문장을 연결하는 접속부사 (C) However(그러나)가 정답이다.

어휘 문제

NOTICE TO CLUB MEMBERS

We are holding a celebration this month in honor of Kelly Park's 50 years as a director. Ms. Park is most famous for directing *Awake*. It won several awards 10 years ago. In honor of her career, we are holding a special performance of the play in our theater for one night only on September 14. In addition, there will be a meet-and-greet with Ms. Park after the show. Tickets to both of these ------- must be requested in advance through our Web site at www.cinemaclub.com.

Q. (A) courses
(B) events
(C) discoveries
(D) destinations

STEP 1 **주변 문장에서 단서 찾기**
빈칸 앞에 지시어가 있으므로 빈칸 앞 문장을 먼저 확인한다. 빈칸 앞 문장에서 Ms. Park과의 만남과 대화의 행사가 있을 것이라고 했고, 그 앞 문장에서 연극의 특별 공연을 열 것이라고 했음을 확인한다.

STEP 2 **정답 선택하기**
Ms. Park과의 만남과 대화의 행사와 연극의 특별 공연을 포함할 수 있는 (B) events(행사들)가 정답이다.

해석 p.67

HACKERS TEST

제한 시간 8분

Questions 01-04 refer to the following article.

Sixty years after opening, Italian restaurant Callichio's is closing. Owner Ethel Ricci has scheduled a final farewell dinner for Sunday, June 4.

Ms. Ricci is the recipient of multiple awards for Best Restaurant Owner of the Year. The owner's father, Lou Callichio, left ------- (01) the business 24 years ago. Today, Ms. Ricci is ready to retire despite its ------- (02) success. "I'm tired of running a restaurant," she said. "Instead, I plan to write a book containing ------- (03). Some favorite ones provide directions to make homemade meatballs and margherita pizza." On Callichio's Web site, patrons shared their feelings about the news, saying they would miss the restaurant's lively atmosphere and cheerful staff. ------- (04). As one said, "We will miss Ms. Ricci, but look forward to buying her book."

01 (A) it
(B) him
(C) her
(D) them

02 (A) consideration
(B) considerably
(C) consider
(D) considerable

03 (A) challenges
(B) recipes
(C) designs
(D) photographs

04 (A) The author signed copies of her book for guests.
(B) Most expressed a sense of encouragement.
(C) Some of the listed ingredients may be hard to find.
(D) This makes it an excellent place to hold gatherings.

Questions 05-08 refer to the following notice.

Notice to Polson Community Center Employees

The Polson Community Center has started to carry out important repairs on its underground parking garage. -------(05), sections of the garage will be closed temporarily. This will -------(06) the number of spaces available.

Keep in mind that visitors will take priority with regard to parking. -------(07). We realize this may pose an inconvenience. However, note that an alternative means of travel is available. You can take Bus 452-A. -------(08) you arrive at your stop, you will be just five minutes away from the center. Thank you for your understanding.

05 (A) Instead
(B) In general
(C) Similarly
(D) Consequently

06 (A) include
(B) reduce
(C) specify
(D) represent

07 (A) The new electronic ticketing system is working well.
(B) Parking permits can be purchased at the front desk.
(C) Visitors can use this service to find their vehicles.
(D) Some employees will therefore have to park elsewhere.

08 (A) During
(B) Unless
(C) When
(D) Except that

Questions 09-12 refer to the following e-mail.

To: Kate Sanchez <k.sanchez@kosatbakery.com>
From: Louis Wendt <l.wendt@kosatbakery.com>
Subject: Nutritional information
Date: October 12

I think it's time we start disclosing nutritional information for our products on our Web site. We constantly get -------(09) from customers about this. They say that knowing dietary facts helps them make informed decisions about the food they buy. Could you post this information on our Web site? I would like to see -------(10) online as soon as possible.

We also need to announce that we will be providing this information. -------(11), I'd like you to prepare a brief message for the main page of our Web site. -------(12).

Thanks!

Louis Wendt
Customer Service
Kosat Bakery

09 (A) compliments
(B) orders
(C) payment
(D) feedback

10 (A) it
(B) them
(C) ours
(D) his

11 (A) Otherwise
(B) Previously
(C) For this reason
(D) Nonetheless

12 (A) Our online profits have improved steadily as a result.
(B) Please train our servers to deal with these types of situations.
(C) Tell us what you think by filling in a comment card.
(D) Stress that we are responsive to our customers' needs.

Questions 13-16 refer to the following e-mail.

To: Henry Findlay <hfindlay@aotmusic.com>
From: Kenneth Jones <kjones@aotmusic.com>
Date: December 1
Subject: Musical review

Hi Henry,

I just watched a preview of the musical *It's Raining Cats and Dogs* for the article I'm doing for our magazine. I noticed some mistakes were made -------(13) the show. The actors forgot lyrics and made other errors from start to end. The director told me she would make some changes to the show before the final version opens to the public in a few weeks. I'm sure it -------(14) immensely. However, if I write an article about the musical now, I don't think our subscribers will be interested in reading it. They don't want to know about flaws in advance shows. -------(15). So this is my suggestion. Let's focus on -------(16) the plot and cast of the musical. That way, we can give our readers some idea of what to expect without ruining the show for them.

Sincerely,

Kenneth Jones
Entertainment editor

13 (A) despite
(B) throughout
(C) toward
(D) since

14 (A) improved
(B) improves
(C) had improved
(D) will improve

15 (A) They don't have any plans to watch the musical.
(B) They provided lots of feedback about this performance.
(C) They just want to find out if a performance is worth seeing.
(D) They have never seen a performance on stage before.

16 (A) preparing
(B) introducing
(C) revising
(D) developing

정답 · 해석 · 해설 p.67

기출 어휘 리스트 최빈출 명사 관련 어구

01 **work shift** 근무 교대

Sales representatives submit their reports at the end of every **work shift**.
영업 담당자들은 모든 근무 교대를 마칠 때 그들의 보고서를 제출한다.

02 **sales figures** 판매 수치

The company's **sales figures** improved after its advertising campaign.
광고 캠페인 이후 그 회사의 판매 수치는 향상되었다.

03 **employee productivity** 직원 생산성

Despite having increased workers' wages, **employee productivity** at the factory declined.
근로자의 임금 인상에도 불구하고, 그 공장의 직원 생산성은 감소했다.

04 **safety inspector** 안전 검사관

A **safety inspector** will be visiting the building site to check on the emergency exits.
안전 검사관은 비상 출구를 점검하기 위해 건물 부지를 방문할 것이다.

05 **contingency plan** 비상 대책

The committee developed a **contingency plan** in case their initial one failed.
위원회는 그들의 처음 계획이 실패할 것을 대비하여 비상 대책을 개발했다.

06 **press release** 보도 자료

Whitehorn Limited issued a **press release** to introduce its new CEO.
Whitehorn사는 새로운 최고 경영자를 소개하기 위한 보도 자료를 발행했다.

07 **discussion on** ~에 대한 토론

The seminar began with a **discussion on** product variety.
세미나는 상품 다양성에 대한 토론으로 시작했다.

08 **customer loyalty** 고객 충성도

A seminar about developing **customer loyalty** was held yesterday.
고객 충성도 개발에 관한 세미나가 어제 열렸다.

09 **contribution to** ~에 기부, 공헌

Mr. Jay thanked everyone for their **contributions to** the charity.
Mr. Jay는 자선 단체에 기부한 것에 대해 모두에게 감사했다.

10 **preference for** ~에 대한 선호

Customers have a **preference for** shopping via online stores.
고객들은 온라인 상점을 통한 쇼핑에 대한 선호를 보인다.

11 **obligation to** ~할 의무

Tenants have an **obligation to** give one month's notice before moving out.
거주자는 이사 나가기 한 달 전에 통지를 할 의무가 있다.

12 **a series of** 일련의

Sheryl Warner will give **a series of** concerts at the university.
Sheryl Warner는 대학교에서 일련의 콘서트를 열 것이다.

13 **an assortment of** 여러 가지의

The bakery offers **an assortment of** cakes and pastries.
그 빵집은 여러 가지의 케이크와 페이스트리를 제공한다.

14 **store credit** 상점 포인트 (반환하는 물건 값이 적힌 표)

Store credit cannot be used on items on sale.
상점 포인트는 할인 중인 물품들에는 사용될 수 없다.

15 **interest in** ~에 대한 관심

Mr. Callum expressed an **interest in** renting the office space.
Mr. Callum은 사무실 공간을 임대하는 것에 대한 관심을 표했다.

16 **decline in** ~의 감소

The high cost of airfare is primarily responsible for the country's **decline in** tourism.
비싼 항공 운임은 그 나라 관광의 감소에 주된 책임이 있다.

17 **job description** 직무 내용 설명서

Ms. Mita found the **job description** very appealing.
Ms. Mita는 그 직무 내용 설명서가 매우 매력적이라고 생각했다.

18 **confidence in** ~에 대한 신임

Ms. Kelly has **confidence in** Mr. Lawrence's abilities as a manager.
Ms. Kelly는 부장으로서의 Mr. Lawrence의 능력에 대한 신임이 있다.

19 **seating capacity** 좌석 수

The venue was changed since the **seating capacity** was too limited.
좌석 수가 너무 제한되어 있어서 장소가 변경되었다.

20 **apology for** ~에 대한 사과

We offer our **apologies for** any inconvenience this may cause.
이것이 야기할 불편함에 대해 사과드립니다.

토익 실전 문제

제한 시간 5분

01 Employee ------- at the factory has doubled since the new sawing machines were installed.

(A) civility (B) objectivity
(C) humility (D) productivity

02 Tan's Department Store will only provide store ------- to shoppers who return items without their original receipt.

(A) credit (B) contact
(C) account (D) charge

03 The executives will be meeting on Friday to go over the sales ------- in last quarter's financial report.

(A) motives (B) digits
(C) symbols (D) figures

04 Mr. Glendon made a generous financial ------- to the museum's restoration fund.

(A) estimation (B) contribution
(C) introduction (D) remedy

05 Mattina Cosmetics reports that its consumers have shown an increasing ------- for Asian products.

(A) preference (B) total
(C) publicity (D) courtesy

06 Under the details put forth in the contract, clients of Venus Car Rentals have no ------- to pay for vehicle repairs.

(A) pledge (B) admission
(C) obligation (D) conclusion

07 The film studio announced that it would be releasing a ------- of films based on World War II.

(A) chart (B) design
(C) supplement (D) series

08 The city's Transport Authority has several ------- plans in place should its subway system fail for any reason.

(A) contingency (B) probability
(C) condition (D) speculation

09 The new performing arts center offers state-of-the-art facilities and its concert hall has a seating ------- of 2,000.

(A) concentration (B) capacity
(C) ability (D) demonstration

10 The business professor said that customer ------- is a key factor in achieving success in retail.

(A) loyalty (B) franchise
(C) collection (D) competition

정답 · 해석 · 해설 p.69

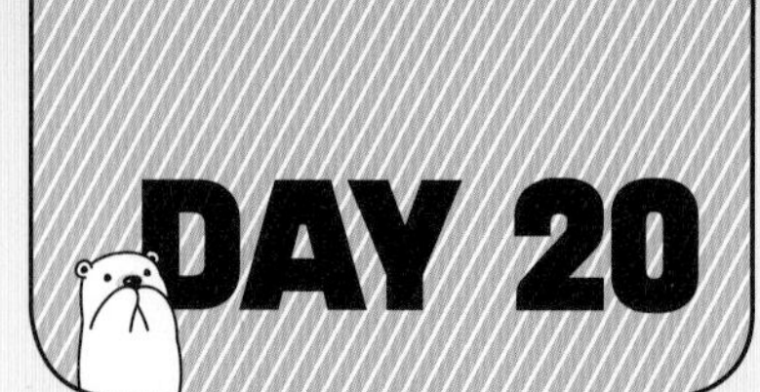

문맥 파악 문제 2: 문장 고르기 문제

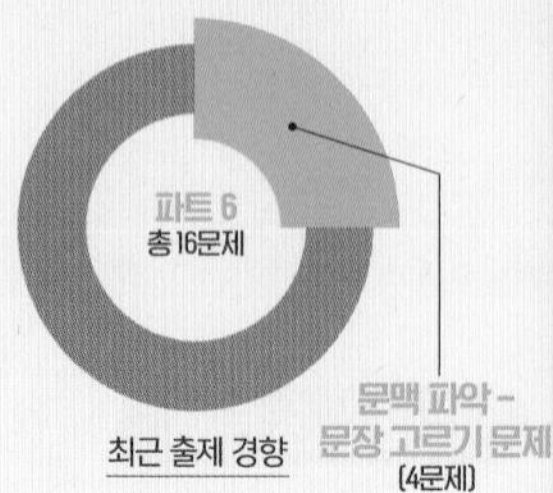

· **문맥 파악 문제(문장 고르기 문제)**는 Part 6 지문에서 문맥상 빈칸에 들어갈 알맞은 문장을 고르는 문제이다. 매 지문마다 각 1문제씩 매회 총 4문제가 출제된다.

문제 유형

- **빈칸이 지문 처음에 제시된 문제**
  지문 초반에는 주로 주제나 목적 문장이 언급되므로, 빈칸에는 지문의 주제나 목적을 나타내는 문장이 오는 경우가 많다.
- **빈칸이 지문 중간이나 뒷부분에 제시된 문제**
  지문의 흐름상 적절한 세부 내용이 빈칸에 들어가야 한다. 빈칸에는 앞뒤 내용에 대한 요약이나 강조, 첨가나 부연 설명, 이유나 결과와 관련된 내용이 오는 경우가 많다.

문제 풀이 전략

STEP 1 **빈칸의 주변 문맥을 파악하여 빈칸에 들어갈 내용을 예상한다.**
먼저 빈칸의 바로 앞 문장과 뒤 문장을 확인하되, 주변 문맥 파악만으로는 빈칸에 들어갈 내용을 예상하기 어렵다면 지문 전체를 확인한다.

STEP 2 **파악한 지문 문맥을 바탕으로 각 보기의 내용을 확인하며 빈칸에 알맞은 내용을 선택한다.**
* 보기 내에 지시대명사(it, that, these 등)가 있다면 보기의 주변 문맥에 언급된 명사와 일치하는지 확인한다.
* 보기 내에 연결어(however, yet, also 등)가 있다면 빈칸의 앞뒤 문맥에 맞는 연결어인지 확인한다.

STEP 3 **선택한 보기를 빈칸에 넣었을 때 지문의 흐름이 자연스러운지 확인한다.**

전략 적용

빈칸이 지문 처음에 제시된 문제

TO: Sandra Lewis <s.lewis@bedfordlaw.com>
FROM: Cam Wilkins <c.wilkins@westwoodtowers.com>
SUBJECT: Upcoming event
DATE: March 16

Dear Ms. Lewis,

-------. Most of the revisions I requested were made. However, a clause is missing. I asked you to add one about the security deposit, but I don't see it anywhere.

Could you send me the final version of the contract by tomorrow at noon? Please let me know if anything in my original instructions is unclear. Thank you.

Sincerely,

Cam Wilkins
Building Manager
Westwood Towers

STEP 1 문맥 파악하기
빈칸 뒤 문장에서 요청했던 수정의 대부분이 반영되었으나, 한 가지 조항이 누락되었다고 했으므로 빈칸에는 수정된 계약서와 관련한 내용이 나올 것임을 예상한다.

STEP 3 정답 확인하기
제시된 빈칸에 (A) 문장을 넣었을 때 문장이 자연스럽게 연결되는 것을 확인한다.

Q. (A) I'm writing regarding the updated lease agreement.
(B) I'd like to confirm that we've received your report.
(C) Congratulations on the success of your recent event.
(D) I am pleased to tell you your application was accepted.

STEP 2 문장 선택하기
지문의 흐름상 빈칸에는 갱신된 임대 계약서에 관해 이메일을 쓴다는 내용이 들어가야 적절하다.

빈칸이 지문 중간이나 뒷부분에 제시된 문제

Dear Mr. Dewitt,

It is our pleasure to inform you that you have won Best-Travel Agency's Design a Travel Package contest. The savings and conveniences your package offers and the cultural landmarks included are inspiring. The judges assumed that you must have already traveled to Europe several times to achieve such a well-thought-out plan. So we were surprised to learn that you have never been to this continent. Consequently, the judges have decided to award you the travel package that you put together. This is on top of the cash prize given to contest winners. -------. Please let us know when you will be able to go on the trip, and we will make the arrangements. Once again, congratulations and bon voyage!

Sincerely yours,
Julie Cochran, manager

STEP 1 문맥 파악하기
빈칸 앞 문장에서 심사위원들이 받는 이에게 여행 패키지를 수여하기로 결정했는데, 이것은 대회 우승자들에게 주어진 상금에 더한 것이라고 했으므로 빈칸에는 추가적인 상을 수여하는 것과 관련한 내용이 나올 것임을 예상한다.

STEP 3 정답 확인하기
제시된 빈칸에 (C) 문장을 넣었을 때 문장이 자연스럽게 연결되는 것을 확인한다.

Q. (A) This is the travel agency's first design contest.
(B) Let me explain why we gave you the award.
(C) We think you deserve the extra prize.
(D) You can be a winner in our next contest.

STEP 2 문장 선택하기
지문의 흐름상 빈칸에는 받는 이가 추가적인 상을 받을 만하다고 생각한다는 내용의 문장이 들어가야 적절하다.

해석 p.70

HACKERS **TEST**

⏲ 제한 시간 8분

Questions 01-04 refer to the following e-mail.

To: Ryan Daltry <r_daltry@kemageco.com>
From: PEM Parcels Support <support@pem_parcels.com>
Date: August 22
Subject: Your account

Dear Mr. Daltry,

This message concerns the ---01--- of your PEM Parcels online account. We're sorry to hear that you no longer require our services.

Please note that, should your needs change, you have one year to reopen your PEM Parcels account for free. ---02---. All you need to do is log in to your account using your current username and password. Once you are logged in, you can request package pickups and your ---03--- will be charged to the credit card number we have on file. ---04---, if you decide to revive your account after 12 months, you will have to pay a fee and enter your data again.

For more information, call 555-9932 or respond to this e-mail.

Sincerely,

PEM Parcels Support

01 (A) application
(B) cancellation
(C) renewal
(D) activation

02 (A) Your user information will be retained during this period.
(B) Our servers will be temporarily down for routine maintenance.
(C) Most solutions to typical issues can be found on this page.
(D) This is why it is important to update your contact information.

03 (A) propositions
(B) strategies
(C) notifications
(D) transactions

04 (A) Additionally
(B) Specifically
(C) On the other hand
(D) For example

Questions 05-08 refer to the following instruction.

Your Waterstream sparkling water maker is easy to operate. Make perfect sparkling water -------(05) in just seconds.

Your appliance comes with a carbonator and reusable carbonating bottle. Fill the bottle with fresh tap water and attach it to the appliance spout. Push down on the carbonating block until you hear a buzz. This sound indicates that your water is sufficiently carbonated. -------(06) releasing the bottle, make certain you are not pressing the block. Removing the bottle while pushing down on the block will cause the carbon dioxide in the carbonator -------(07) into the air.

Keep your appliance clean by wiping it down with a damp cloth, and wash your carbonating bottle after every use. -------(08). Additional carbonators, bottles and syrups may be purchased at supermarkets and Waterstream outlets.

05 (A) your
(B) you
(C) yours
(D) yourself

06 (A) Prior to
(B) Instead of
(C) Aside from
(D) In spite of

07 (A) discharge
(B) to discharge
(C) discharged
(D) discharging

08 (A) Most people prefer flavored soda.
(B) You may choose to make a weaker sparkling water.
(C) With proper care, your appliance can last for years.
(D) Have the appliance checked if you do not hear a buzz.

Questions 09-12 refer to the following brochure.

Pleasure Seeker Food Subscription Service

Everyone knows that a gift of food can be a real delight. Now that gift can come to you -------(09) with food boxes from Pleasure Seeker. You can choose how often the boxes arrive at your door. We have weekly, bi-weekly, and monthly options. And we offer a -------(10) variety of taste thrills than other food subscription companies. Just consider -------(11) a beautiful box with perfectly ripe fruit, cured and smoked meats, or farm-fresh vegetables. We even have special fare such as vegan meals and international gourmet cuisines! Whatever you select, you can be sure that every box you receive will hold something new and different. -------(12). We make the choice for you, and all you have to do is enjoy what's in the box!

09 (A) securely
(B) informally
(C) regularly
(D) secretly

10 (A) widest
(B) wider
(C) widely
(D) wide

11 (A) received
(B) receiver
(C) receives
(D) receiving

12 (A) You'll always be excited about opening the box.
(B) Here's how to go about renewing your subscription.
(C) Most subscribers choose the monthly option.
(D) Subscribers think our vegan meals are delicious.

Questions 13-16 refer to the following notice.

NOTICE TO OUR CUSTOMERS

-------(13). The time is -------(14) to create beautiful bouquets and centerpieces for special occasions. Gifts & Flowers Shop is offering a three-hour class for beginners in the shop's studio, where our talented staff produce the lovely bouquets you see in the store. The class is limited to 20 participants and will start at 6:30 P.M. on July 15.

The class will proceed as follows. First, students will learn structure and color combinations. This will be followed by a demonstration. Students will then make their own centerpieces, and one-on-one feedback will be given.

The price for the workshop is $185 and covers the -------(15) students will use. This includes not only flowers but also greenery and vases. Participants in the class will get to bring home whatever they create. -------(16), they will receive a 30 percent discount on the intermediate class if they decide to enroll in it.

13 (A) Please be advised that these changes take effect immediately.
(B) This summer, learn how to arrange flowers like a professional.
(C) Come to the store to find great deals during our annual summer sale.
(D) All our gardening accessories and seeds are half off this month.

14 (A) finished
(B) wasted
(C) perfect
(D) late

15 (A) materials
(B) software
(C) videos
(D) transportation

16 (A) Nevertheless
(B) As a result
(C) In other words
(D) Furthermore

정답 · 해석 · 해설 p.71

기출 어휘 리스트 최빈출 짝을 이루는 표현

01 **enclosed form** 동봉된 양식

Subscribers must complete and mail the **enclosed form**.
구독자들은 동봉된 양식을 완성하고 우편 발송해야 한다.

02 **seek employment** 직업을 구하다

Many university graduates are having difficulty **seeking employment**.
많은 대학교 졸업생들은 직업을 구하는 데 어려움을 겪고 있다.

03 **work extended hours** 초과 근무를 하다

Employees **working extended hours** will receive overtime pay.
초과 근무를 하는 직원들은 초과 근무 수당을 받을 것이다.

04 **reach an agreement** 합의에 도달하다

The property seller was unable to **reach an agreement** with the buyer.
부동산 판매자는 그 구매자와 합의에 도달할 수 없었다.

05 **standard price** 기준 가격

Carltron Electronics will be increasing its **standard prices** by 10 percent.
Carltron Electronics사는 기준 가격을 10퍼센트 인상할 것이다.

06 **readily available** 쉽게 구할 수 있는

Registration forms are **readily available** in the lobby.
신청서들은 로비에서 쉽게 구할 수 있다.

07 **highly qualified** 충분히 자격을 갖춘

Ms. Kline seems **highly qualified** for the legal position.
Ms. Kline은 법무직에 충분히 자격을 갖춘 것 같다.

08 **stuck in traffic** 교통 체증에 갇힌

The bus was **stuck in traffic** for more than 2 hours.
버스는 2시간 넘게 교통 체증에 갇혔었다.

09 **rise to fame** 명성을 날리다

The research team **rose to fame** after successfully developing a vaccine.
그 연구팀은 백신을 성공적으로 개발한 후에 명성을 날렸다.

10 **interpersonal skill** 대인 관계 능력

The position requires strong **interpersonal skills**.
그 직책은 뛰어난 대인 관계 능력을 요구한다.

11 **deliver a presentation** 발표하다

Tori Feldman will **deliver a presentation** on solar energy.
Tori Feldman은 태양 에너지에 대해 발표할 것이다.

12 **fulfill orders** 주문 처리를 완료하다

The warehouse staff is responsible for **fulfilling orders**.
창고 직원은 주문 처리를 완료할 책임이 있다.

13 **fiscal year** 회계 연도

The number of subscribers will reach two million by the end of the **fiscal year**.
구독자 수는 회계 연도 말까지 2백만 명에 이를 것이다.

14 **do business with** ~와 거래하다

Ms. Hearst is **doing business with** Thirst-Co Beverages at the moment.
Ms. Hearst는 현재 Thirst-Co Beverages사와 거래하고 있다.

15 **make a purchase** 물건을 사다

Linda **made a purchase** at the souvenir shop.
Linda는 기념품점에서 물건을 샀다.

16 **conduct a survey** 조사를 실시하다

The research team **conducted a survey** on customer service.
연구팀은 고객 서비스에 대한 조사를 실시했다.

17 **economic forecast** 경제 전망

Analysts are not optimistic about next year's **economic forecast**.
분석가들은 내년 경제 전망에 대해 낙관적이지 않다.

18 **place an order** (물건 등을) 주문하다

The sales department **placed an order** for a new printer.
영업부서는 새 프린터를 주문했다.

19 **better serve customers** 고객을 더 잘 응대하다

An information desk was added to **better serve** our **customers**.
고객을 더 잘 응대하기 위해 안내 데스크가 증설되었다.

20 **core value** 핵심 가치

Safety is a **core value** of Bell Industries.
안전은 Bell사의 핵심 가치이다.

토익 실전 문제 ⏱ 제한 시간 4분

01 The city will ------- a survey to find out if residents support the property development project.

(A) maintain (B) predict
(C) conduct (D) refrain

02 By filling out the ------- form, recipients of the letter may sign up for membership to the organization.

(A) wrapped (B) confined
(C) instructed (D) enclosed

03 The ------- price for shipment is $50, but bulk purchases are sent free of charge.

(A) multiple (B) copied
(C) separated (D) standard

04 Customers wishing to ------- a purchase should proceed to the checkout counter immediately as the store will close in 10 minutes.

(A) make (B) shop
(C) keep (D) pay

Questions 05-08 refer to the following notice.

NOTICE

Dear Fitness Pro Members:

Fitness Pro will begin offering yoga classes on August 1. We have hired a -------(05) qualified instructor, Wendell Jenkins, to lead these classes. He has taught yoga professionally for over 20 years. -------(06).

We expect the classes to fill up fast, so we recommend signing up in -------(07) using our Web site. This can be done with -------(08). Simply log in and click on the class you would like to attend in the "Class Calendar." The $5 fee for each class will be charged to your account.

05 (A) newly
(B) highly
(C) temporarily
(D) strictly

06 (A) He even moved to India to learn advanced techniques.
(B) People of all ages can benefit from regular exercise.
(C) We are located near the subway station and the bus stop.
(D) We guarantee that you will like the facility.

07 (A) advance
(B) prior
(C) review
(D) total

08 (A) effort
(B) assistance
(C) permission
(D) ease

정답 · 해석 · 해설 p.73

해커스

20일 만에 끝내는
해커스 토익 750+ RC

PART 7

주제/목적 찾기 문제

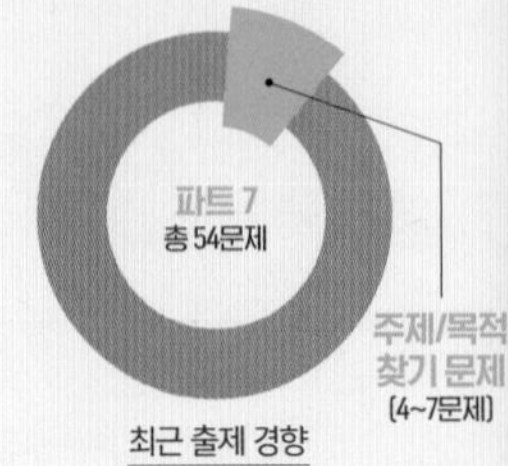

· **주제/목적 찾기 문제**는 지문에서 가장 핵심이 되는 내용, 즉 글의 주제나 글을 쓴 목적이 무엇인지를 묻는 문제이며, 매회 4~7문제 정도 꾸준히 출제된다.

빈출 질문

주제/목적 찾기 문제는 질문에 mainly about, main purpose, why ~ written 등을 사용하여 묻는다.

주제	**What** is the article **(mainly) about**? 기사는 (주로) 무엇에 대한 것인가? **What** is being **announced/advertised**? 공고되고/광고되고 있는 것은 무엇인가?
목적	**What** is the **(main) purpose** of the notice? 공고의 (주)목적은 무엇인가? **Why** was the e-mail **written**? 이메일은 왜 쓰였는가? **Why** did Ms. Jones **write** to Mr. Walton? Ms. Jones는 왜 Mr. Walton에게 글을 썼는가?

문제 풀이 전략

STEP 1 **지문의 중심 내용이나 목적을 나타내는 주제 문장을 찾는다.**

주제 문장은 주로 지문 초반에 언급되므로 앞부분을 주의해서 읽는다. 가끔 주제가 글의 중후반에 있거나, 글 전체에 흩어져 있는 지문이 출제되기도 한다. 이런 경우 지문의 앞부분부터 읽어가며 주제 문장을 확인하거나, 지문의 핵심 내용을 파악한다.

STEP 2 **주제 문장을 읽고 글의 주제나 목적을 파악한다.**

STEP 3 **주제 문장을 가장 적절히 바꾸어 표현한 보기를 정답으로 선택한다.**

전략 적용

[편지]

Genevieve Art Institute
January 11

Dear members of the instruction staff,

I am writing to introduce our new professor of art history, Dr. Rosalind Furness to you all. Ms. Furness will be joining our staff at the beginning of February.

Ms. Furness has worked as a curator at the Hampstead Gallery for the past five years. In addition, she has given numerous lectures on Baroque art at universities across the country. She has a doctoral degree in art history from Stambridge University, as well as a degree in art restoration from the Academia Di Arti in Florence.

Initially, Ms. Furness will be teaching two introductory art history courses and advanced classes on Italian Renaissance art and Gothic art.

Sincerely,

Martin Anderson

Martin Anderson
Dean of Studies
Genevieve Art Institute

STEP 1 **주제 문장 찾기**
주제 문장은 주로 지문 초반에 언급되므로 앞부분을 확인한다.

STEP 2 **주제나 목적 파악하기**
I am writing to introduce our new professor of art history, Dr. Rosalind Furness to you all에서 새로운 교수를 소개하기 위해 편지를 쓴 것을 확인한다.

Q. What is the main purpose of the letter?

(A) To announce a new course
(B) To provide information about an art school
(C) To introduce a new staff member
(D) To offer a job position

STEP 3 **정답 선택하기**
주제 문장을 적절히 바꾸어 표현한 보기 (C)가 정답이다.

해석 p.75

HACKERS **TEST**

제한시간 11분

Questions 01-02 refer to the following e-mail.

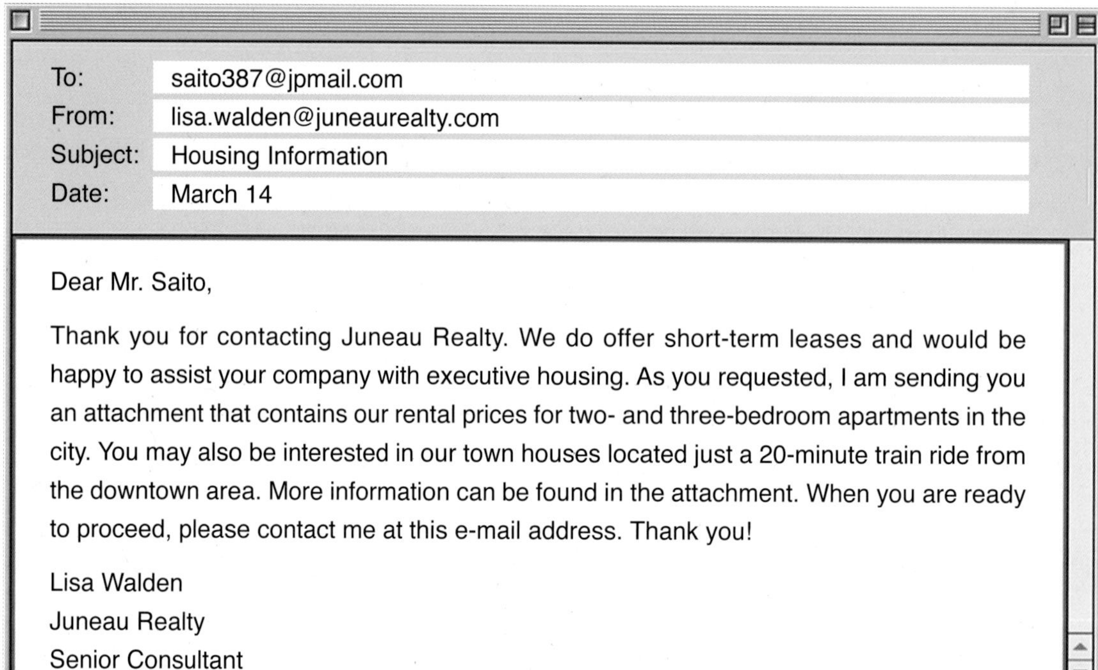

To: saito387@jpmail.com
From: lisa.walden@juneaurealty.com
Subject: Housing Information
Date: March 14

Dear Mr. Saito,

Thank you for contacting Juneau Realty. We do offer short-term leases and would be happy to assist your company with executive housing. As you requested, I am sending you an attachment that contains our rental prices for two- and three-bedroom apartments in the city. You may also be interested in our town houses located just a 20-minute train ride from the downtown area. More information can be found in the attachment. When you are ready to proceed, please contact me at this e-mail address. Thank you!

Lisa Walden
Juneau Realty
Senior Consultant

01 Why was the e-mail written?

(A) To respond to a customer's inquiry
(B) To ask about a job opening
(C) To finalize the details of a contract
(D) To thank a customer for his business

02 What does Ms. Walden ask Mr. Saito to do?

(A) Contact an executive
(B) Send an e-mail
(C) Sign a contract
(D) Update a list

Questions 03-05 refer to the following announcement.

Come to Wideplaine this October!

Established over a century ago, the city of Wideplaine started as a frontier outpost populated by groups of immigrant farmers. Although it has since grown into a major city, it remains a close-knit community proud of its time-honored traditions at heart. One of these traditions takes place every October, when the residents of Wideplaine gather to celebrate the bounty of their farmlands. In connection with this, everyone is invited to participate in this year's Wideplaine Annual Community Harvest Festival, which runs from Thursday to Sunday, October 12 to 15. Festivities kick off on Thursday morning with a parade led by mayor Anthony Benedetto from the town square to the city park, the main location for the celebration. Activities at the park will include exhibits about the town's history, all-day music and entertainment, craft fairs, and a variety of other fun activities for young and old alike. Highlights of this year's celebration include a pumpkin-decorating contest on the third day as well as a fireworks display on the final day. Food stalls will be set up, and plenty of parking is available.

03 What is being announced?

(A) A city's foundation day celebration
(B) A traditional holiday gathering
(C) A yearly community event
(D) A weeklong music festival

04 When will a contest be held?

(A) On Thursday
(B) On Friday
(C) On Saturday
(D) On Sunday

05 Where will many of the activities take place?

(A) At the town square
(B) On a rented farm
(C) In an event hall
(D) At a city park

Questions 06-09 refer to the following newsletter article.

Pillar Bank Group Selects New CEO

At a board meeting held last week, Patrick Thompson was named the new chief executive officer of Pillar Bank Group. He replaces outgoing head Samuel Figueroa, who is stepping down after more than a decade with the company. Thompson, who is currently the chairperson for Ribbon Holdings–a bank subsidiary–will formally assume his new role in June. Taking over his vacant position will be Ribbon Holdings' vice president for global operations Linda Ayers.

Apart from continuing Figueroa's ongoing projects, Thompson plans to invest Pillar's resources in developing countries and improve its corporate governance. He also hopes to maintain the company's position as the world's fastest growing international bank.

The 60-year-old executive has been with Pillar Bank Group for 15 years. His career in the company began when he worked as treasurer of Ribbon Holdings. During his time as treasurer, Thompson developed strategies that allowed Ribbon Holdings to enter the capital markets of Singapore, Indonesia, and Thailand.

Before joining the bank, Thompson served as the director of Global Monetary Institute's finance department. He was also an accomplished author of economic books and a consultant for financial news shows.

06 What is the article mainly about?

(A) A developing market trend
(B) A change in a firm's leadership
(C) A bank's financial troubles
(D) A dispute between corporations

07 What does Mr. Thompson intend to do?

(A) Hire a treasurer for the Global Monetary Institute
(B) Sell his shares of stock in Ribbon Holdings
(C) Invest capital in international economies
(D) Accept a professor position at a university

08 What was Mr. Thompson's first job with the Pillar Bank Group?

(A) Director
(B) Strategist
(C) Treasurer
(D) Consultant

09 How has Mr. Thompson helped Ribbon Holdings?

(A) He enhanced employee efficiency.
(B) He improved the company's image.
(C) He created effective business strategies.
(D) He reduced operational costs.

Questions 10-11 refer to the following e-mails.

To: Felix Donahue <fdonahue@runmail.com>
From: Penelope Goode <pengoode@xlighthouse.com>
Date: October 8
Subject: Free trial survey
Attachment: survey form

Dear Mr. Donahue,

Thank you for trying out X-Lighthouse Gym's free training session on October 5. We hope the class has encouraged you to sign up for membership with our gym.

At X-Lighthouse, we highly value our customers' opinions. So, we would really appreciate it if you could fill out the attached survey form about your visit to our facilities. If you cannot open the file on your computer, you may send your feedback directly as a reply to this e-mail. Rest assured that any comments you make will be used solely for the purpose of improving our services.

Penelope Goode
Customer Service Department, X-Lighthouse Gym

To: Penelope Goode <pengoode@xlighthouse.com>
From: Felix Donahue <fdonahue@runmail.com>
Date: October 10
Subject: Re: Free trial survey

Dear Ms. Goode,

I'm writing to give feedback on your class as you requested. I had an enjoyable experience during the free training session I attend at X-Lighthouse Gym. However, I think your aerobics studio is a little cramped, so it would be a good idea to reduce the number of persons per class to give people more room to move around. Still, I would say that I was mostly happy with the session. What's more, the gym is quite close to my office. You can expect me to sign up for an X-Lighthouse Gym membership later this week.

Felix Donahue

10 What did Ms. Goode include with her e-mail?

(A) A class schedule
(B) A table of fees
(C) A sign-up sheet
(D) A feedback form

11 Why did Mr. Donahue write the e-mail?

(A) To register for a free trial session
(B) To ask about exercise classes
(C) To renew a gym membership
(D) To respond to a facility's request

정답 · 해석 · 해설 p.75

DAY 02 육하원칙 문제

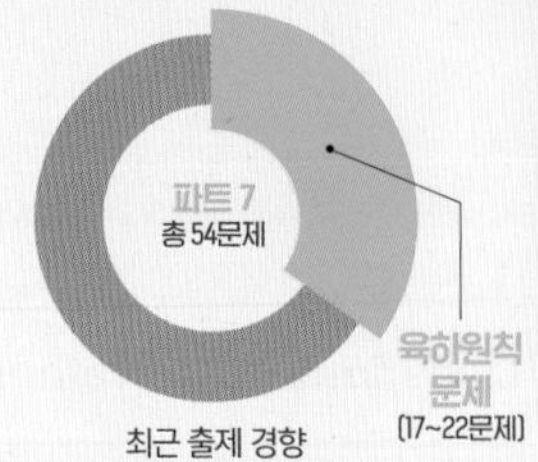

· **육하원칙 문제**는 무엇, 언제, 어떻게, 누가, 왜, 어디서 등과 관련된 세부 내용을 묻는 문제이며, 매회 17~22문제 정도 꾸준히 출제된다.

빈출 질문

육하원칙 문제는 질문에 What, When, How, Who, Why, Where 등을 사용하여 묻는다.

무엇/어떤 것	**What** will happen after August 2? 8월 2일 이후에 무슨 일이 일어날 것인가?
언제	**When** did the office inspection take place? 사무실 점검은 언제 있었는가?
어떻게/얼마나	**How** will Mr. Jay travel to New York? Mr. Jay는 어떻게 뉴욕으로 갈 것인가?
누가/누구	**Who** is going to speak during the event? 누가 행사에서 연설을 할 것인가?
왜	**Why** was the production deadline delayed? 생산 마감 기한이 왜 미뤄졌는가?
어디서	**Where** did Ms. Bennett meet Mr. Harris? Ms. Bennett은 Mr. Harris를 어디서 만났는가?

문제 풀이 전략

STEP 1 **질문을 읽고 의문사와 핵심 어구를 확인한다.**

* "What will happen after August 2?"와 같은 질문에서 의문사는 What이고 핵심 어구는 August 2이다.

STEP 2 **지문에서 핵심 어구와 관련된 정답의 단서를 찾는다.**

질문의 핵심 어구를 그대로 언급했거나 바꾸어 표현한 부분의 주변에서 정답의 단서를 찾는다.

* Double/Triple Passages의 경우, 질문의 핵심 어구가 언급된 지문을 먼저 확인하여 정답의 단서를 찾는다. 이때 처음 확인한 지문에서 찾은 단서만으로 정답을 선택할 수 없으면, 첫 번째 단서와 관련된 두 번째 단서를 다른 지문에서 찾는다.

STEP 3 **정답의 단서를 그대로 언급했거나 바꾸어 표현한 보기를 정답으로 선택한다.**

* Double/Triple Passages의 경우, 지문에 언급된 각각의 단서들을 종합하여 정답을 선택한다.

전략 적용

1. Single Passage

[회람]

> To: Accounting staff
> From: Shannon Malloy, Human Resources Director
> Date: November 20
>
> Hello everyone,
>
> I want to let you all know that vacation requests for the upcoming holidays must be submitted by the end of the week. Please fill out your leave request forms and turn them in to the manager by Friday afternoon.
>
> Also, I will be organizing a small fundraiser for the office. Gifts for underprivileged children are going to be collected over the next few weeks and will be donated to several local charity organizations. All staff members are requested to donate gifts and put them in the marked containers that have been placed in each department. Thank you!

Q. Where can employees leave donations?

(A) At the human resource department
(B) At the charity's office
(C) In labeled containers
(D) On Ms. Malloy's desk

STEP 2 **정답의 단서 찾기**
질문의 핵심 어구 leave donations를 바꾸어 표현한 부분의 주변인 donate gifts and put them in the marked containers에서 기부할 선물은 표시된 용기에 담으라는 정답의 단서를 확인한다.

STEP 1 **의문사와 핵심 어구 확인하기**
의문사 Where를 이용해 묻고 있으며, 핵심 어구는 leave donations이다.

STEP 3 **정답 선택하기**
정답의 단서를 적절히 바꾸어 표현한 보기 (C)가 정답이다.

2. Double Passages

[기사 & 이메일]

Plainsview's Partial Opening in September

The Plainsview Shopping Center will officially open on September 9. However, not all of the center's stores will be in operation. According to spokesperson Molly Wald, it is not possible to synchronize all of the tenants' construction schedules given the mall's vast size. "Instead," she said, "we decided to open the restaurants and supermarket first. These will be followed by clothing stores in October and technology stores in November. All other stores should be open by December."

To: Maura Greenberg <m.greenberg@lisette.com>
From: Brian Fields <b.fields@lisette.com>
Subject: Update
Date: August 27
Attachment: checklist

Dear Ms. Greenberg,

The inspection of our premises went smoothly. However, there are a few minor tasks to complete before we can open. These are listed in the attached document. Please be sure they are completed as soon as possible so we can stick to the schedule and open on the date we planned. I've already asked suppliers to ship our first order of clothes.

Brian

Q. When is Ms. Greenberg's store scheduled to open?

(A) In September
(B) In October
(C) In November
(D) In December

STEP 2(2) **정답의 두 번째 단서 찾기**
These will be followed by clothing stores in October and technology stores in November에서 옷가게들은 10월에 연다는 두 번째 단서를 확인한다.

STEP 2(1) **정답의 첫 번째 단서 찾기**
질문의 핵심 어구 Ms. Greenberg's store에 대한 내용이 언급된 이메일을 먼저 확인한다. I've already asked suppliers to ship our first order of clothes에서 이미 공급 회사들에게 첫 번째 옷 주문을 배송하도록 요청했다고 했으므로 Ms. Greenberg's store가 옷가게라는 첫 번째 단서를 파악한다. 하지만 가게가 언제 개업하기로 했는지는 알 수 없으므로, 가게들의 개업 일정에 대한 내용이 있는 첫 번째 지문인 기사를 확인한다.

STEP 1 **의문사와 핵심 어구 확인하기**
의문사 When을 이용해 묻고 있으며, 핵심 어구는 Ms. Greenberg's store이다.

STEP 3 **정답 선택하기**
Ms. Greenberg's store가 옷가게라는 첫 번째 단서와 옷가게들은 10월에 연다는 두 번째 단서를 종합할 때, Ms. Greenberg's store가 10월에 열 것임을 알 수 있다. 따라서 보기 (B)가 정답이다.

해석 p.77

Questions 01-02 refer to the following e-mail.

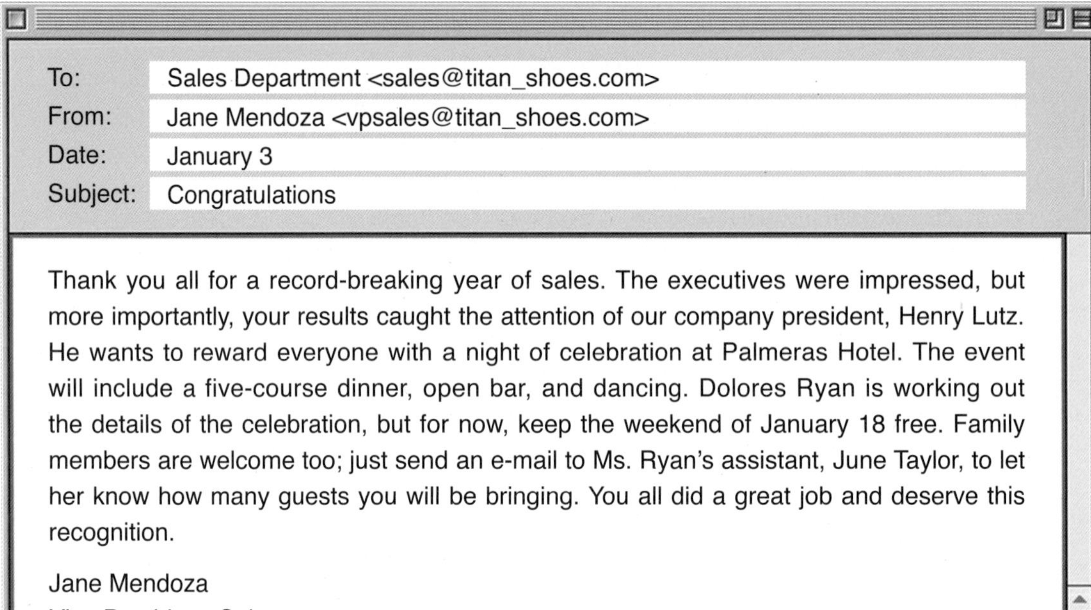

To: Sales Department <sales@titan_shoes.com>
From: Jane Mendoza <vpsales@titan_shoes.com>
Date: January 3
Subject: Congratulations

Thank you all for a record-breaking year of sales. The executives were impressed, but more importantly, your results caught the attention of our company president, Henry Lutz. He wants to reward everyone with a night of celebration at Palmeras Hotel. The event will include a five-course dinner, open bar, and dancing. Dolores Ryan is working out the details of the celebration, but for now, keep the weekend of January 18 free. Family members are welcome too; just send an e-mail to Ms. Ryan's assistant, June Taylor, to let her know how many guests you will be bringing. You all did a great job and deserve this recognition.

Jane Mendoza
Vice President, Sales

01 What is the purpose of the event?

(A) To recognize employees' performance
(B) To honor the company president
(C) To celebrate the opening of a hotel
(D) To promote products to customers

02 Who is in charge of organizing the event?

(A) Jane Mendoza
(B) Dolores Ryan
(C) Henry Lutz
(D) June Taylor

Questions 03-05 refer to the following advertisement.

Tired of doing paperwork?

Get some help on your side. Make the WISE CHOICE!

Owning a business is about setting goals, enjoying your life, and fulfilling your dreams. Unfortunately, it's also about taxes, procedures, rules, and regulations. Sometimes it can seem like there's no end to the tedious paperwork you have to get through in one day.

But what if you had some help? This would allow you to focus your time, energy, and attention on developing your business! For the past 25 years, Wise Choice has produced software that helps small- and medium-sized enterprises with administrative duties, such as payroll management, accounting, and tax filing.

It's true that you could hire an outside consultant, but consider the time and money you'd spend searching for the right person. For only $30 a month, you can get a year's subscription to all of Wise Choice's software products for up to three users. Several pricing plans are available for larger groups and longer contracts. Our cloud-based software is easy to use and regularly updated with the latest security features. Better still, Wise Choice offers free 24/7 support by phone.

Make the WISE CHOICE today. Visit our Web site for more information at www.wisechoice.com.

WISE CHOICE

Rated "Best in Class" by the Regional Software Alliance

03 Why was the advertisement written?

(A) To announce price reductions
(B) To recruit job applicants
(C) To publicize an event for consultants
(D) To promote a product to business owners

04 What is included in a one-year plan?

(A) In-person customer support
(B) Access for multiple users
(C) A free device upgrade
(D) Online storage of files

05 Why would people call Wise Choice?

(A) To apply for a position
(B) To request assistance
(C) To make an investment
(D) To receive a free item

Questions 06-09 refer to the following article.

Windsong Cellular Confirms Merger with Maha-Tel

New Delhi, April 23–Indra Singh, president of Windsong Cellular, confirmed yesterday morning that the company has indeed agreed to a merger with Mumbai-based Maha-Tel. The merger of the two companies will create India's largest mobile phone service provider. Under the new deal, Maha-Tel will invest more than 4 billion rupees in the Bangalore-based company, which will then change its name to Windsong Maha Cellular. The new company will work to expand its nationwide market share, especially in the southern parts of India.

Maha-Tel's current CEO, Ranjan Cherian, will become the president of the new company. Mr. Cherian said he expects the transition to go smoothly and also stated that the company's headquarters will be located in Chennai. "We want both parties to feel that they are on equal ground," said Cherian. "Chennai is an excellent location for the mobile phone industry and will provide both Windsong and Maha-Tel with a promising future."

Construction of the company's headquarters is scheduled to begin at the end of this month, and full operations will move to the new facility by the end of November.

06 Why was the article written?

(A) To provide details about a new executive
(B) To announce a facility upgrade
(C) To report a merger
(D) To publicize a service

07 What does Windsong Maha Cellular plan to do?

(A) Increase market share
(B) Promote special offers
(C) Invest in a new market
(D) Reduce the size of their workforce

08 Who is Ranjan Cherian?

(A) A spokesperson for Windsong Cellular
(B) An executive for Maha-Tel
(C) A construction manager
(D) A communications expert

09 In which city does Windsong Maha Cellular intend to open a new facility?

(A) Mumbai
(B) New Delhi
(C) Bangalore
(D) Chennai

Questions 10-11 refer to the following advertisement and e-mail.

Join the Gottfried Industrial Engineering Family!

Since its establishment eight years ago, Gottfried Industrial Engineering has emerged as a corporate leader in developing power and automation technologies that have minimal impact on the environment. At present, it has offices in Berlin, Munich, and Hamburg, and a new one is scheduled to open in Stuttgart next year.

Gottfried is always looking for talented and career-driven individuals to join its elite team of industry specialists. It currently has openings for production supervisors, system consultants, and project managers. Interested parties should send their applications to the human resources coordinator, Marisol Kelley, at mari.kelley@gottfriedindustrialeng.com by August 15. Please indicate your current place of residence, desired pay range, available starting date and complete employment history.

To: Xavier Chen <xchen@zoomail.com>
From: Marisol Kelley <mari.kelley@gottfriedindustrialeng.com>
Date: August 9
Subject: Re: Job inquiry

Dear Mr. Chen,

Thank you for your interest in the project manager position at Gottfried Industrial Engineering. However, you neglected to send us the last of our requested requirements. In order for us to fully assess your qualifications for the position, you will need to supply this information. Please do so as soon as possible so that we may proceed with your application before the August 15 deadline.

Once I have received your complete application, I will then e-mail you your applicant number, which you will need when you schedule an appointment for an interview with Gottfried's operations manager, Mr. King. In order to help you prepare for the interview, I have attached particulars about the job you are applying for. Please review the document carefully.

Good luck with your application.

Marisol Kelley
Human Resources Coordinator
Gottfried Industrial Engineering

10 How can interested candidates apply for the positions?

(A) By sending an e-mail
(B) By visiting an office
(C) By making a call
(D) By accessing a Web site

11 What did Mr. Chen forget to provide?

(A) His home address
(B) His work history
(C) His desired start date
(D) His anticipated compensation

정답 · 해석 · 해설 p.78

DAY 03 Not/True 문제

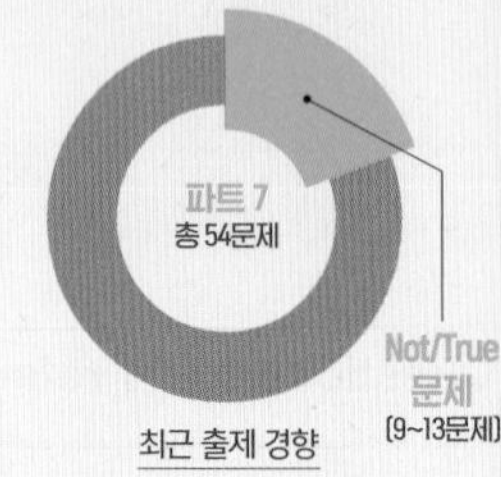

· **Not/True 문제**는 4개의 보기 중 지문의 내용과 일치하지 않거나 일치하는 보기를 선택하는 문제이며, 매회 9~13문제 정도 꾸준히 출제된다.

빈출 질문

Not/True 문제는 질문에 true, indicated, stated, mentioned 등을 이용하여 묻는다.

Not 문제
What is **NOT true** about Mr. Thomson? Mr. Thomson에 대해 사실이 아닌 것은?
What is **NOT stated/mentioned/indicated** in the letter? 편지에서 언급되지 않은 것은?
What is **NOT** one of the benefits offered? 제공되는 혜택들 중 하나가 아닌 것은?

True 문제
What is **indicated/true** about the new staff members? 새로운 직원들에 대해 언급된/사실인 것은?
What is **stated/mentioned** in the article? 기사에서 언급된 것은?

문제 풀이 전략

STEP 1 **질문을 읽고 핵심 어구를 확인한다.**
* "What is NOT stated in the letter?"와 같이 질문에 핵심 어구가 없는 경우 각 보기의 핵심 어구를 확인한다.

STEP 2 **지문에서 핵심 어구와 관련된 정답의 단서를 찾는다.**
질문이나 보기의 핵심 어구를 그대로 언급했거나 바꾸어 표현한 부분의 주변에서 정답의 단서를 찾는다.
* Double/Triple Passages의 경우, 질문이나 보기의 핵심 어구가 언급된 지문을 먼저 확인하여 정답의 단서를 찾는다. 이때 처음 확인한 지문에서 찾은 단서만으로 정답을 선택할 수 없으면, 첫 번째 단서와 관련된 두 번째 단서를 다른 지문에서 찾는다.

STEP 3 **정답의 단서와 보기를 하나씩 대조하면서 정답을 선택한다.**
Not 문제는 단서와 일치하지 않거나 지문에 언급되지 않은 보기를, True 문제는 단서와 일치하는 보기를 정답으로 선택한다.
* Double/Triple Passages의 경우, 지문에 언급된 각각의 단서들을 종합하여 정답을 선택한다.

전략 적용

1. Single Passage

[기사]

Destination Traveler Magazine's Top Hotels of the Year

The world's leading publication for travel and tourism, *Destination Traveler*, released its annual list of the world's top luxury hotels. Ratings are based on feedback from customers and tour agents, and critics' reviews. The following three establishments topped the list of 1,200 international hotels.

Top Rated International Hotels

HOTEL	LOCATION	SERVICE	FACILITIES	COST (per night)
1. Paradiso Hotel	Barcelona	★★★★★	★★★★★	$320
2. Nirvana Oriental	Bangkok	★★★★	★★★★★	$380
3. Hotel Carnivale	London	★★★★★	★★★★	$420

Q. Who was NOT involved in determining ratings?

(A) Hotel guests (B) Tour operators
(C) Facility reviewers (D) Ticketing agents

STEP 2 정답의 단서 찾기
질문의 핵심 어구 determining ratings와 관련된 Ratings are based on feedback from customers and tour agents, and critics' reviews에서 평가는 고객들과 여행사 직원들의 의견 및 비평가들의 평론을 기반으로 한다는 정답의 단서를 확인한다.

STEP 1 핵심 어구 확인하기
질문의 핵심 어구는 determining ratings이다.

STEP 3 정답 선택하기
Not 문제이므로 지문에 언급되지 않은 보기 (D)가 정답이다.

2. Double Passages

[광고 & 이메일]

Computer Technician Position Available

Landon Financial Services, an accounting firm based in San Francisco, is currently seeking a full-time computer technician to serve our head office. The successful applicant will work under the director of the technical resources department.

Duties will include maintenance and repair of computers. In addition, the selected applicant will be responsible for the installation of new software.

Candidates for the position must have a bachelor's degree in an applicable field and at least two years of experience as a computer technician.

We are offering a competitive salary, full medical coverage, and a generous benefits package. To apply for the position, please send your résumé and cover letter to Lyn Evans at levans@landonfinancial.com.

STEP 2(1) 정답의 첫 번째 단서 찾기
질문의 핵심 어구 position이 언급된 광고를 먼저 확인한다. The successful applicant will work under the director of the technical resources department에서 합격자가 기술 자원 부서 이사 밑에서 근무하게 될 것이라는 첫 번째 단서를 파악한다. 하지만 누가 기술 자원 부서 이사인지 알 수 없으므로, 두 번째 단서를 이메일에서 찾는다.

TO: Lyn Evans <levans@landonfinancial.com>
FROM: John Carrington <jcarrington@landonfinancial.com>
DATE: October 16
SUBJECT: Computer technician

Hi, Lyn!

How are things going in San Francisco? I'm settling in quite well in Atlanta, but I do miss everyone at headquarters.

I saw that you posted an advertisement for a computer technician and want to recommend someone I know. His name is Roger Sanchez and he used to help me whenever I had problems with my computer. He lives in San Francisco and meets all of your requirements. His former colleagues also speak highly of his abilities. I think he is the right person for the position.

I will tell Roger to e-mail his résumé to you. Let me know if you also want him to send it to your technical resources director, Richard Forsythe.

Hope this helps!

STEP 2(2) 정답의 두 번째 단서 찾기
technical resources director, Richard Forsythe에서 기술 자원 부서 이사가 Richard Forsythe라는 두 번째 단서를 확인한다.

Q. What is indicated about the position?

(A) It requires fluency in Spanish.
(B) It is only a part-time position.
(C) It is supervised by Richard Forsythe.
(D) It involves the sale of computer components.

STEP 1 핵심 어구 확인하기
질문의 핵심 어구는 position이다.

STEP 3 정답 선택하기
합격자가 기술 자원 부서 이사 밑에서 일하게 될 것이라는 첫 번째 단서와 기술 자원 부서 이사가 Richard Forsythe라는 두 번째 단서를 종합할 때, Richard Forsythe가 관리하는 부서의 일자리임을 알 수 있다. True 문제이므로 지문의 내용과 일치하는 보기 (C)가 정답이다.

해석 p.81

Questions 01-02 refer to the following notice.

Beulah's Dry Cleaning

Serving Pocono County since 1958

Dear customers,

Please note that starting on May 1, Beulah's Dry Cleaning will raise its fees for all services. This is due, in part, to the recent rise in utility costs and an increase in rent. However, these increases will not apply to business clients whom our company has made contracts with. Remember that the prices below are not inclusive of taxes. Should you require any further information about these changes, or any of our other services, please call 555-1213.

Service	New Fees
General cleaning	$2.29 per garment *
Laundry and ironing	$1.89 per garment *
Leather and suede	$11.49 per garment
Carpet care	Starting at $14.99

* Free delivery applies only to customers requesting services valued at $10 or more.

01 What is the purpose of the notice?

(A) To announce a store's new location
(B) To advertise a sale on used clothing
(C) To offer discounts on certain services
(D) To inform customers about fee adjustments

02 What is NOT stated in the notice?

(A) Utility costs have recently gone up.
(B) A free service is offered to some customers.
(C) The shop has changed its operating hours.
(D) The company has contracts with businesses.

Questions 03-05 refer to the following information.

Carla's Cupcakes
Delivery Policy

Carla's Cupcakes offers deliveries in the Houston area for orders of 12 cupcakes or more. If you would like to take advantage of this service, please complete a request form at the branch you visit or provide the required information when ordering online. At this time, we cannot accept orders by phone. Carla's Cupcakes is open Monday to Saturday.

Delivery Options

- **Standard**
  Orders are delivered the following day. Orders placed on a weekend will be delivered the following Tuesday.
  Cost: $10
- **Same Day**
  Orders received before noon will be delivered by 5 P.M. the same day. Not available for orders of more than 24 cupcakes.
  Cost: $15

Note

If there is an issue with your shipment, please contact us immediately at 555-9383. We take great pride in delivering fresh, delicious cupcakes to homes and businesses. We provide refunds in the case that the cupcakes were damaged during shipment. However, we are not responsible for late deliveries because there are many factors outside of our control, such as road congestion and extreme weather.

03 What is true about the delivery service?

(A) It was recently offered to customers.
(B) It is only available in a specific region.
(C) It can be requested over the phone.
(D) It will be expanded to other branches.

04 What must customers do to receive items on the same day?

(A) Place an order on the weekend
(B) Make a request in the morning
(C) Purchase at least 24 cupcakes
(D) Pay a $10 service charge

05 According to the information, what is a valid reason for a refund?

(A) A product is different than advertised.
(B) A shipment arrived later than promised.
(C) An ingredient caused allergic reactions.
(D) An item was damaged during delivery.

Questions 06-09 refer to the following letter.

Everlasting Sparks Incorporated

Unit 300, Centaur Building, 16 Billington Avenue, Radersburg, MT 59641

March 29

Francesca Turner
16 Faith Street
Radersburg, MT 59641

Dear Ms. Turner,

We are very grateful that you and your fiancé Mr. Kevin Lim have chosen Everlasting Sparks to plan your July 12 wedding. We guarantee that your wedding day will be perfect.

To start the preparations, we would like to recommend that you attend the 17th Essentials Wedding Fair. The exposition, which will be held on April 1 and 2 at the J. George Convention Center from 9 A.M. to 5 P.M., will feature some of the industry's best wedding suppliers, along with event planners including Everlasting Sparks. Caterers, florists, wedding-gown designers, photographers, makeup artists, and many other providers will all be present to showcase their products and services. The event will give you a chance to see all these companies and will surely help you in choosing the suppliers that best suit your needs.

Also, it would be ideal if we could have our first meeting before April 1 to discuss some ideas for your wedding in detail. That way, you will have a better idea of the items you will need before attending the fair. You can reach us at 555-7201 or 555-7220. We look forward to assisting you and Mr. Lim with the wedding. Thank you.

Sincerely,

Anna Sparks
Everlasting Sparks Incorporated

06 What does Everlasting Sparks do?

(A) Manufactures products
(B) Organizes events
(C) Designs garments
(D) Publicizes businesses

07 What is NOT indicated about Ms. Turner?

(A) She lives in the city of Radersburg.
(B) She has consulted with several suppliers.
(C) She has not yet had a meeting with Ms. Sparks.
(D) She plans to get married in July.

08 On what date will the exposition conclude?

(A) March 29
(B) April 1
(C) April 2
(D) July 12

09 What is mentioned about Everlasting Sparks?

(A) It can be contacted at two different numbers.
(B) It participates in wedding fairs every year.
(C) It has several branches throughout the state.
(D) It supplies items needed for special events.

Questions 10-11 refer to the following article and e-mail.

Olympian's New Photo Printer Out This Spring!

Olympian Limited, the company that introduced the groundbreaking Kyros printer, is releasing an upgraded version called the Clio ZF1808i. This professional-grade photo printer improves over the Kyros by using an eight-ink printing system instead of six. Thus equipped, the Clio promises to bring ideas and creativity to life on a wide range of media. Clio's low-solvent ink formulations produce durable prints that resist fading for up to three years without lamination. Not only that, the bundled PhotoWhiz print software provides designers with a user-friendly interface and advanced color-correction controls which save effort and resources spent on trial-and-error printing. The Clio ZF1808i Photo Printer will be launched during the annual Kavala Photographic Trade Fair, scheduled for March 15. The printer is expected to be available in stores soon after that.

From: Agnes Halkias <agnes.halkias@olympianltd.co>
To: Cyrus Venizelos <cvenizelos@spartanstudios.com>
Date: March 22
Subject: Information on a printer

ZF1808i

Dear Sir,

It was nice to see you again at the event in Kavala. You gave an impressive presentation, as always. Unfortunately, I was not able to catch up with you afterwards. I was hoping to interest you in our latest product, the Clio ZF1808i, which has some distinct advantages over the Kyros printer you currently use.

Although the printer will not be available in stores until April 12, I have been authorized to extend a special advance offer to professionals such as you. If you order the printer before March 31, we will include a case of specialty photo paper.

I have attached information on the Clio ZF1808i, as well as our other products. If you are interested in ordering a printer, you may reply to this e-mail or contact me at 555-4938.

Thank you.

Agnes Halkias
Regional Sales Director, Olympian Limited

10 What is the purpose of the article?

(A) To promote a computer supply store
(B) To provide information on a new product
(C) To announce the launch of a print shop
(D) To give details on a photography exhibition

11 What is true about Mr. Venizelos?

(A) He used to work for Olympian Limited.
(B) He will open a studio in the near future.
(C) He owns a printer with a six-ink system.
(D) He requested information on the new photo printer.

정답 · 해석 · 해설 p.81

DAY 04 추론 문제

- **추론 문제**는 지문의 내용을 바탕으로 지문에서 직접 언급되지 않은 사항을 추론하는 문제이며, 매회 9~13문제 정도 꾸준히 출제된다.

파트 7 총 54문제
추론 문제 (9~13문제)
최근 출제 경향

빈출 질문

추론 문제는 질문에 most likely, suggested, implied, probably 등을 사용하여 묻는다.

글의 대상	**For whom** is the advertisement **(most likely)** intended? 광고는 누구를 대상으로 하는가?
글의 출처	**Where** would this announcement **most likely** be found? 이 공고는 어디서 볼 수 있을 것 같은가?
특정 세부 암시/추론	**What** is **suggested/implied/indicated** about the residents? 주민들에 대해 암시/추론되는 것은?
	What will **probably(most likely)** take place on May 4? 5월 4일에 무엇이 일어날 것 같은가?

문제 풀이 전략

STEP 1 **질문을 읽고 핵심 어구를 확인한다.**

* 글의 대상이나 출처를 묻는 문제와 같이 질문에 핵심 어구가 없는 경우 각 보기의 핵심 어구를 확인한다.

STEP 2 **지문에서 핵심 어구와 관련된 정답의 단서를 찾는다.**

질문의 핵심 어구를 그대로 언급했거나 바꾸어 표현한 부분의 주변에서 정답의 단서를 찾는다.

* Double/Triple Passages의 경우, 질문이나 보기의 핵심 어구가 언급된 지문을 먼저 확인하여 정답의 단서를 찾는다. 이때 처음 확인한 지문에서 찾은 단서만으로 정답을 선택할 수 없으면, 첫 번째 단서와 관련된 두 번째 단서를 다른 지문에서 찾는다.

STEP 3 **정답의 단서를 바탕으로 추론할 수 있는 내용의 보기를 정답으로 선택한다.**

* Double/Triple Passages의 경우, 지문에 언급된 각각의 단서들을 종합적으로 추론하여 정답을 선택한다.

전략 적용

1. Single Passage

[이메일]

Dear Mr. Keynes,

Star Bidders will hold its winter antique auction on November 29 at our venue on 847 Larchmont Avenue from 1:30 P.M. For a complete list of antique items that will be sold, visit our Web site at www.starauctions.co.ca. Objects include all sorts of items from the early 1900s.

Preferred members of Star Bidders may check the items in advance on November 28 from 4 P.M. to 6 P.M. So, you have the option of viewing the items on that date. Otherwise, the regular viewing will be held at 12:30 P.M. on November 29. As always, delivery is available for any purchase for a small additional fee.

We hope to see you at the auction!

STEP 2 정답의 단서 찾기
질문의 핵심 어구 Mr. Keynes와 관련된 Preferred members of Star Bidders may check the items ~ on November 28 ~. So, you have the option of viewing the items on that date에서 Star Bidders의 우대 회원들은 11월 28일에 물건들을 확인할 수 있고, Mr. Keynes는 그날 물건들을 볼 수 있는 선택권이 있다는 정답의 단서를 확인한다.

Q. What is suggested about Mr. Keynes?

(A) He often sells antiques by auction.
(B) He will attend an auction for the first time.
(C) He requested delivery of items.
(D) He is a preferred member of Star Bidders.

STEP 1 핵심 어구 확인하기
질문의 핵심 어구는 Mr. Keynes이다.

STEP 3 정답 선택하기
Mr. Keynes가 Star Bidders의 우대 회원임을 추론할 수 있으므로 보기 (D)가 정답이다.

2. Double Passages

[기사 & 이메일]

Paris, France—Renowned footballer Edwin Abreu has just signed an endorsement deal with global sports apparel brand Maxisport. Born and raised in Brazil, the national team superstar and current striker for football club CDF Paris will receive $300 million a year for the next five years in exchange for wearing Maxisport gear and appearing in advertising campaigns and sponsored events. Maxisport spokesperson Evelyn Gordon said, "Fans of Abreu can expect to see him wearing specially made Maxisport Abreu football boots this coming July."

STEP 2(1) 정답의 첫 번째 단서 찾기
질문의 핵심 어구 Edwin Abreu가 언급된 기사를 먼저 확인한다. Edwin Abreu와 Born and raised in Brazil에서 Edwin Abreu가 브라질에서 태어나고 자랐다는 첫 번째 단서를 파악한다. 하지만 그가 출연하는 광고가 어디서 촬영될 지는 알 수 없으므로, 광고 촬영에 대한 내용이 있는 두 번째 지문인 이메일을 확인한다.

To: Edwin Abreu <e.abreu@epostale.com>
From: Albert Claasen <a.claasen@sportagent.com>
Subject: Maxisport
Date: February 24

Edwin,

As you know, Maxisport has been planning several events to coincide with the World Football Championship in July. Aside from the launch of your football boots, scheduled to take place in Paris a month before your first match-up in Germany, they will film a series of television advertisements in the neighborhood where you grew up. They want to shoot it in April, so please let me know if you're available then. The series will also feature members of your family as well as your teammates on the national team. Please get back to me about shooting this.

Albert

STEP 2(2) 정답의 두 번째 단서 찾기
they will film a series of television advertisements in the neighborhood where you grew up에서 Edwin Abreu가 자란 동네에서 텔레비전 광고 시리즈를 찍을 것이라는 두 번째 단서를 확인한다.

Q. What is indicated about Edwin Abreu?

(A) He was on the winning team at a recent tournament.
(B) He will appear in televised advertisements shot in Brazil.
(C) He has just returned from a press conference in Germany.
(D) He will begin practicing with his teammates in July.

STEP 1 핵심 어구 확인하기
질문의 핵심 어구는 Edwin Abreu이다.

STEP 3 정답 선택하기
Edwin Abreu가 브라질에서 태어나고 자랐다는 첫 번째 단서와 그가 자란 동네에서 텔레비전 광고 시리즈를 찍을 것이라는 두 번째 단서를 종합할 때, Edwin Abreu가 브라질에서 촬영된 텔레비전 광고에 출연할 것임을 추론할 수 있다. 따라서 보기 (B)가 정답이다.

해석 p.84

Questions 01-02 refer to the following notice.

Great News for the Citizens of Coble City!

Subway Line 3 is now open for service after 18 months of renovation and upgrades. Stations have all been updated for your convenience. New ticketing kiosks have been installed along with comfortable waiting areas and complimentary Wi-Fi service. Use Line 3 to travel downtown to work, see your favorite sports teams, or shop and dine in the city's entertainment district. Open from 7 A.M. to 11 P.M. every day, Line 3 travels around the city from the Central Train Station along the Coble River, up Twain Avenue, and down Old Market Road. The line has 18 stations in all your favorite areas of the city with connections to other subway lines as well. Ticket fees have gone up slightly to $2.50 for adults and $1.50 for children. Transit passes are still available at their regular prices. For timetables and transit pass details, please go to www.coble.gov.

01 For whom is the notice intended?

(A) Transport workers
(B) Shop proprietors
(C) Local residents
(D) Visiting tourists

02 What does the notice mention about Line 3?

(A) It connects to other subway systems.
(B) It was constructed 18 months ago.
(C) It has extended hours on weekends.
(D) It has a stop at a Central Bus Terminal.

Questions 03-05 refer to the following letter.

United Sports Therapists Association

Mr. Patrick Ford
68 Maple Lane
Denver, CO 80214

Dear Mr. Ford,

This is to inform you that your application and payment for the Fifth Sports Therapy Summit have been accepted by the United Sports Therapists Association. This yearly event will be held at the Celt Venue Hall in Boston from September 30 to October 2. Please bring this letter with you on the first day of the event when you sign in. Also, we've enclosed a gate pass that allows you to enter the hall for the duration of the summit. A replacement fee of $12 will be imposed for lost gate passes.

Information packets will be provided to all summit attendees. They can be picked up when you sign in on September 30 from 8:30 A.M. They contain schedules, lists of participating companies, and coupons for local dining establishments.

Fees can only be returned in full if applications are canceled two weeks prior to the start of the summit. For cancellations within two weeks of the event, $20 will be deducted from the $75 summit fee.

For questions and concerns, call us at 555-9067. Thank you.

Sincerely,

Elaine Arden
Vice President
United Sports Therapists Association

03 Why was the letter written?

(A) To request payment of a fee
(B) To confirm the receipt of an application
(C) To ask for a gate pass replacement
(D) To announce a scheduling change

04 Who most likely is Patrick Ford?

(A) A participant in a future event
(B) A leader of an association
(C) A speaker for the upcoming summit
(D) A sports therapy student

05 What will visitors NOT receive on September 30?

(A) Event timetables
(B) Restaurant coupons
(C) Parking permits
(D) Company lists

Questions 06-09 refer to the following survey form.

Your participation in this survey is highly appreciated. Your responses will help us determine the best way to serve your financial needs.

Name: Akihiro Tsubota
Place of residence: Saitama
Occupation: Engineer
Household size: Three
Number of credit cards: Two
Income (per annum): ¥7,200,000
Expenditures (per annum estimate): ¥4,800,000

In the last five years, have you applied for any of the following?
Home Loan: Yes
Auto Loan: No
Business Loan: No

Please check which of the following financial products you own:
√ Deposit products
___ Equities
___ Mutual Funds
___ Pension plans
___ Bonds
√ Insurance

COMMENTS: I prefer simple investments because they are safe. I do not own many investment products because I do not know enough about what types to invest in, what benefits they have, or how risky they are.

Do you use our online services? (Yes) / No
If "yes," please rate your satisfaction with each of the following services. (1 being the least, and 5 the most)

Balance inquiries	1	2	3	4	(5)
Bill payment	1	2	(3)	4	5
Fund transfers	(1)	2	3	4	5
Investment tools	1	(2)	3	4	5

06 What type of business would probably give this survey form?
(A) A marketing company
(B) A real estate agency
(C) A bank
(D) An Internet service provider

07 What is indicated about Mr. Tsubota from the survey form?
(A) He has three children.
(B) He invested in an engineering firm.
(C) He has no outstanding credit card debt.
(D) He borrowed money from a financial institution.

08 Why does Mr. Tsubota prefer simple financial products?
(A) They are less risky than other financial products.
(B) Bonds and mutual funds are too expensive.
(C) Some products are not available in his neighborhood.
(D) They are more profitable than long-term investments.

09 Which online feature is Mr. Tsubota least satisfied with?
(A) Balance inquiries
(B) Bill payment
(C) Fund transfers
(D) Investment tools

Questions 10-11 refer to the following letter and form.

January 8

17B Alpine Apartments
2331 Brook Street
Milwaukee, WI 10185

Dear Ms. Jenkins,

This is to inform you that your annual membership to Rhode Library will expire at the end of next month. We would like to encourage you to consider renewing your membership so that you can continue to enjoy the exclusive benefits offered to our members.

This year, Rhode Library members can take advantage of free photocopying service on the building's third floor. In addition, members will receive a special booklet of all the cultural programs that the library will organize this year. On March 15, the exhibit *Greek Classical Wisdom* will open at Rhode Library. The exhibit features ancient documents that were recently discovered in the Peloponnese and will run until April 14. Our members will have the privilege of attending a special preview on March 12 in the north wing of the library.

The membership categories and their corresponding renewal fees are specified below. Please note that the reduced rates are only applicable if forms are submitted in person or by mail before February 10.

MEMBERSHIP TYPE	REGULAR RATE (per year)	DISCOUNTED RATE (per year)
Student	€80	€70
Individual	€100	€90
Institutional	€180	€160

Thank you and we look forward to your continued patronage.

Chloe Daniels
Membership Coordinator, Rhode Library

NAME: Helen Jenkins **DATE:** January 29
ADDRESS: 17B Alpine Apartments, 2331 Brook St., Milwaukee, WI 10185
CONTACT NO.: (210) 555-0541 **E-MAIL:** h_jenkins@e-atmail.com
MEMBERSHIP: Individual **AMOUNT PAID:** €90
Will you be attending the special preview of *Greek Classical Wisdom*? (x) Yes ( ) No

10 What is implied about Ms. Jenkins?

(A) She contacted the library by e-mail.
(B) She is coordinating an event with Ms. Daniels.
(C) She has a student membership.
(D) She renewed her membership before it expired.

11 When will Ms. Jenkins go to the preview?

(A) On January 8
(B) On January 29
(C) On March 12
(D) On April 14

정답 · 해석 · 해설 p.85

의도 파악 문제

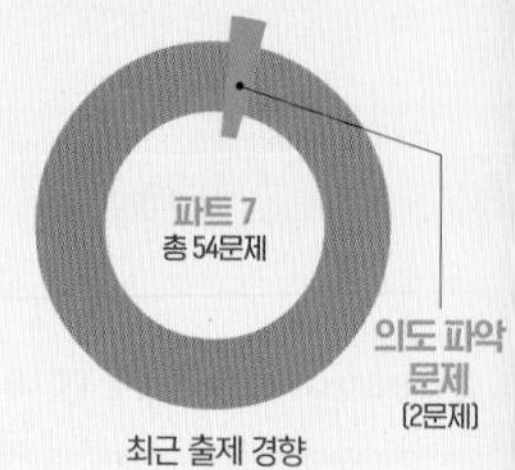

· **의도 파악 문제**는 메시지 대화문에서 인용구가 어떤 의도로 쓰였는지를 파악하는 문제이며, 매회 2문제가 출제된다.

질문 유형

의도 파악 문제는 At ~, what does someone (most likely) mean when he/she writes, "~"?을 사용하여 묻는다.

의도 파악 **At** 5:15 P.M., **what does** Mr. Klein **mean** when he writes, "No problem"?
오후 5시 15분에, Mr. Klein이 "No problem"이라고 썼을 때, 그가 의도한 것은?

At 10:37 A.M., **what does** Ms. Johnstone **most likely mean** when she writes, "Indeed"?
오전 10시 37분에, Ms. Johnstone이 "Indeed"라고 썼을 때, 그녀가 의도한 것 같은 것은?

문제 풀이 전략

STEP 1 **질문을 읽고 인용구와 그 위치를 확인한다.**
질문의 "At ~"을 읽고 메시지를 보낸 시간을 통해 지문에서 인용구의 위치를 확인한다.

STEP 2 **지문에서 인용구의 주변 문장을 읽고 인용구의 문맥상 의미를 파악한다.**
인용구의 주변에서 인용구가 어떤 의미로 쓰였는지 파악한다. 인용구의 주변 문장만 읽고 정답을 찾기 힘들 경우, 지문 전체의 흐름을 이해한 후 인용구의 의미를 파악한다.

STEP 3 **인용구가 쓰인 의도를 가장 잘 나타낸 보기를 선택한다.**

전략 적용

[메시지 대화문]

David Goh 4:27 P.M.
I've volunteered again as the ticket sales organizer for the Edgewood Film Festival. As you've helped us sell tickets before, I was wondering if you'd be willing to volunteer this year, too.

Jennilyn Morris 4:28 P.M.
I might be able to. When is it?

David Goh 4:31 P.M.
June 21-23. We are doing afternoon and evening shows, so you can choose shifts.

Jennilyn Morris 4:35 P.M.
I work on the 21st, but am free on the weekend. Sign me up for an evening shift on the 22nd and an afternoon shift on the 23rd.

David Goh 4:37 P.M.
Thanks so much Jennilyn! We will provide meals, and you'll get a free T-shirt with the festival logo. What size would you like?

Jennilyn Morris 4:41 P.M.
I'll take a medium. And I'm happy to help. My neighbor Hilary Deacon may also be willing to volunteer. Shall I ask her for you?

David Goh 4:43 P.M.
I'd appreciate that!

David Goh 4:44 P.M.
You can give her my phone number too, if she wants to text me about her availability.

Jennilyn Morris 4:46 P.M.
OK. But I'm quite sure she'll help out at the same times as me.

Q. At 4:43 P.M., what does Mr. Goh mean when he writes, "I'd appreciate that"?

(A) He is thankful a T-shirt can be exchanged for another size.
(B) He would like some festival tickets mailed to his home.
(C) He is grateful that his volunteer shifts can be adjusted.
(D) He wants Ms. Morris to speak to a neighbor about helping out.

STEP 2 인용구의 문맥상 의미 파악하기
인용구 앞의 My neighbor Hilary Deacon may also be willing to volunteer. Shall I ask her for you?에서 Jennilyn Morris가 이웃인 Hilary Deacon에게 도와줄 수 있는지 대신 물어보겠다고 제안했고, 이에 David Goh가 I'd appreciate that(그래 주신다면 정말 감사하죠)이라고 응답했다는 정답의 단서를 확인한다.

STEP 1 인용구와 그 위치 확인하기
질문에 언급된 I'd appreciate that의 위치를 확인한다.

STEP 3 정답 선택하기
지문을 바탕으로 추론할 수 있는 내용의 보기 (D)가 정답이다.

해석 p.87

Questions 01-02 refer to the following text-message chain.

Adrian Wellington 10:48 A.M.
I'm going to the textile trade fair in Johannesburg on March 5. Do you want to come along?

Rene Perot 10:52 A.M.
My sports collection designs are due March 7, so it isn't an ideal time for me. But I could delay the deadline by a week.

Adrian Wellington 10:54 A.M.
Thanks for offering, but don't worry about it if you're too busy.

Rene Perot 11:00 A.M.
All right, but could I send you a list of some materials to look for while you're there? I know prices are reasonable at the fair, so it will be a good place to pick up supplies for the sports collection.

Adrian Wellington 11:03 A.M.
I can give you a hand with that. I'm looking for some materials for the women's casual clothing collection, too. E-mail me the list.

Rene Perot 11:04 A.M.
Thanks!

Send

01 Who most likely is Mr. Perot?

(A) An executive for a textile manufacturer
(B) A representative for a trade event
(C) A designer for a fashion company
(D) A proprietor of a sports uniform business

02 At 11:03 A.M., what does Mr. Wellington mean when he writes, "I can give you a hand with that"?

(A) He will distribute a list to employees.
(B) He is willing to make travel arrangements.
(C) He will collect materials at a fair.
(D) He is able to help Mr. Perot sell his designs.

Questions 03-06 refer to the following online chat.

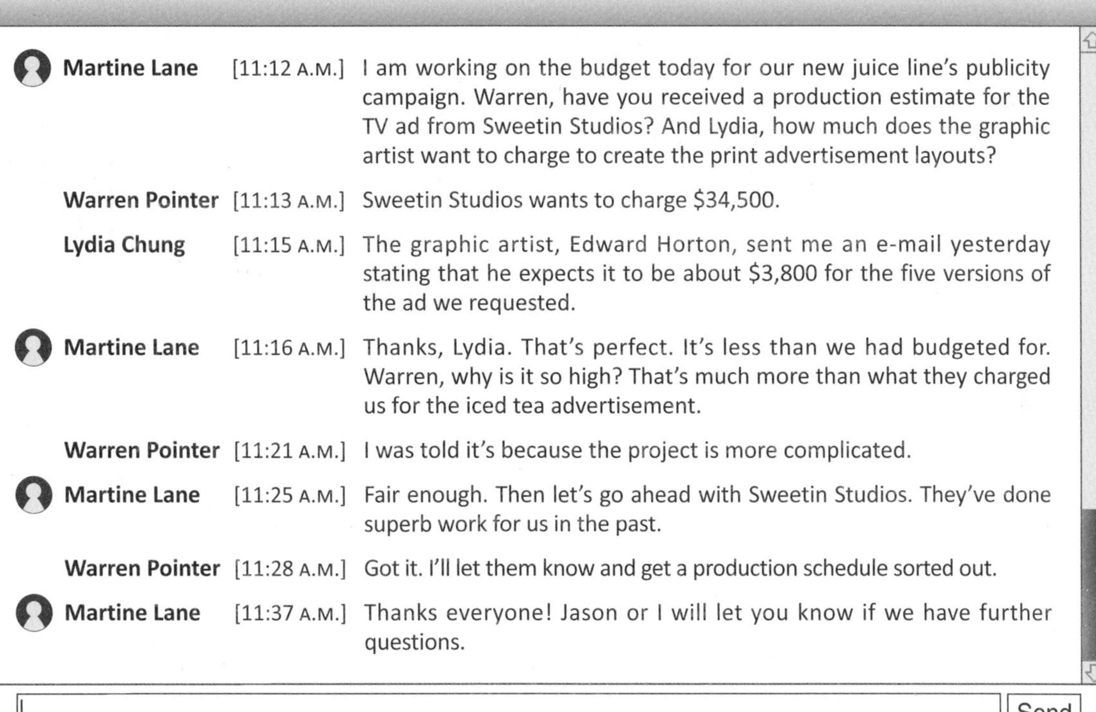

Martine Lane [11:12 A.M.] I am working on the budget today for our new juice line's publicity campaign. Warren, have you received a production estimate for the TV ad from Sweetin Studios? And Lydia, how much does the graphic artist want to charge to create the print advertisement layouts?

Warren Pointer [11:13 A.M.] Sweetin Studios wants to charge $34,500.

Lydia Chung [11:15 A.M.] The graphic artist, Edward Horton, sent me an e-mail yesterday stating that he expects it to be about $3,800 for the five versions of the ad we requested.

Martine Lane [11:16 A.M.] Thanks, Lydia. That's perfect. It's less than we had budgeted for. Warren, why is it so high? That's much more than what they charged us for the iced tea advertisement.

Warren Pointer [11:21 A.M.] I was told it's because the project is more complicated.

Martine Lane [11:25 A.M.] Fair enough. Then let's go ahead with Sweetin Studios. They've done superb work for us in the past.

Warren Pointer [11:28 A.M.] Got it. I'll let them know and get a production schedule sorted out.

Martine Lane [11:37 A.M.] Thanks everyone! Jason or I will let you know if we have further questions.

Send

03 Where do the writers most likely work?

(A) At an accounting firm
(B) At a beverage manufacturer
(C) At a publishing company
(D) At a television studio

04 What did Edward Horton do yesterday?

(A) He submitted an estimate for a project.
(B) He provided some samples of his work.
(C) He asked for more details about a task.
(D) He requested that a payment be sent.

05 What is true about Sweetin Studios?

(A) It is open to negotiations regarding the cost of a production.
(B) It develops publicity materials for a variety of printed publications.
(C) It required some additional cost figures from the accounting division.
(D) Its fee will be higher than before due to a project's complexity.

06 At 11:28 A.M., what does Mr. Pointer mean when he writes, "Got it"?

(A) He received a price estimate from a production company.
(B) He understands that the work should be done with Sweetin Studios.
(C) He was given a specific amount to develop a television advertisement.
(D) He has found an updated schedule for a publicity campaign.

Questions 07-10 refer to the following text message chain.

Donna Stevens 12:20 P.M.
Are there any changes I should make to my diet while I'm training for the 40-kilometer marathon in May?

Spencer Walton 12:26 P.M.
Yes. Because the run is longer than any other you've done before, some dietary changes will be necessary. You should frequently eat small meals. Maybe five or six times per day.

Donna Stevens 12:28 P.M.
I'm not used to eating that often, but I'll do my best. What else?

Spencer Walton 12:32 P.M.
If you want, I can come up with a daily diet plan for you. Do you have any allergies or dietary restrictions?

Donna Stevens 12:33 P.M.
Oh, that would be great! I'm allergic to strawberries. Other than that, I eat anything.

Spencer Walton 12:36 P.M.
OK, I'll have it ready when you arrive tomorrow for your session. And keep your consumption of coffee, tea, and alcohol to a minimum.

07 What is implied about Ms. Stevens?

(A) She has not participated in a 40-kilometer run before.
(B) Her plan does not allow for the consumption of caffeinated drinks.
(C) She needs to pay an extra fee for a private nutritional consultation.
(D) Her diet should include several large meals every day.

08 At 12:28 P.M., what does Ms. Stevens mean when she writes, "What else"?

(A) She needs further directions to an event venue.
(B) She wants to try other forms of exercise.
(C) She is prepared to attend additional training sessions.
(D) She is interested in receiving more advice.

09 What does Mr. Walton ask Ms. Stevens about?

(A) Her daily exercise routine
(B) The distance of a race
(C) Allergies to foods
(D) The date for a sports event

10 What does Mr. Walton say he will do at Ms. Stevens's next session?

(A) Come up with a training routine
(B) Conduct a physical examination
(C) Supply her with a diet plan
(D) Prepare a special snack recipe

Questions 11-14 refer to the following online chat discussion.

Betty Stone	[10:24 A.M.]	Last week, I asked all the partners to look over the lobby remodeling bids. Please give me your thoughts on them now.
Rob Crane	[10:26 A.M.]	We should hire the same firm that did our lounge, Pemberton Interiors.
Rita Ford	[10:28 A.M.]	I like Pemberton, but I don't think they have the capacity to take on this project. They opened a year ago and don't have enough people on staff.
Betty Stone	[10:34 A.M.]	That's true. But what about the design? I think our lobby should look similar to the lounge.
Allison Morita	[10:35 A.M.]	Well, I'm sure whomever we hire can do that. I see that Keaton Co. submitted a bid. They just did Blakely Inc.'s lobby. You should see it.
Rob Crane	[10:38 A.M.]	Yes, I was at Blakely Inc.'s office the other day. It's very inviting.
Allison Morita	[10:39 A.M.]	Keaton costs the most. However, I'd be willing to pay a higher price to ensure that the renovation work is done properly.
Rita Ford	[10:41 A.M.]	We should also consider Holmes Designs. They'll include wiring and light installation, which the others won't do.
Betty Stone	[10:44 A.M.]	You have a point. Anyway, we should study the bids more today, and we can make a final decision tomorrow.

Send

11 Why did Ms. Stone start the online chat discussion?

(A) To request bids on a project
(B) To get feedback from colleagues
(C) To change some design plans
(D) To announce a business opening

12 What is suggested about Pemberton Interiors?

(A) It offers the lowest price for a project.
(B) It did installation and wiring for a lounge.
(C) It has little experience on large projects.
(D) It was hired to design another lobby.

13 What is indicated about Ms. Stone?

(A) She was unhappy with the work of a previous contractor.
(B) She thinks Holmes Designs costs too much compared to other firms.
(C) She believes the design of the lounge needs improvement.
(D) She would like the lobby to have a similar look to the lounge.

14 At 10:44 A.M., what does Ms. Stone most likely mean when she writes, "You have a point"?

(A) She is confident that her plan will work.
(B) She agrees with recommendation Ms. Ford made.
(C) She believes getting her office renovated is a good idea.
(D) She feels a budget will be sufficient to cover the cost of remodeling.

정답 · 해석 · 해설 p.88

문장 위치 찾기 문제

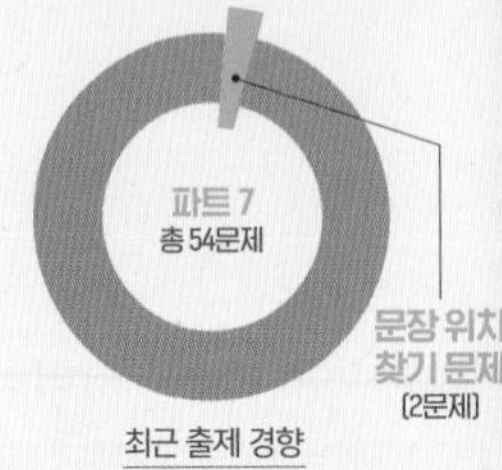

· **문장 위치 찾기 문제**는 지문의 흐름을 파악하여 주어진 문장이 들어갈 가장 적절한 위치를 고르는 문제이며, 매회 2문제가 출제된다.

질문 유형

문장 위치 찾기 문제는 In which of the positions ~ does the following sentence best belong?을 사용하여 묻는다.

문장 위치 찾기 **In which of the positions** marked [1], [2], [3], and [4] **does the following sentence best belong**?

[1], [2], [3], [4]로 표시된 위치 중, 다음 문장이 들어갈 곳으로 가장 적절한 것은?

문제 풀이 전략

STEP 1 **주어진 문장을 읽고 문장이 들어갈 위치의 앞뒤 내용을 예상한다.**

STEP 2 **주어진 문장 내의 단서를 이용하여 지문에서 예상한 내용이 나오는 부분을 찾아 주어진 문장을 삽입해본다.**

* 주어진 문장 내의 핵심 어구를 파악한 후, 지문에서 핵심 어구와 관련된 내용을 찾아 빈칸이 있는 위치에 주어진 문장을 삽입해 본다.
* 주어진 문장 내에서 지시대명사(it, that, these 등)가 있다면 지문에서 지시대명사가 가리키는 것을 찾아 뒤에 있는 빈칸에 주어진 문장을 삽입해본다.
* 주어진 문장 내에 연결어(however, yet, also 등)가 있다면 빈칸이 있는 위치의 앞뒤 맥락을 파악하여 주어진 문장을 삽입해본다.

STEP 3 **주어진 문장을 삽입했을 때 가장 자연스러운 위치를 정답으로 선택한다.**

전략 적용

[이메일]

TO	Edna Manor <ednam@wildensteininc.com>
FROM	Carl Ward <carlw@wildensteininc.com>
SUBJECT	Leave request
DATE	January 4

Ms. Manor,

I am writing in response to your e-mail. — [1] —. You have asked for time off from February 13 to 17 to attend a family wedding out of town. — [2] —. Please note, though, that your supervisor Michael Conners must give his authorization as well. — [3] —. Once I hear back from him, I will let you know if the leave has been officially approved. — [4] —. Should there be any changes in the meantime, please notify me immediately so that I am up to date on the current situation.

Let me know if you have any questions or concerns.

Regards,

Carl Ward
Administrative associate, Wildenstein Inc.

Q. In which of the positions marked [1], [2], [3], and [4] does the following sentence best belong?

"This is fine with the administration, as you have 20 days of vacation to use."

(A) [1]
(B) [2]
(C) [3]
(D) [4]

STEP 2 **주어진 문장 삽입해보기**
[2]의 앞 You have asked for time off from February 13 to 17 to attend a family wedding out of town에서 2월 13일에서 17일까지 시외에서의 가족 결혼식에 참석하기 위해 휴가를 요청했다는 내용이 있으므로, [2] 자리에 주어진 문장을 삽입한다.

STEP 1 **주어진 문장의 앞뒤 내용 예상하기**
This is fine with the administration, as you have 20 days of vacation to use에서 사용할 수 있는 20일의 휴가를 갖고 있기 때문에 이것은 행정상 괜찮다고 했으므로, 주어진 문장 앞에 휴가와 관련된 내용이 있을 것임을 예상한다.

STEP 3 **정답 선택하기**
[2]에 주어진 문장이 들어가면, 가족 결혼식에 참석하기 위해 휴가를 요청했는데 이것이 행정상 괜찮다는 내용이 되어, 두 문장이 자연스럽게 연결된다. 따라서 보기 (B) [2]가 정답이다.

해석 p.91

Questions 01-03 refer to the following advertisement.

Have you ever wanted to be in the movies?

Unit 15, Old Compton Road
London SW8 5SS
(5 minutes from South Kensington Stn.)

First-Step Acting Agency is in need of movie and television extras. Extras will be used for commercials, television series, and feature films to be produced in various locations. We are not affiliated with any production company, but have television and movie industry contacts and provide producers with the extras they need.

It doesn't matter what you look like, and there is no height restriction. Anyone aged 16 to 55 can apply, and no experience is needed. — [1] —. Please visit us at the address above and bring both a full-body shot and a photograph of just your face. — [2] —. For those who do not yet have any, our staff photographer can take pictures of you. — [3] —. Candidates will also be asked to face a video camera and to answer a few questions. — [4] —.

First-Step Acting Agency will keep a file with your details, photos, and recordings and will notify performers should their details meet the requirements of a project needing extras. Our offices are open Monday to Saturday from 10 A.M. to 4 P.M.

01 What is NOT true about First-Step Acting Agency?

(A) It does not have partnerships with any particular companies.
(B) It provides movie production companies with performers of any age.
(C) It requires two types of photographs from each interested applicant.
(D) It offers the services of extras for commercials.

02 What is a requirement for interested candidates?

(A) Meeting height specifications
(B) Mailing some photographs to the agency
(C) Having film production experience
(D) Visiting an office on Old Compton Road

03 In which of the positions marked [1], [2], [3], and [4] does the following sentence best belong?

"There is a $10 charge for taking photographs."

(A) [1]
(B) [2]
(C) [3]
(D) [4]

Questions 04-06 refer to the following letter.

October 17

Martha Easley
219 North Quinn Street
Seattle, WA 98101

Dear Ms. Easley,

We are pleased to inform you that the results of the general checkup you had at our hospital on October 12 indicate that you are in good health. All of your health markers, including blood pressure, heart rate, cholesterol levels, and body-fat percentage, are normal. As there is nothing remarkable about the results, you will not need further tests. As such, your next physical exam with us will be a year from today.

However, we would like to point out that there are certain steps you can take to preserve your health so that you can continue to enjoy life. — [1] —. First of all, I recommend maintaining a healthy body weight by exercising regularly and eating nutritionally balanced meals. And as you are over 50 years of age, ensure that you see a doctor if you experience any of the symptoms listed at www.wheatonhospital.com/middleagesymptoms. — [2] —. And finally, get regular medical checkups with your physician. — [3] —. For those in your age bracket, one annual physical exam is recommended. However, this can increase to three times a year for those who take regular prescription medication like you.

— [4] —. If you have any questions about the results, please do not hesitate to get in touch with me.

James Brenner
Clinical Services
Wheaton Hospital

04 What is the main purpose of the letter?

(A) To give information about the outcome of an examination
(B) To encourage a patient to seek further medical advice
(C) To provide details about a health test that will be conducted
(D) To explain a patient's medical problems

05 What is indicated about Ms. Easley?

(A) She asked Mr. Brenner to recommend a doctor.
(B) She spoke to her physician regarding a new dietary routine.
(C) She frequently takes medicine prescribed by a doctor.
(D) She can see details regarding her checkup schedule on a Web site.

06 In which of the positions marked [1], [2], [3], and [4] does the following sentence best belong?

"Detailed information about the results of your checkup will be mailed to you this week."

(A) [1]
(B) [2]
(C) [3]
(D) [4]

Questions 07-10 refer to the following article.

Value-Air is Poised to Take the Lead

Value-Air, the world's newest low-cost carrier (LCC), is expected to become the top LCC globally within three years. Established just four years ago, the airline began operations in Indonesia with a fleet of only three jumbo planes. It started small, flying only to destinations within the country, and then launched its first international flight to Manila, Philippines just two years after opening for business.

Today, it has a fleet of 170 planes and 106 routes throughout the whole of Asia and Oceania, and it has successfully weakened a monopoly once enjoyed by LCC Zen Flights in Asia. — [1] —. Value-Air is now planning to expand by adding routes to other continents. If approved, it will fly to select cities in North America, South America, Africa and Europe within the next five years.

The move for expansion has had the company scrambling to fill staffing needs, including pilots, flight attendants, and ground crews. — [2] —. In addition, the airline will purchase 80 more wide-body aircraft and establish hubs in major cities on all continents. CEO Rex Cortzes is excited about the growth prospects for the airline, saying "Once we have established all our planned international routes, we anticipate a jump in revenues of about 40 percent." — [3] —.

The airline keeps fares low, but manages to make profits by offering added comforts such as baggage allowance, food, seat allocation and priority boarding for a price. It caters to a single passenger class. — [4] —. The airline's Web site says it prioritizes "safety and savings", which is the company's slogan.

07 How many years did it take for Value-Air to become an international carrier?

(A) Two years
(B) Three years
(C) Four years
(D) Five years

08 What is NOT true about the airline?

(A) It plans to increase the size of its fleet.
(B) It presently serves Asia and Oceania.
(C) It began flying routes to North America last year.
(D) Its first international flight was to the Philippines.

09 What is suggested about Value-Air?

(A) It wants to cut down on its routes in Asia.
(B) It has recently opened a hub in South America.
(C) It operates a number of flights to Europe.
(D) It has lured some passengers away from another low-cost carrier.

10 In which of the positions marked [1], [2], [3], and [4] does the following sentence best belong?

"This projection is based on present income levels for existing routes."

(A) [1]
(B) [2]
(C) [3]
(D) [4]

Questions 11-14 refer to the following article.

Burton District Overpass Officially Unveiled

A new overpass at the intersection of Richardson Avenue and Sharona Boulevard was opened at a ribbon-cutting ceremony on Monday. Cordain mayor Elena Fielding and director of the city's transit authority Bill Canmore were on hand for the event. Mayor Fielding gave a short speech thanking residents of the area for their patience during construction. "We hope that this improvement will be worth any inconvenience caused," she said during the event. — [1] —. Canmore also delivered a quick talk and explained to attendees that the overpass was built in order to alleviate traffic congestion in the area. — [2] —.

The structure was not finished until two weeks after its scheduled completion date. The transit authority said this was caused mainly by severe weather in May. — [3] —. Despite the delay, the cost of construction was only slightly over what the city had budgeted for the project, totaling $4.2 million. — [4] —. Funds for the overpass came from local property taxes and a state grant, and the work was carried out by Nickle Construction Inc.

11 What took place on Monday?

(A) A building's grand opening ceremony
(B) A launch for a city transit structure
(C) An event to promote a project plan
(D) A tour of a construction site

12 What is indicated about Burton District?

(A) It was underserved by public transportation.
(B) It has experienced problems with heavy traffic.
(C) It requested additional funds for another project.
(D) It is zoned solely for residential buildings.

13 What is suggested about the city of Cordain?

(A) It was unable to get government funding for the building of the overpass.
(B) It spent less money on a road project than it had budgeted for.
(C) It recently appointed Bill Canmore to the position of transit authority director.
(D) It paid Nickle Construction partly with money from property taxes.

14 In which of the positions marked [1], [2], [3], and [4] does the following sentence best belong?

"Stormy conditions made it impossible for crews to proceed."

(A) [1]
(B) [2]
(C) [3]
(D) [4]

정답 · 해석 · 해설 p.91

동의어 찾기 문제

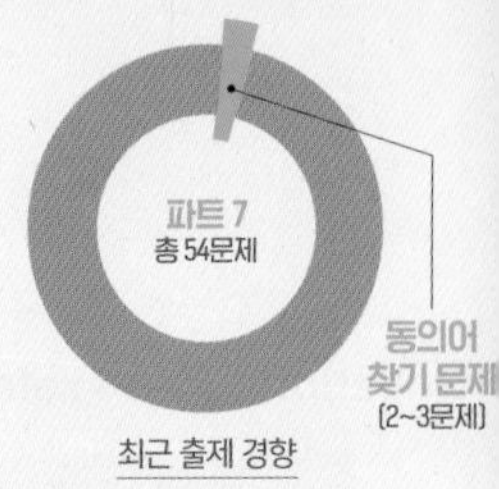

· **동의어 찾기 문제**는 4개의 보기 중 지문에 언급된 단어와 가장 유사한 의미를 갖는 보기를 선택하는 문제이며, 매회 2~3문제 정도 꾸준히 출제된다.

질문 유형

동의어 찾기 문제는 The word "~" is closest in meaning to를 사용하여 묻는다.

[Single Passage] **The word** "forecast" in paragraph 2, line 4, **is closest in meaning to**
2문단 네 번째 줄의 단어 "forecast"는 의미상 -와 가장 가깝다.

[Multiple Passages] In the notice, **the word** "relate" in paragraph 3, line 2, **is closest in meaning to**
공고에서, 3문단 두 번째 줄의 단어 "relate"는 의미상 -와 가장 가깝다.

문제 풀이 전략

STEP 1 **질문을 읽고, The word 다음에 언급된 단어의 위치를 지문에서 확인한다.**
질문의 The word 다음에 언급된 "in paragraph ~, line ~"을 읽고 지문의 ~문단, ~ 번째 줄에서 해당 단어를 확인한다.

STEP 2 **해당 단어가 포함된 문장을 읽고 문맥을 통해 단어의 의미를 파악한다.**
해당 단어의 동의어이지만 문맥에 어울리지 않는 단어가 오답 보기로 나오는 경우도 있으므로, 반드시 문맥을 통해 단어의 의미를 파악해야 한다.

STEP 3 **문맥상 가장 비슷한 의미를 갖는 보기를 정답으로 선택한다.**

전략 적용

[보도 자료]

FOR IMMEDIATE RELEASE

Amanda's Goes Online

Amanda's Supermarket is now selling groceries on the Internet. Today, the largest supermarket chain in the United Kingdom broadened its operations by launching an online store, which can be found at www.amanda.com. The Web site offers thousands of products, ranging from frozen goods to fresh produce. The online store was created to allow customers to save time and resources when shopping for groceries.

The online shopping option is currently available to all cities in Northwest England. According to Amanda's general manager Keith O'Donnell, the online supermarket is envisioned to grow into a large Internet grocery retailer. "With our new shopping option, we hope to compete with other local online grocery stores and gradually gain a relevant chunk of the market share."

Q. The word "gain" in paragraph 2, line 5, is closest in meaning to

(A) sponsor
(B) obtain
(C) reach
(D) nourish

STEP 2 **단어 의미 파악하기**
we hope to compete with other local online grocery stores and gradually gain a relevant chunk of the market share에서 gain이 '차지하다'라는 뜻으로 사용되었음을 확인한다.

STEP 1 **단어 위치 확인하기**
2문단 다섯 번째 줄에서 단어 gain을 확인한다.

STEP 3 **정답 선택하기**
가장 비슷한 의미를 갖는 보기 (B)가 정답이다.

해석 p.94

Questions 01-02 refer to the following advertisement.

Baron Airlines: Service in the Sky!

Baron Airlines offers comfort, safety, and convenience. Each plane in our fleet of 200 aircraft is luxuriously outfitted, meticulously maintained, and operated by professional pilots. Furthermore, with Baron's automated check-in service, you won't get held up waiting in line at airports. Our courteous, discreet, and efficient service staff is devoted to your every need, from the time you get into our free limousine to the time you arrive at your destination.

Call 555-6278 today and book your next business trip with Baron's. To schedule your free pick-up or drop-off, call our limousine reservation hotline at 555-5466.

01 What is stated in the advertisement as a benefit of flying with Baron?

(A) The airfare is low.
(B) The baggage allowance is generous.
(C) The wait for check-in is short.
(D) The pilots are friendly.

02 The word "devoted" in paragraph 1, line 7, is closest in meaning to

(A) concerned
(B) presented
(C) dedicated
(D) applied

Questions 03-05 refer to the following e-mail.

To: Maria Douglas <m.douglas@deanindustries.com>
From: Kayla Rogers <kayla@highstreetcafe.com>
Date: April 9
Subject: Your inquiry
Attachment: brochure

Dear Ms. Douglas,

I am Kayla Rogers, the manager for High Street Café. I will be handling your booking for the use of our venue, and wanted to confirm the information you have provided so far:

Date: Friday, April 16	**Time:** 7 P.M.	**Number of guests:** 50
Company name: Dean Industries Incorporated	**Occasion:** Promotion of Ben Bradley	

I have already put you on our schedule, but you will need to deposit $150 to complete the booking. You may occupy the venue until 12 A.M., after which you will be charged an hourly rate of $50.

Please see the attached brochure for details about our food packages. We have several fixed menu and buffet choices available. They range in price from $23 to $62 per person. Every package comes with a selection of alcoholic and nonalcoholic beverages.

In your e-mail, you mentioned that you wanted more information on what services we offer. We will provide all the table linens, dinnerware, and flatware, but additional decorations, such as banners, balloons, and floral bouquets, are not included in our service. However, if you require such items, we can recommend a company that provides them at reasonable prices.

If you have other special requests, please let me know. I hope to hear from you soon.

Sincerely,
Kayla Rogers
High Street Café

03 Why was the e-mail written?

(A) To make a special request
(B) To finalize a reservation
(C) To congratulate Mr. Bradley
(D) To offer a discount

04 What is Ms. Douglas asked to do?

(A) Confirm dinner menus
(B) Move the date of her event
(C) Provide a deposit
(D) Send a guest list

05 The word "range" in paragraph 3, line 2, is closest in meaning to

(A) contain
(B) vary
(C) climb
(D) elevate

Questions 06-09 refer to the following article.

Condominium Sales Up Citywide

CRANSTON, January 15—Home sales in the city of Cranston are on the rise. Last month alone, nearly 3,000 residential properties were sold, making it the busiest December in a decade.

It is important to note, however, that a majority of those sales were of condominiums rather than single-family homes. According to market analyst Pierre Fellini, price remains the biggest consideration when it comes to home purchases. "The average price of a single-family home in Cranston has gone up by nearly six percent a year, so buying one now costs $450,000 on average. Meanwhile, condominium prices are also up, but these types of properties are more affordable at an average price of $325,000."

It is expected that developers will take the rise in sales as indication that demand is high enough to build more condominiums throughout the city. According to Lance Perreti of Delta Builders, "Demand will continue growing for as long as young people keep moving here in search of jobs. This is why we have drawn funding for four additional construction projects over the next two years."

06 What is the article mainly about?

(A) The growing cost of living in a city
(B) The changes in appearance of many modern homes
(C) The kinds of concerns that homeowners commonly have
(D) The recent conditions in an area's property market

07 What is indicated about the condominiums?

(A) Their construction takes less time.
(B) Their prices did not rise over the past year.
(C) They attract fewer buyers than other building types.
(D) They cost less than single-family homes.

08 What is suggested about Cranston?

(A) It has a severe lack of affordable rental housing.
(B) Its construction rules for residential buildings have been tightened.
(C) The average age of its population is becoming younger.
(D) The government has chosen it to be the site of a major new factory.

09 The word "drawn" in paragraph 3, line 4, is closest in meaning to

(A) performed
(B) donated
(C) repaired
(D) received

Questions 10-11 refer to the following form and e-mail.

Bartheon Corporation
Leave Application Form

Date of request: March 27

Name: Kelly Matthews
Employee No.: J-0191

Department: Marketing
Designation: Marketing associate

Reason for Requested Leave:
■ Sickness
□ Bereavement
□ Maternity/Paternity
□ Personal leave
□ Other: ______

Type of Leave:
■ Paid
□ Unpaid

Leave from: March 25
To: March 26
Employee Signature: *Kelly Matthews*

To: Kelly Matthews <k.matthews@bartheoncorp.com>
From: Colby Daniels <c.daniels@bartheoncorp.com>
Date: March 28
Subject: Re: Request for paid leave

Dear Ms. Matthews,

Your request for two days of paid leave due to illness has been received. Thank you for submitting it immediately upon your return. However, we are unable to authorize your request until you supply us with further documentation. As you know, the company policy states that when an employee is sick for more than a single day, he or she must provide a note from a licensed physician. In addition, although you contacted your supervisor on the first day of your absence, you failed to do so on the second. Because you are new to the company, we will not fault you. However, in the future, please remember to notify all concerned parties for each day that you are unable to come to work.

Feel free to contact me at extension 852 if you have any questions.

Best regards,
Colby Daniels
Human resources director

10 On which day did Ms. Matthews provide the required notification to her supervisor?

(A) On March 25
(B) On March 26
(C) On March 27
(D) On March 28

11 In the e-mail, the word "concerned" in paragraph 1, line 7, is closest in meaning to

(A) troubled
(B) relevant
(C) doubtful
(D) sympathetic

정답 · 해석 · 해설 p.95

DAY 08 이메일(E-mail)/편지(Letter)

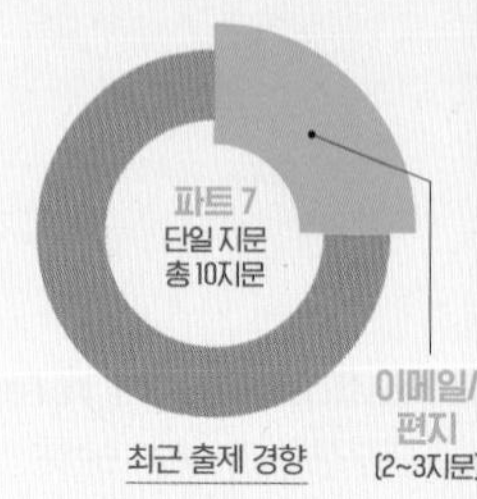

· **이메일/편지**는 비즈니스 또는 일상생활과 관련된 여러 정보를 주고받는 글이며, 매회 2~3지문 정도 꾸준히 출제된다.

빈출 지문

비즈니스	사내에서 또는 회사 간 직원들이 여러 업무와 관련하여 주고받는 이메일/편지 구직자의 합격을 알리거나, 면접 일정을 통보하는 이메일/편지
일상생활	상점, 은행, 병원 등의 시설 담당자와 고객이 주고받는 이메일/편지

빈출 문제 유형

주제/목적 찾기 문제	이메일/편지의 목적을 묻는 문제가 출제된다. What is the purpose of the e-mail/letter? 이메일/편지의 목적은 무엇인가? Why was the e-mail sent? 이메일은 왜 보내졌는가? Why was the letter written? 편지는 왜 쓰였는가?
육하원칙 문제	요청 사항, 첨부/동봉된 것이나 기타 세부 사항을 묻는 문제가 자주 출제된다. What is Mr. Lim asked to do? Mr. Lim은 무엇을 하도록 요청되는가? What is enclosed with the letter? 편지에 무엇이 동봉되었는가?
Not/True 문제	이메일/편지에 언급된 사람이나 회사 및 기타 특정 사항 등에 대해 일치하지 않거나, 일치하는 보기를 선택하는 문제가 자주 출제된다. What is indicated about Mr. Cox? Mr. Cox에 대해 언급된 것은? What is NOT mentioned in the e-mail? 이메일에서 언급되지 않은 것은?
추론 문제	이메일/편지에 언급된 사람이나 회사 및 특정 사항에 대해 추론하는 문제가 자주 출제된다. What is suggested about Ms. Roberts? Ms. Roberts에 대해 암시되는 것은? What will most likely happen on July 3? 7월 3일에 무슨 일이 일어날 것 같은가?

예제 및 지문 flow

Conrad Baines Strokes Financial Group 3948 Vermont Avenue Ridgway, CA 90384	받는 사람
Dear Mr. Baines, My name is Charles Ray and I'm in charge of participants for the [1-A/B]Global Financial Services Convention scheduled for June 2-4 in Houston. I am writing to confirm your request for a display booth reservation. I have booked three booths on the main floor of the exhibition hall for you as requested.	목적
[2]Enclosed with this letter you will find a bill for your booth rentals along with payment details and four convention passes. Additional passes are available upon request. You will also find a catalog of the [1-C]equipment we have available for rent including tables, monitors, lighting systems, and partitions.	동봉된 것
As you are renting three booths, we are happy to offer you a 15 percent discount on any equipment rentals. Please send any requests for equipment to me at charray@gfsc.com by May 30.	요청 사항
Thank you for participating in the convention, and we hope you will find it beneficial for your group.	마침 인사
Sincerely yours, *Charles Ray* Charles Ray Director of Reservations	보내는 사람

Q1. What is NOT mentioned in the letter?

(A) The location of a convention
(B) The dates for an event
(C) The type of equipment available
(D) The kinds of payments accepted

Q2. What is enclosed with the letter?

(A) Registration forms
(B) Product brochures
(C) Passes for an event
(D) A list of exhibitors

해설

Q1. **Not/True 문제** 편지에서 언급된 내용을 찾아 보기와 대조하는 Not/True 문제이다. (D)는 지문에 언급되지 않은 내용이다. 따라서 (D) The kinds of payments accepted가 정답이다. (A)와 (B)는 Global Financial Services Convention scheduled for June 2-4 in Houston에서 6월 2일부터 4일까지 휴스턴에서 세계 금융 서비스 총회가 예정되었다고 했으므로 지문의 내용과 일치한다. (C)는 equipment we have available for rent including tables, monitors, lighting systems, and partitions에서 탁자, 모니터, 조명 시스템, 파티션을 포함한 장비들이 임대 가능하다고 했으므로 지문의 내용과 일치한다.

Q2. **육하원칙 문제** 편지에 동봉된 것이 무엇인지(What)를 묻는 육하원칙 문제이다. 질문의 핵심 어구인 enclosed와 관련하여, Enclosed with this letter you will find ~ four convention passes에서 이 편지에 총회 입장권 네 장을 동봉했다고 했으므로 (C) Passes for an event가 정답이다.

해석 p.97

HACKERS TEST

⏲ 제한 시간 13분

Questions 01-02 refer to the following e-mail.

To:	Amanda Perry <aperry@finbox.com>
From:	Joseph Eisenhower <joseph_e1977@bmail.com>
Date:	August 1
Subject:	Upcoming activity

Hi, Amanda.

Thanks for organizing our club's dog walk this month. My wife and I will be bringing our German shepherd dog, Amos. However, I can't find the invitation and map that you sent me, and I'm not sure if I remember some of the information correctly. It is supposed to start at 3 P.M. this Sunday, correct? I know that the meeting place is at the main entrance of Edge View Gardens, but I can't remember which gate that is. Is it the one facing Burgundy Road, or the one on the opposite side, facing Ferguson Street?

Sorry for all the questions, but we're excited about participating in the dog walk and hope to hear from you soon.

Regards,
Joseph Eisenhower

01 Why did Mr. Eisenhower send the e-mail?

(A) He wanted to invite Ms. Perry to a gathering.
(B) He needed to ask about club membership.
(C) He would like to verify the details of an event.
(D) He cannot locate a venue on a map.

02 What type of event will take place on Sunday?

(A) An athletic competition
(B) A club activity
(C) A pet fair
(D) A city tour

Questions 03-05 refer to the following letter.

Quackenbush & Sons
74 Yeoman Boulevard
Boise, Idaho 83201

June 10

Raymond Fleer
16 Belden Road
Pettit, Idaho 74451

Dear Mr. Fleer,

Congratulations! I am pleased to inform you that Quackenbush & Sons would like to offer you the position of Chief Operating Officer for the state of Idaho. Starting June 24, you will be responsible for coordinating activities at our processing plants across the state. The current COO, Ken Perkins, will be providing you with the necessary training.

You will find a copy of your contract enclosed. Please review the details and sign the documents where necessary should you choose to accept this position. Send the signed contracts to Beth Hall in our human resources department. After receiving the contract, Ms. Hall will assist you with the arrangements for your move to Boise.

Lastly, I would like to invite you and your wife, Andrea Fleer, to our annual reception for executives at Firenze Hotel on Friday night, June 21. Please let me know if you will be available.

I hope to hear from you soon.

Sincerely,
Louis Patterson
CEO
Quackenbush & Sons

03 What is the purpose of the letter?

(A) To invite friends to dinner
(B) To offer a job position
(C) To schedule an appointment
(D) To organize a set of activities

04 What does the CEO ask Mr. Fleer to do?

(A) Study an operating manual
(B) Attend a training session
(C) Send documents to the personnel department
(D) Give a speech at a reception

05 Who will help Mr. Fleer with moving arrangements?

(A) Louis Patterson
(B) Ken Perkins
(C) Andrea Fleer
(D) Beth Hall

Questions 06-09 refer to the following e-mail.

To:	Customer Service <csc@intellnet.com>
From:	Alfred Hayes <al_hayes@mailman.com>
Date:	August 11
Subject:	Service interruption

To Whom It May Concern,

I am writing in regard to Internet account number 8808-BFDG62, which is registered under my name, Alfred Hayes. I have had the account since February. At first, I was very satisfied with the service. — [1] —.

However, my connection has recently become slow and unreliable. This problem seems to occur mostly on the weekends. Usually, the connection is cut off between 2 P.M. and 6 P.M. I have tried to solve the problem, but after one week of trying, I cannot find a solution. — [2] —. I have restarted both my computer and the modem, and tried reinstalling the software as well as unplugging and reconnecting the cables for both the computer and the modem, but nothing has worked. — [3] —.

I desperately need access to the Internet in order to conduct my research, so please have someone call me at 555-2493. — [4] —. I may be reached any time of day since I work mostly at home.

Thank you.

06 Why was the e-mail written?

(A) To complain about a representative
(B) To report a technical malfunction
(C) To sign up for a service
(D) To inquire about equipment

07 What is NOT a solution that Mr. Hayes has tried?

(A) Restarting the modem
(B) Reconnecting cables
(C) Reinstalling software
(D) Reassembling his computer

08 The word "conduct" in paragraph 3, line 1, is closest in meaning to

(A) cause
(B) convey
(C) perform
(D) guide

09 In which of the positions marked [1], [2], [3], and [4] does the following sentence best belong?

"The connection was fast, and available at all hours of the day."

(A) [1]
(B) [2]
(C) [3]
(D) [4]

Questions 10-13 refer to the following letter.

Great Smile Dental Clinic

Room 213, 61 Center Towers, Sunshine Road, Jackson, MI 39201

Dr. Aaron Brown, D.M.D./Orthodontics
Clinic Hours: Mon-Thu, 1:00-5:00 P.M.

Dr. Jennifer Brown, D.M.D./General Dentistry
Clinic Hours: Tue-Sat, 8:30 A.M.-1:00 P.M.

71 Emerald Street, Jackson, MI 39201

Dear Ms. Sullivan,

This is to let our patients know that Great Smile Dental Clinic will be closed for a week from March 27 to April 3. This is in preparation for the clinic's relocation early next month. We are transferring to the newly built Torque Building at 34 Moonbeam Road, two blocks away from Sunshine Road. Enclosed with this letter is a map showing Torque Building's exact location. We will resume regular clinic hours on April 4.

Furthermore, beginning April 4, we will be implementing some changes in clinic operations. We will be opening the clinic on Sunday mornings for special appointments. In addition, we will be conducting free dental checkups every first Friday of the month from 11:30 A.M. to 2:00 P.M. We hope that the convenient new location, extra hours, and free service will allow us to continue providing you and all our other patients with the best dental care possible.

Thank you very much.

Kelly West
Dental Assistant, Great Smile Dental Clinic

10 What time will the dental clinic most likely open on Fridays?

(A) At 8:30 A.M.
(B) At 11:30 A.M.
(C) At 1:00 P.M.
(D) At 2:00 P.M.

11 What is NOT indicated about the clinic?

(A) It will hold free dental examinations.
(B) It will be open on Sunday mornings.
(C) It will charge lower treatment fees.
(D) It will have two attending dentists.

12 What is mentioned about the Torque Building?

(A) It is located on Sunshine Road.
(B) It was constructed recently.
(C) It has commercial units available for rent.
(D) It was bought by a group of dentists.

13 What is suggested about Ms. Sullivan?

(A) She will register for the free checkup.
(B) She lives near Center Towers.
(C) She is a patient at Great Smile.
(D) She will consult with another dentist.

정답 · 해석 · 해설 p.98

양식 및 기타(Forms)

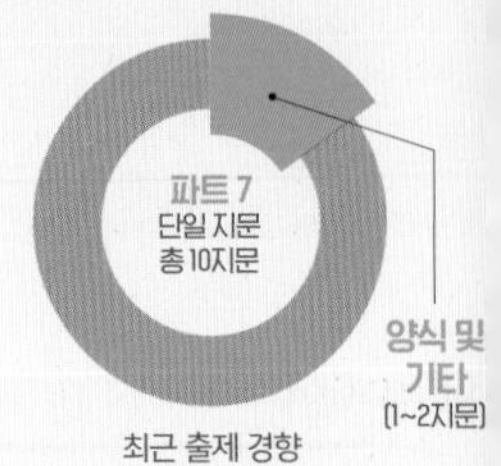

· **양식 및 기타**는 일정표, 청구서, 광고지 및 쿠폰과 같이 다양한 형식을 갖춘 실용문이며, 평균 1~2지문 정도 출제된다.

빈출 지문

일정표	다양한 행사나 개인 스케줄을 보여주는 표
청구서	송장이나 영수증 등의 지불 양식
광고지 및 쿠폰	제품이나 서비스, 시설을 홍보하는 광고지 및 할인 쿠폰
초대장	각종 행사에 초대하는 양식
전화 메시지	부재 중에 온 전화 메시지 기록 양식

빈출 문제 유형

주제/목적 찾기 문제 양식에 언급된 행사의 목적이나 양식의 주제를 묻는 문제가 출제된다.

What is the purpose of the event? 행사의 목적은 무엇인가?
What is the coupon for? 쿠폰은 무엇을 위한 것인가?

육하원칙 문제 추후 일정 계획, 어떤 일의 이유나 기타 세부 사항을 묻는 문제가 자주 출제된다.

What will take place on October 19? 10월 19일에 무슨 일이 일어날 것인가?
Why did Mr. Wong register for the course? Mr. Wong은 왜 수업에 등록했는가?

Not/True 문제 양식에 언급된 행사나 사람 등에 대해 일치하지 않거나, 일치하는 보기를 선택하는 문제가 자주 출제된다.

What is indicated about the trade fair? 무역 박람회에 대해 언급된 것은?
What is NOT stated about Mr. Jenkins in the form? 양식에서 Mr. Jenkins에 대해 언급되지 않은 것은?

추론 문제 양식의 대상이나 양식에 언급된 특정 사항에 대해 추론하는 문제가 자주 출제된다.

For whom is the schedule probably intended? 일정표는 누구를 대상으로 하는 것 같은가?
What is suggested about the store? 상점에 대해 암시되는 것은?

예제 및 지문 flow

INVOICE

[2]Herman Promotions
85-C Sunset Boulevard, Los Angeles, CA 90216

[2]Thank you for shopping with us once again! Your order was processed on October 9, and [1]you should receive it by October 16. If it does not arrive within the next two weeks, please notify us immediately.

[2]**Bill to:** Mad Hatter Productions
129 Canyon Road, Los Angeles, CA

Date: Oct.11
Order Number: ACQ-19

Description	Unit price	Quantity	Total
[1]Item TR89 Stainless Steel Travel Mug	$3.00	300	$900.00
		Subtotal	$900.00
		Shipping	$42.00
		Amount due	$942.00

Payments may be made by credit card, bank transfer, or check. Refunds are not provided, but exchanges or credit is offered if a request is made within one week of receipt of a delivery. If you have any questions about this invoice, please contact our customer service office at 555-2211. We hope you will enjoy your Herman Promotions product, and we look forward to serving you again in the future.

양식 종류

작성자

세부 내용

Q1. What will happen by October 16?

(A) A travel mug will be delivered.
(B) A product line will sell out.
(C) A refund will be provided.
(D) A billing statement will be adjusted.

Q2. What is suggested about Mad Hatter Productions?

(A) It qualified for a bulk order discount.
(B) It has not settled a previous invoice.
(C) It was not charged a separate fee for shipping.
(D) It has made a purchase from Herman Promotions before.

해설

Q1. **육하원칙 문제** 10월 16일까지 무슨(What) 일이 일어날지를 묻는 육하원칙 문제이다. 질문의 핵심 어구인 October 16과 관련하여, you should receive it by October 16, Item TR89 Stainless Steel Travel Mug에서 10월 16일까지 주문품인 TR89 스테인리스 여행용 컵을 받을 것이라고 했으므로 (A) A travel mug will be delivered가 정답이다.

Q2. **추론 문제** 질문의 핵심 어구인 Mad Hatter Productions사에 대해 추론하는 문제이다. Herman Promotions, Thank you for shopping with us once again!, Bill to: Mad Hatter Productions에서 Herman Promotions사가 Mad Hatter Productions사로 청구서를 보내면서, 자신의 가게에서 물건을 또 다시 구매해 주어서 감사하다고 했으므로 Mad Hatter Productions사는 이전에 Herman Promotions사에서 물건을 구입한 적이 있다는 사실을 추론할 수 있다. 따라서 (D) It has made a purchase from Herman Promotions before가 정답이다.

해석 p.100

HACKERS **TEST**

제한 시간 13분

Questions 01-02 refer to the following coupon.

BUY 1 GET 1 FREE!

Buy one adult ticket for the Thames Historic River Tour and receive another ticket free of charge!

Enjoy a two-hour tour of London's historic river with stops at Tower Bridge and Blackfriars. Marvel at the amazing architecture and scenic views of London. The Thames Historic River Tour also offers full restaurant services which are included in the price of the tour. Tours depart hourly from 9 A.M., with the last one scheduled for 8 P.M. Boats depart from Regency Docks next to Victoria Station.

This coupon cannot be combined with any other coupon.
*** Offer expires July 1

01 What is the coupon for?
(A) A complimentary dinner
(B) A boat tour
(C) A souvenir item
(D) Entrance to a history museum

02 What restriction is placed on the coupon?
(A) The offer is only given to groups.
(B) It must be used after July 1.
(C) Only one may be used per person.
(D) It cannot be combined with other special offers.

Questions 03-05 refer to the following text message.

From: Edwin Fleck [555-0994]
To: Jillian Townsend [555-8372]
Date: Tuesday, July 14

Good afternoon, Ms. Townsend. This is Edwin Fleck from Brandeis Bank. You requested an appointment with our bank manager, Ms. Santoro, at her earliest convenience. How is Thursday at 11 A.M.? Please text me back to confirm this time or to make other arrangements. If I don't receive a reply, I will call you tomorrow. I'd also like to remind you to bring photo ID and copies of your company's financial statements. As for the loan application form, you may download one from our Web site. Thank you!

03 What is suggested about Ms. Santoro?

(A) She is unavailable on Wednesday.
(B) She is currently away on a business trip.
(C) Her workday usually begins at 11 A.M.
(D) Her company is receiving job applications.

04 Why should Ms. Townsend reply to Mr. Fleck?

(A) To verify a transaction
(B) To check on a loan payment
(C) To reserve a seat at a seminar
(D) To fix an appointment

05 What is Ms. Townsend asked to bring with her?

(A) A business card
(B) A deposit for an account
(C) Printouts of financial documents
(D) Copies of a contract

Questions 06-09 refer to the following schedule.

TRADECOM INTERNATIONAL

Organizing trade events in a variety of fields for more than 10 years in the Dallas area!

SPRING SCHEDULE OF EVENTS

- **Engineering Technology Fair**
  March 5 and 7, 9 A.M. to 5 P.M.
  West City Trade Hall
  The Engineering Technology Fair gathers hundreds of local and foreign industrial companies under one roof. This yearly exhibit promotes the latest technologies and equipment in the manufacturing industry.

- **Space Interiors Show**
  April 12, 13, and 14, 9 A.M. to 5 P.M.
  Milton Business Center
  An annual event, this exhibition features furniture and décor for home and corporate spaces. Hundreds of interior-design companies as well as furniture manufacturers and retailers attend the event. This year, it will showcase living room designs that will be created by the students of the Basely Institute for the event.

- **Fine Works Expo**
  May 23, 24, and 25, 8 A.M. to 5 P.M.
  Edifice Stadium
  This is a yearly trade show for builders as well as construction supply producers and distributors in the city. Most exhibitors are equipment manufacturers and providers of building materials such as steel, ceramics, wood, and concrete. Producers of home fixtures also participate in this event.

06 For whom is the schedule mainly intended?

(A) Professionals in various industries
(B) Organizers of retail fairs
(C) Teachers at a computer college
(D) Sponsors of a design contest

07 On which date can visitors view home furnishings?

(A) On March 5
(B) On April 13
(C) On May 23
(D) On May 24

08 What will students from the Basely Institute do?

(A) Sell products to raise funds
(B) Meet representatives of foreign firms
(C) Volunteer at the Fine Works Expo
(D) Create room designs for an exhibit

09 What is NOT mentioned about the Fine Works Expo?

(A) It will include local suppliers.
(B) It will last for three days.
(C) It takes place every year.
(D) It is held in a business center.

Questions 10-13 refer to the following invitation.

**Bilton Books in Partnership
with Ascot Publishing Cordially Invites You to:**

An Evening with Rose Albright

April 11, 7:30 P.M.
At Bilton Books, 1192 Beaumont Avenue, Lincoln

We are pleased to invite all Bilton Book Club members to this special occasion! Join us as Rose Albright introduces her newest literary work!

Rose Albright is one of the most popular fantasy writers today. She has published seven novels, including the three-book series *Kingdoms and Kings*, which has been adapted into an equally popular television program. Her books have been translated into 20 languages and are sold in more than 70 countries around the world.

Ms. Albright will give selected readings from her newest publication *A Journey of Consequence*. A 30-minute question-and-answer session will follow. The event will conclude with a reception during which Ms. Albright will be on hand to sign copies of her latest novel. Cocktails and appetizers will be served. Please bring this invitation to gain entrance to the event.

10 What is the purpose of the event?

(A) To award some deserving authors
(B) To publicize a literary society
(C) To celebrate a recent publication
(D) To promote a new bookstore

11 What is stated about Rose Albright?

(A) She recently released her first novel.
(B) Her work was developed into a television series.
(C) She has traveled to 70 nations around the world.
(D) Her latest book is a best seller.

12 What is indicated about *A Journey of Consequence*?

(A) It is a work of fiction.
(B) It will be offered at a discount.
(C) It is only available nationally.
(D) It will be on the market in April.

13 What will take place at the event?

(A) Membership forms will be distributed.
(B) A famous author will sign autographs.
(C) Participants will be served a dinner.
(D) A retail outlet will provide free gifts.

정답 · 해석 · 해설 p.101

기사(Article & Report)

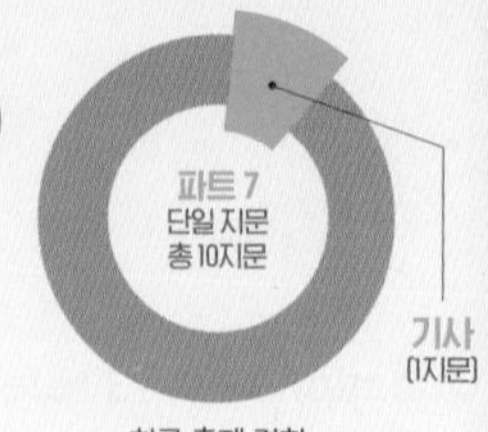

· **기사**는 비즈니스, 사회, 환경 등에 대한 사실을 전달하기 위해 신문이나 잡지 등에 게재된 글이며, 평균 1지문 정도 출제된다.

빈출 지문

비즈니스	비즈니스 및 여러 산업에서의 동향을 알리는 기사
사회	교통, 문화 등의 다양한 사회 이슈들을 알리는 기사
환경 및 건강	환경 관련 문제나 건강 관련 연구 결과를 알리는 기사

빈출 문제 유형

주제/목적 찾기 문제
기사의 주제나 목적을 묻는 문제가 출제된다.

What is the article mainly about? 기사는 주로 무엇에 대한 것인가?
What is the purpose of the article? 기사의 목적은 무엇인가?

육하원칙 문제
기사에 언급된 사람, 날짜 및 시간이나 기타 세부 사항을 묻는 문제가 자주 출제된다.

Who will take Mr. Lee's place when he retires? Mr. Lee가 은퇴하면 누가 그의 자리를 맡을 것인가?
When did the construction project start? 건설 작업은 언제 시작되었는가?

Not/True 문제
기사에 언급된 회사나 시설, 사람 등에 대해 일치하지 않거나, 일치하는 보기를 선택하는 문제가 자주 출제된다.

What is indicated about Arturo Incorporated? Arturo사에 대해 언급된 것은?
What is NOT mentioned about Mr. Watson? Mr. Watson에 대해 언급되지 않은 것은?

추론 문제
기사가 발행될 만한 곳이나 기사에 언급된 특정 사항에 대해 추론하는 문제가 자주 출제된다.

Where would the article most likely be published? 기사는 어디에 게재될 것 같은가?
What is suggested about the museum visitors? 박물관 관람객들에 대해 암시되는 것은?

예제 및 지문 flow

Odelay Sets Sights on Indian Marketplace
By Harris Long

Pune, India, March 12: Vienna-based [1]Odelay Construction Incorporated announced this week that it will open a branch office in Pune, India, by the end of April. This expansion is in part due to the large-scale projects the company will be working on in the Indian city. Among these projects is the construction of the new international airport terminal in Pune, which will take three years to complete. The branch office will be located in Sundher Towers in the downtown area, with plans underway to eventually build an independent compound for the construction firm which could begin by mid-October. [2]Sandra Bon, spokesperson for Odelay, said the company looked for ways to break into the Indian market, and the new branch office will provide it with the opportunity to do so. The Indian branch will be led by Rajiv Kurian, Odelay's current representative in the Southeast Asian region.

주제

세부 사항

Q1. What is the main purpose of the article?

(A) To provide details on a company's expansion
(B) To announce a change in corporate leadership
(C) To promote a newly constructed office tower
(D) To give an update on an airport project

Q2. Who is Sandra Bon?

(A) A branch manager
(B) A building engineer
(C) A company representative
(D) A public relations consultant

해설

Q1. **주제/목적 찾기 문제** 기사의 목적을 묻는 주제/목적 찾기 문제이다. Odelay Construction Incorporated announced ~ it will open a branch office in ~ India에서 Odelay 건설사가 인도에 지사를 열 것이라고 발표했다고 한 후, 인도 시장으로의 확장에 대해 구체적으로 설명하고 있으므로 (A) To provide details on a company's expansion이 정답이다.

Q2. **육하원칙 문제** Sandra Bon이 누구(Who)인지를 묻는 육하원칙 문제이다. 질문의 핵심 어구인 Sandra Bon과 관련하여, Sandra Bon, spokesperson for Odelay에서 Sandra Bon이 Odelay사의 대변인이라고 했으므로 (C) A company representative가 정답이다.

해석 p.103

Questions 01-02 refer to the following article.

Brickton Insurance Gazette
September Issue

Brickton Insurance's very own marketing manager, Dale Roth, won the silver medal in the fifth Monteverde Bowling Tournament held on July 24 and 25. Mr. Roth scored 285 points in the championship match, finishing second to Hank Jamison, who scored a perfect 300.

The yearly competition, sponsored by the Monteverde Business Council and Brickton Insurance, attracts more than 100 amateur bowlers from all over the city. This year's event took place at the newly built Bobson's Bowling Alley.

For coming in second, Mr. Roth was given a silver medal, a cash prize of $1,500, and a one-month free pass to Bobson's. Mr. Roth is well-known around the company for being a very good bowler. In fact, he has already won several minor bowling competitions.

Mr. Roth has been with Brickton Insurance for the last 15 years, starting out as a marketing assistant and working his way up to become the marketing department manager.

01 Where would the article most likely be published?

(A) In a bowling facility brochure
(B) In a company newsletter
(C) In a sports magazine
(D) In a marketing journal

02 What is mentioned about Mr. Roth?

(A) He has won the Monteverde Bowling Tournament before.
(B) He is a member of the Monteverde Business Council.
(C) His bowling skills are widely recognized by his colleagues.
(D) His department entered a team into the competition.

Questions 03-05 refer to the following press release.

Chicago Cheese Exposition

Chicago, IL—The Chicago Cheese Exposition will be held from February 20 to 21 along the streets of Belmont Place Market. Local residents and visitors from all over the country are expected to attend. The exposition began eight years ago when food and wine importer Luciano Beneventi formed an association with other businesspeople to promote Italian products.

The event will offer over 200 types of cheeses for sampling, which will be provided by Italian producers. Featured this year is Parmigiano-Reggiano, one of the most well-known and sought-after cheeses in the world. Created from milk produced by cows raised in the Apennine Mountains, Parmigiano-Reggiano is made in the regions of Emilia-Romagna and Lombardy. This cheese is used as an ingredient in Alfredo and pesto sauce and is also commonly grated over pasta.

In addition, there will be cooking demonstrations led by famous Italian chefs Angela Bellucci and Niccolo Trevisano. Also, wine expert Dante Padovesi will give short talks about choosing the right wine for each meal. Lastly, there will be four short lectures about Italian cuisine delivered by Michele Gallo, chef and author of *Culinary Adventures in Italy*.

03 What is the press release mainly about?

(A) The opening of a new market
(B) A two-day food product display
(C) A recently published cookbook
(D) An exhibit about regions in Italy

04 What is indicated in the press release?

(A) The exposition first took place in Italy.
(B) A well-known author will participate in a book signing.
(C) Visitors will sample food items at the event.
(D) An admission fee will be charged to attendees.

05 What does the press release mention about Parmigiano-Reggiano?

(A) It is included in the preparation of certain sauces.
(B) It will be used in the cooking demonstration.
(C) It is Mr. Beneventi's favorite cheese.
(D) It will be on sale at the exposition.

Questions 06-09 refer to the following magazine article.

Fresco Garden Café

By Lydia Miles

Although Fresco Garden Café is not the first vegetarian dining establishment in Auckland, it is the first to grow most of its own organic produce, and the first that is located within a garden. This newly opened facility has been a long-time dream of friends and business partners Krista Grayson and Mark Robertson. "From the time we started eating fresh items that were grown in our gardens, we wanted to share the incomparable flavors with other people," explained Mr. Robertson, who welcomed us into the Café. Fresco Garden Café's outdoor seats are surrounded by a landscape of greenery and covered by a trellis full of vines.

And of course, the cuisine is as memorable as the ambience. "People who dine here don't even miss meat," mentions the head cook, Zita Longoria. She adds, "A healthy diet doesn't have to be boring. At Fresco Garden Café, we turn out a variety of vegetarian creations with flavors to satisfy everyone's tastes." The Café prepares salads, vegetarian pastas, veggie wraps, soups, and stews.

Fresco Garden Café also provides catering services for special occasions, including full buffets for weddings, parties, or outdoor events. For more information on catering, business hours, and reservations, visit their Web site at www.frescogardencafe.com.

06 According to the article, what inspired the owners to open Fresco Garden Café?

(A) Their decision to stop eating any meat products
(B) An article written by a health expert
(C) Their experience eating freshly-grown produce
(D) A motivational book about gardening

07 What is indicated about Zita Longoria?

(A) She writes reviews about dining establishments.
(B) She is the owner of a small business.
(C) She is an employee at a dining facility.
(D) She hopes to open a catering company.

08 The phrase "turn out" in paragraph 2, line 3, is closest in meaning to

(A) appear
(B) make
(C) request
(D) demand

09 What other service is provided by Fresco Garden Café?

(A) Retailing of garden items
(B) Event venue rentals
(C) Catering for functions
(D) Delivery of products

Questions 10-13 refer to the following article.

VINPS Aims to Protect Tide Pools

VICTORIA, March 11—The Vancouver Island Natural Preservation Society (VINPS), a local environmental group, launched a campaign on Monday for the preservation of coastal tide pools. Recent increases in tourism have put the island's pools in danger, according to president of the VINPS, Sylvia Cole. "We are seeing more trash and pollution in tide pools. Visitors have been disturbing the sea animals." — [1] —.

A VINPS study led by professional environmental scientist Roger Freed last year found that conditions of tide pools around the island were worsening. — [2] —. According to Freed, unless immediate steps are taken to protect the tide pools, some of them could be lost forever.

Vancouver native Hannah Renfrew, who successfully concluded a program in January aimed at the preservation of forestland in the province of Alberta, was selected by the VINPS to lead the campaign. "Tide pools are an important part of any ocean ecosystem," Renfrew said. — [3] —. "Different species use the pools to raise their offspring. And for other forms of sea life, they are important sources of food. Furthermore, I grew up in the area and enjoyed these pools, and we need to protect them for future generations."

Renfrew says the campaign will involve posting signs at areas with high concentrations of tide pools, which will inform the public that disturbing the sea life may result in fines. And starting next month, a television announcement will run on local channels and be played on aircraft arriving on the island. — [4] —.

10 What is the article mainly about?

(A) A recent study conducted on seafood
(B) A new environmental preservation program
(C) A campaign on protecting the fishing industry
(D) A report on the effects of tourism

11 What is suggested about Hannah Renfrew?

(A) She has lived on Vancouver Island before.
(B) She helped establish the VINPS.
(C) She proposed a system of fines.
(D) She will conduct additional studies.

12 When will the announcement be broadcast on television?

(A) In January
(B) In April
(C) Next March
(D) In two years

13 In which of the positions marked [1], [2], [3], and [4] does the following sentence best belong?

"Most importantly, a team of 270 local volunteers will visit tide pool sites bimonthly for cleanup and maintenance."

(A) [1]
(B) [2]
(C) [3]
(D) [4]

정답 · 해석 · 해설 p.104

메시지 대화문 (Text message chain)

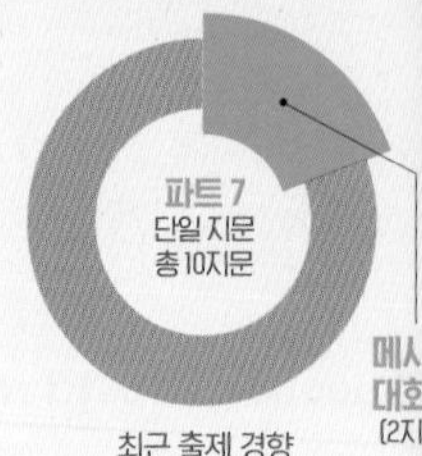

· **메시지 대화문**은 비즈니스 또는 일상생활과 관련된 여러 정보를 모바일이나 온라인 메신저 상에서 2인 이상이 주고받는 글이며, 매회 2지문이 출제된다.

빈출 지문

비즈니스	회의, 일정, 업무 등에 대해 사내 또는 회사 간 직원들이 주고받는 메시지 대화문/온라인 채팅 대화문
일상생활	행사 초대, 도움 요청 등에 대해 친구 또는 지인들이 주고받는 메시지 대화문/온라인 채팅 대화문

빈출 문제 유형

의도 파악 문제

대화문에서 특정 어구가 어떤 의도로 쓰였는지를 추측하는 문제가 출제된다.

At 12:15 P.M., what does Mr. Forster mean when he writes, "I believe so"?
오후 12시 15분에, Mr. Forster가 "I believe so"라고 썼을 때, 그가 의도한 것은?

주제/목적 찾기 문제

대화문의 주제나 대화자가 연락한 목적을 묻는 문제가 출제된다.

What is the topic of the text message chain? 메시지 대화문의 주제는 무엇인가?
Why did Mr. Rowan contact Mr. Cooper? Mr. Rowan은 왜 Mr. Cooper에게 연락했는가?

육하원칙 문제

대화자의 요청 사항이나 기타 세부 사항을 묻는 문제가 출제된다.

What is Mr. Anders asked to do? Mr. Anders는 무엇을 하도록 요청되는가?
Why did Mr. Baines register for the course? Mr. Baines은 왜 수업에 등록했는가?

Not/True 문제

대화문에 언급된 사람이나 대화 내용에 대해 일치하지 않거나, 일치하는 보기를 선택하는 문제가 출제된다.

What is indicated about Mr. Walter? Mr. Walter에 대해 언급된 것은?
What is NOT mentioned about the concert? 콘서트에 대해 언급되지 않은 것은?

추론 문제

대화문에 등장하는 사람이나 대화 내용에 대해 추론하는 문제가 출제된다.

What is suggested about Mr. Brent? Mr. Brent에 대해 암시되는 것은?
What will most likely happen on July 2? 7월 2일에 무슨 일이 일어날 것 같은가?

예제 및 지문 flow

Noor Abdullah 8:54 A.M.
I may be about 30 minutes late for our appointment with Ms. Saylor. [1]I'm on the subway, and there was a delay due to a malfunction. Can you begin the meeting without me? Please give her my explanation and apology.

Justin Mason 8:55 A.M.
I'll take care of it. What activity should I start with?

Noor Abdullah 8:57 A.M.
[2]Maybe go ahead and show her around the processing plant. It will take a while to see everything there, and I will catch up with you when I get there.

Justin Mason 8:58 A.M.
[2]We will start with that.

Justin Mason 9:00 A.M.
[1]I just got a text message from Ms. Saylor. She's on the subway too and has the same problem as you.

Noor Abdullah 9:02 A.M.
Oh, I see. In that case, wait until we are all there. If she arrives before me, take her to my office.

Justin Mason 9:03 A.M.
Got it. I'll prepare some coffee too. See you soon.

연락한 목적

세부 내용

Q1. What is suggested about Ms. Saylor?

(A) She is willing to reschedule a tour.
(B) She is unable to attend a meeting.
(C) She will be late due to a transit issue.
(D) She will be offered refreshments after her visit.

Q2. At 8:58 A.M., what does Mr. Mason mean when he writes, "We will start with that"?

(A) He will discuss a plan with Ms. Saylor first.
(B) He will give a tour of a processing plant.
(C) He will escort some visitors to a meeting in an office.
(D) He will begin repairing a malfunction.

해설

Q1. **추론 문제** 질문의 핵심 어구인 Ms. Saylor에 대해 추론하는 문제이다. 오전 8시 54분에 Noor Abdullah가 보낸 메시지 I'm on the subway, and there was a delay due to a malfunction에서 Noor Abdullah가 지하철 고장으로 인해 지연이 있었다고 했고, 오전 9시에 Justin Mason이 보낸 메시지 I just got a text message from Ms. Saylor. She's on the subway too and has the same problem as you에서 방금 Ms. Saylor에게 문자 메시지를 받았는데, 그녀도 지하철에서 같은 문제를 겪고 있다고 했으므로 Ms. Saylor가 교통 문제 때문에 늦을 것이라는 것을 추론할 수 있다. 따라서 (C) She will be late due to a transit issue가 정답이다.

Q2. **의도 파악 문제** We will start with that을 통해 Mr. Mason이 의도한 것을 파악하는 문제이다. Maybe go ahead and show her around the processing plant에서 Noor Abdullah가 먼저 가서 그녀, 즉 Ms. Saylor에게 가공처리 공장을 둘러보도록 안내하는 것이 좋겠다고 제안하는 말에 Mr. Mason이 We will start with that(그것부터 시작하겠습니다)이라고 응답했으므로, Mr. Mason이 Noor Abdullah의 제안대로 가공처리 공장 견학부터 진행하겠다고 의도한 것임을 알 수 있다. 따라서 (B) He will give a tour of a processing plant가 정답이다.

해석 p.107

Questions 01-02 refer to the following text message chain.

Cynthia Chou 4:47 P.M.
What was the name of that Mexican place you went to for your friend's party? You said it was downtown somewhere.

Zoe Tyler 4:50 P.M.
It's called Consuela's Kitchen. It is on Rialto Avenue. They have great food, drinks, and a nice atmosphere.

Cynthia Chou 4:53 P.M.
Thanks! It's my brother's birthday, so I'm looking for a place to take him for dinner on Friday. You and Josh should come along.

Zoe Tyler 4:57 P.M.
Sorry, Cynthia. We've already made plans. We're going to a concert on Friday night. You may want to book a table, though. It's a popular place.

Cynthia Chou 4:58 P.M.
I'll make certain to do that. Have fun at the concert!

Zoe Tyler 4:59 P.M.
Enjoy spending time with your brother. Wish him a happy birthday for me.

01 At 4:57 P.M., what does Ms. Tyler mean when she writes, "Sorry, Cynthia"?

(A) She forgot to buy some concert tickets.
(B) She reserved the wrong restaurant.
(C) She does not want to invite a coworker to a meal.
(D) She cannot attend a celebration.

02 Where is Ms. Tyler going on Friday evening?

(A) To a birthday dinner
(B) To a musical performance
(C) To a friend's party
(D) To a family gathering

Questions 03-05 refer to the following online discussion chain.

VINCENT DONOVAN [12:12 P.M.]
You're scheduled to do the workshop for the marketing department of Brentleigh Inc. on Monday at 10 A.M., right? I'm giving a presentation to the same group at 1:30 P.M., but I need to see the dentist that day. There are no morning appointments available at the clinic. Would you be able to switch times with me?

IRIS DUPONT [12:14 P.M.]
I may be able to arrange that. I have a short meeting with a client from Ingram Company scheduled, but I should be able to delay it. Give me a few minutes, and I'll find out if it is possible.

IRIS DUPONT [12:21 P.M.]
The client can't reschedule, but I asked Freddy Ling to fill in for me, and he agreed.

VINCENT DONOVAN [12:23 P.M.]
That's great. Thanks so much. I'll notify Brentleigh Inc. about the change right away and forward them a revised schedule.

IRIS DUPONT [12:25 P.M.]
Send me one as well. And I think you'll need to get permission from our supervisor too.

VINCENT DONOVAN [12:26 P.M.]
I already spoke to Mr. Niven, and he is fine with the change. I appreciate you doing this for me.

03 What is true about Freddy Ling?

(A) He is a departmental leader.
(B) He will replace Ms. Dupont at a meeting.
(C) He was sent a modified schedule.
(D) He organizes all departmental workshops.

04 At 12:25 P.M., what does Ms. Dupont mean when she writes, "Send me one as well"?

(A) She would like an authorization form delivered to her office.
(B) She needs a copy of a list of participants in a workshop.
(C) She wants Mr. Donovan to forward her a revised document.
(D) She requires a training schedule for new staff members.

05 What is implied about Mr. Donovan?

(A) He will have to delay a dental appointment to another day.
(B) He works under the direct supervision of Freddy Ling.
(C) He will give a talk in the afternoon at Brentleigh Inc.
(D) He has received approval for his request from Mr. Niven.

Questions 06-09 refer to the following text-message chain.

Andreas Sirtis 5:18 P.M.
I heard you both became the top sales representatives in your regions! Congratulations on winning the incentive trip to Florida.

Bonnie Cartwright 5:21 P.M.
Thanks, and I heard you were selected for your region too! I was thinking of taking the trip this spring. Have either of you decided when you're going?

Charlie Hong 5:22 P.M.
I'm so pleased for you both. I was considering the spring as well. Maybe we should go at the same time.

Andreas Sirtis 5:23 P.M.
It would be a lot of fun. I'm not free until after April 7, though.

Charlie Hong 5:24 P.M.
Then maybe we could leave on April 8.

Bonnie Cartwright 5:26 P.M.
I'd enjoy that too. And that date works for me. As long as I'm back by Monday, April 15, as I have an important meeting at the office.

Andreas Sirtis 5:28 P.M.
In that case, we can fly back on April 14. Anyway, let's confirm with our supervisors that we can get those dates off. We can discuss things in more detail later.

Charlie Hong 5:29 P.M.
Sounds good to me. I'll check with our travel agency to see if tickets are available for those dates.

06 What is suggested about Mr. Sirtis?

(A) He awarded his staff some travel incentives.
(B) He is employed as a regional sales representative.
(C) He will accompany Mr. Hong on a business trip.
(D) He received a promotion for his high sales.

07 What is mentioned about the upcoming trip?

(A) It must be taken during the coming spring.
(B) It was given as a bonus to some staff members.
(C) It is valid for a period of one year only.
(D) It was offered to top performers in executive positions.

08 At 5:26 P.M., what does Ms. Cartwright mean when she writes, "I'd enjoy that too"?

(A) She will accept an invitation to enter a staff competition.
(B) She wants to meet to discuss trip details further.
(C) She would like to travel with her colleagues.
(D) She hopes to meet and thank a supervisor.

09 When will Mr. Hong most likely return from Florida?

(A) On April 7
(B) On April 8
(C) On April 14
(D) On April 16

Questions 10-13 refer to the following online chat discussion.

Tiffany Ember [11:42 A.M.]:
We need to start planning for the career day Fortex Corporation is hosting on May 28. As our company has never done this before, I'm hoping for some suggestions.

Reena Kumar [11:45 A.M.]:
The students visiting us may appreciate a tour of our research laboratories and manufacturing plant.

Tiffany Ember [11:49 A.M.]:
Thanks. That's an excellent suggestion, and I will add it to our schedule. The students are all from different fields, though.

Reena Kumar [11:51 A.M.]:
Which departments would they go to? And do you know how many attendees we can expect?

Tiffany Ember [11:53 A.M.]:
Probably accounting, advertising, development, and production. The legal department is busy these days, so they won't be participating. Nearly 300 students have confirmed so far, but we should plan for 400.

Roger Midway [11:54 A.M.]:
It would be great to know their majors. That way we could split them into small groups in advance.

Bernard Austin [11:56 A.M.]:
Maybe we should get together this week to discuss things in more detail.

Tiffany Ember [11:58 A.M.]:
Yes, we will do that. I'll check the schedules and let everyone know a time.

10 What is suggested about Fortex Corporation?
(A) It is scheduling some job interviews for May 28.
(B) It gives regular tours of its research facilities.
(C) It plans on expanding several of its departments.
(D) It has never hosted a career event for students before.

11 What is NOT a location the students will visit during the career event?
(A) A company factory
(B) An advertising department
(C) A legal division
(D) A research facility

12 Who suggests dividing attendees into groups ahead of time?
(A) Tiffany Ember
(B) Roger Midway
(C) Reena Kumar
(D) Bernard Austin

13 At 11:58 A.M., what does Ms. Ember most likely mean when she writes, "Yes, we will do that"?
(A) The group will have an organizational meeting this week.
(B) Attendees will be taken to a company factory during a visit.
(C) Organizers will ask participants which departments they want to see.
(D) Students will be notified of scheduled events by e-mail.

정답 · 해석 · 해설 p.107

광고(Advertisement)

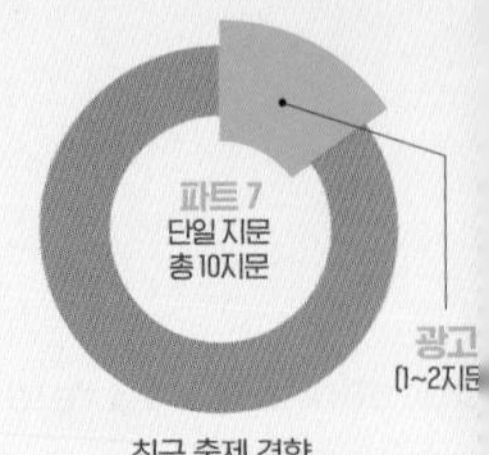

· **광고**는 상품이나 서비스를 홍보하거나 직원을 모집하는 글이며, 평균 1~2지문 정도 출제된다.

빈출 지문

일반 광고	제품이나 서비스 이용을 독려하는 광고 시설이나 행사를 홍보하는 광고
구인 광고	직원을 모집하는 광고

빈출 문제 유형

주제/목적 찾기 문제
광고의 목적이나 광고되고 있는 것을 묻는 문제가 출제된다.
What is the purpose of the advertisement? 광고의 목적은 무엇인가?
What is being advertised? 광고되고 있는 것은 무엇인가?

육하원칙 문제
구매자가 얻을 수 있는 혜택, 무언가를 받거나 신청할 수 있는 자격, 기타 광고의 세부 사항을 묻는 문제가 주로 출제된다.
What is offered to customers free of charge? 무엇이 고객들에게 무료로 제공되는가?
What is a requirement for the position? 그 일자리의 자격 요건은 무엇인가?

Not/True 문제
광고주, 광고되는 제품이나 서비스 등에 대해 일치하지 않거나, 일치하는 보기를 선택하는 문제가 자주 출제된다.
What is indicated about Sensa-Enterprises? Sensa-Enterprises사에 대해 언급된 것은?
What is NOT a feature of the online system? 온라인 시스템의 특징이 아닌 것은?

추론 문제
광고의 대상 및 게재된 곳이나 광고에 언급된 특정 사항에 대해 추론하는 문제가 자주 출제된다.
For whom is the advertisement intended? 광고는 누구를 대상으로 하는가?
What is suggested about the cosmetics line? 화장품에 대해 암시되는 것은?

예제 및 지문 flow

HOW SAFE ARE YOU?

[1]Protect your office or home from theft and unauthorized visitors by using a Castle & Keep security system. We specialize in surveillance cameras, motion detectors, floodlights, and card entry systems. In addition, Castle & Keep offers a complete line of services–including training–to safeguard all of your property, valuables, and equipment. We also have a team of security experts that can visit your premises and provide you with advice and a cost estimate. So let us take care of all your safety and security issues, to provide you with peace of mind around the clock.

Don't wait until it's too late. Visit our store on 214 Larch Avenue in downtown Victoria. Or, [2]call us now to arrange for a free consultation at 242-555-0229.

CASTLE & KEEP

광고되는 것

장점

혜택

Q1. What is being advertised?

(A) A computer company
(B) A security provider
(C) A training center
(D) A camera distributor

Q2. What kind of service can customers receive for free?

(A) Safety training
(B) 24-hour monitoring
(C) Parts replacement
(D) Professional advice

해설

Q1. **주제/목적 찾기 문제** 광고되고 있는 것을 묻는 주제/목적 찾기 문제이다. Protect your office or home ~ by using a Castle & Keep security system에서 Castle & Keep 보안 시스템을 이용하여 사무실이나 집을 보호하라고 한 후, 구체적인 서비스 내용에 대해 설명하고 있으므로 (B) A security provider가 정답이다.

Q2. **육하원칙 문제** 고객들이 어떤(What) 서비스를 무료로 받을 수 있는지를 묻는 육하원칙 문제이다. 질문의 핵심 어구인 service ~ customers receive for free와 관련하여, call us now to arrange for a free consultation에서 지금 전화해서 무료 상담 일정을 잡으라고 했으므로 (D) Professional advice가 정답이다.

해석 p.110

Questions 01-02 refer to the following advertisement.

CRANSTON KNOWLEDGE BASE Incorporated

We are currently looking for companies who would like to advertise in our popular business and technology publications. Cranston Knowledge Base (CKB) is a well-established publisher of English-language journals, covering the fields of business, science, and technology. We produce over 200 journals read by academics and professionals from around the world.

From now until April 1, we will be offering a special advertising package. For the price of a single full-page ad, your marketing materials will appear in up to three of our publications. Choose from any of our widely read magazines.

This package is ideal for companies that wish to promote their products and services to readers worldwide. Your advertisements will be seen by the leaders of tomorrow. For more information, please call 555-2442 or visit us online at www.cranston-kb.com.

01 For whom is the advertisement intended?

(A) Professors
(B) Businesses
(C) Publishers
(D) Scientists

02 What is included in the package?

(A) A Web site design
(B) Information on technology
(C) A monthly magazine
(D) Discounted advertisements

Questions 03-05 refer to the following advertisement.

MAX RACKS' CLEARANCE SALE

Sunday, December 3 to Saturday, December 9

Save up to 75% on audio and video equipment, home appliances, and accessories!

42" Flat-panel TV
$1,699 (originally $2,499)

SudzMaster 4.0 cubic foot top-loading washer
$749 (originally $1,049)

Harpy Home Audio 3-channel speaker system
$599 (originally $899)

Enjoy huge discounts on every item in stock, including:
Digital cameras $169.99 each (originally $299.99)
Video games $29.99 each (originally $39.99)

Ask about markdowns on pre-owned items.
Discounts apply to in-store items only. Online purchases are not included.

Free home delivery is offered for any single purchase receipt worth more than $800.

– Max Racks' Appliance –

• 217 Cypress Road • Tel. 555-8261 • www.maxracks.com

Monday to Thursday	9 A.M. - 8 P.M.
Friday to Saturday	9 A.M. - 11 P.M.*
Sunday	10 A.M. - 7 P.M.

* Hours extended during the clearance sale (Regular business hours are from 9 A.M. to 8 P.M.)

03 What is the sound system's discounted price?

(A) $299
(B) $599
(C) $749
(D) $899

04 What time does the store usually close on Saturdays?

(A) At 8 P.M.
(B) At 9 P.M.
(C) At 10 P.M.
(D) At 11 P.M.

05 What is mentioned in the advertisement?

(A) Home delivery is available for online purchases only.
(B) Everything has been discounted by 75 percent.
(C) Some of the items have been used before.
(D) The store is moving to a new location.

Questions 06-09 refer to the following advertisement.

Prince Charming Animation Studio

Prince Charming Animation Studio (PCAS)
PCAS is an innovative CGI animation company in need of the following:

Animator
> A bachelor's degree in film animation or a related field
> Acting and storytelling skills preferred but not required
> Minimum two years' of experience in computer animation

Software Engineer
> A master's degree in computer science or a related field
> Minimum three years' experience in computer software development

Laser Camera Operator
> A bachelor's degree in film or a related field
> Ability to operate camera equipment required
> Minimum five years' experience in the film industry

Safety and Security Officer (Contractual position; six-month contract)
> Must pass the company's background check
> Strong communication and customer service skills required

Application Process
Apply online at www.princecharminganimation.com. For the animator and laser camera operator positions, after applying, send two sample videos and your résumé to:
Personnel Department, Prince Charming Animation Studio, Burbank, CA 99304.

06 What is NOT indicated about Prince Charming Animation Studio?

(A) It is located in Burbank.
(B) It is searching for staff.
(C) It uses a recruitment firm.
(D) It operates a Web site.

07 What is a qualification for the animator position?

(A) A graduate degree
(B) Two years' experience
(C) A training certificate
(D) Proficiency in communication

08 What is NOT true about the security officer vacancy?

(A) It requires licensed professionals.
(B) Customers service skills are needed.
(C) It offers a half-year contract.
(D) Background checks are mandatory.

09 What is an additional requirement for camera operator applicants?

(A) A computer science degree
(B) A company background check
(C) Submitting samples of work
(D) Demonstrating equipment usage

Questions 10-13 refer to the following advertisement.

Futurefirm Is Three World-Leading Companies in One

Futurefirm is the result of the merger of Singapore's Innovagate Incorporated, Indonesia's Tenfold Corporation, and India's Peoplemass Incorporated. The new company is ready to unveil its first environmentally friendly construction project at the upcoming Expo Urbis in Bangkok, Thailand.

Futurefirm aims to deliver construction projects that will improve the quality of life in cities of the future, while at the same time protecting and benefiting the natural surroundings. — [1] —.

The primary goal of Futurefirm is to create a world in which natural resources are used efficiently and recycled. — [2] —. It also aims to create buildings and roads that can absorb harmful pollutants and improve the quality of air in cities. At present, Futurefirm is planning the construction of buildings and highways in Indonesia, Vietnam, and India amongst other locations. — [3] —.

Join us at Expo Urbis to learn more about our company and how we can benefit your business through effective, cost-saving, and environmentally friendly construction efforts. Tickets for the event can be purchased from www.expo-urbis.com. — [4] —. If you visit our Web site at www.futurefirm.com by August 2, you can download a free one-day pass to the event.

10 What is the purpose of the advertisement?

(A) To publicize a construction firm
(B) To promote a public facility
(C) To announce an upcoming merger
(D) To inform the public of building vacancies

11 Where will the company show its newest project?

(A) Thailand
(B) Singapore
(C) India
(D) Indonesia

12 What is NOT one of Futurefirm's goals?

(A) Recycling natural resources
(B) Constructing additional roads
(C) Creating buildings that benefit the environment
(D) Developing alternative energy sources

13 In which of the positions marked [1], [2], [3], and [4] does the following sentence best belong?

"During the Expo, a limited number of tickets will also be available at the entrance."

(A) [1]
(B) [2]
(C) [3]
(D) [4]

정답 · 해석 · 해설 p.110

DAY 13 공고(Notice & Announcement)

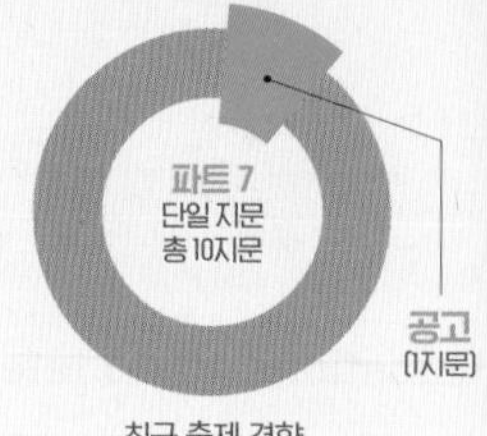

· **공고**는 변경된 규정이나 새로 시행되는 방침을 알리는 글이며, 평균 1지문 정도 출제된다.

빈출 지문

사내 공고	회사 내의 정책 변경 및 업무 관련 사항을 알리는 공고
일반 공고	지역 단체에서 시행하는 각종 일반 행사를 소개하는 공고 상점 등의 시설에서 안내 사항을 전달하는 공고

빈출 문제 유형

주제/목적 찾기 문제　공고의 주제나 목적을 묻는 문제가 출제된다.

What is being announced? 공고되고 있는 것은 무엇인가?
What is the purpose of the notice? 공고의 목적은 무엇인가?

육하원칙 문제　요청 사항, 추후 일정 계획이나 기타 세부 사항을 묻는 문제가 자주 출제된다.

What are the residents required to do? 주민들은 무엇을 하라고 요청되는가?
What change was made to the schedule? 일정에 어떤 수정이 있었는가?

Not/True 문제　공고에 언급된 사람이나 행사 등에 대해 일치하지 않거나, 일치하는 보기를 선택하는 문제가 자주 출제된다.

What is indicated about Mr. Jersey? Mr. Jersey에 대해 언급된 것은?
What is NOT mentioned about the upcoming conference?
앞으로 있을 회의에 대해 언급되지 않은 것은?

추론 문제　공고의 대상 및 게재된 곳이나 공고에 언급된 특정 사항에 대해 추론하는 문제가 자주 출제된다.

To whom is the announcement most likely addressed? 공고는 누구를 대상으로 낸 것 같은가?
Where would the notice most likely be found? 공고는 어디서 볼 수 있을 것 같은가?

예제 및 지문 flow

ANNOUNCEMENT — 제목

[1]Attention all customers. Woodbourne Shopping Center would like to announce that it will be operating on reduced weekday hours for the next month. (주제) The city government will begin its reconstruction of Allenby Road starting tomorrow. The work, once completed, is expected to reduce traffic congestion in the area by nearly 30 percent. Our new weekday hours are 10 A.M. to 3 P.M., from Monday to Friday. We are also open on weekends including Saturdays from 9 A.M. to 8 P.M., and on Sundays from 11 A.M. to 4 P.M. (세부 사항) [2]Our main parking facility will also be closed during the roadwork, so we ask shoppers to use the parking lot at the rear of the mall on Mapleton Avenue. (요청 사항) Thank you for your patience and understanding. For more information on our retailers and facilities, please visit our Web site at www.woodbourne.com. (문의 방법)

Q1. Where would the announcement most likely be posted?

(A) At a parking garage
(B) At a shopping facility
(C) At a construction firm
(D) At a sports complex

Q2. What are patrons asked to do?

(A) Come back at a later time
(B) Sign up for a membership card
(C) Park vehicles in another area
(D) Attend a weekend sale event

해설

Q1. **추론 문제** 공고를 볼 수 있는 곳을 추론하는 문제이다. Attention all customers. Woodbourne Shopping Center would like to announce that it will be operating on reduced weekday hours for the next month에서 쇼핑센터의 고객들에게 단축된 운영 시간에 대해 알리고 있으므로 쇼핑 시설에서 볼 수 있는 공지임을 추론할 수 있다. 따라서 (B) At a shopping facility가 정답이다.

Q2. **육하원칙 문제** 고객들이 무엇(What)을 하도록 요청되는지를 묻는 육하원칙 문제이다. 질문의 핵심 어구인 patrons asked to do와 관련하여, Our main parking facility will also be closed during the roadwork, so we ask shoppers to use the parking lot at the rear of the mall에서 폐쇄되는 주차 시설 대신 다른 곳을 이용하라고 했으므로 (C) Park vehicles in another area가 정답이다.

해석 p.113

ⓛ 제한 시간 13분

Questions 01-02 refer to the following notice.

RECALL NOTICE

FreqCo is recalling all fire extinguishers manufactured last year between July 13 and September 20. The products may not function as intended during an emergency and may cause damage or injury. More than 110 reports of failed or limited activation have been made so far, with 37 of these involving minor injuries and 29 involving property damage.

The fire extinguishers were sold at all major home appliance and hardware stores across North America and ranged in price from $25 to $75. They can be identified by the date code stamped onto the bottom of the extinguisher.

If the date code on your extinguisher shows that it was manufactured during the stated period, please contact FreqCo's help hotline at 555-2233 from 8:00 A.M. to 5:00 P.M., Monday through Friday, to speak to a service representative. You will be given instructions on how to return your extinguisher and receive a replacement.

01 What is the purpose of the notice?

(A) To explain how to request a refund for an order
(B) To clarify how a household device should be used
(C) To inform consumers about a defective product
(D) To announce a new office policy on ordering supplies

02 What is true about FreqCo?

(A) It ships items overseas.
(B) Its hotline is open seven days a week.
(C) It will pay for the cost of medical treatment.
(D) Its products have identifiable codes.

Questions 03-05 refer to the following announcement.

ADANTHE THEATER

889, Maplethorpe Avenue, Chicago

Enjoy world-class entertainment at the newly renovated Adanthe Theater located in the heart of the city's downtown area. Watch timeless classics and contemporary plays when the historic theater opens its doors once again to the public on June 15. The renovated playhouse now features four improved seating sections for a better viewing experience.

Orchestra Section: Capacity for 280 guests
Located on the main floor of the theater, the orchestra section will have three subdivisions, namely right, left, and center.

Balcony Section: Capacity for 120 guests
The balcony will be the highest seating section in the theater. Balcony seats will be situated on the mezzanine above the last rows of the orchestra section.

General Box Section: Capacity for 50 guests
Box seats will be positioned on the right side of the theater near the stage. This elevated section will consist of separate private compartments with curtains.

Premier Box Section: Capacity for 20 guests
These special seats will be located on the second floor of the theater. This section will include separate private compartments with curtains.

On opening night, Adanthe Theater will feature *Bright Lights*, the latest work of award-winning director Edward Brosky. For more information, visit www.adanthetheater.net or call 555-0743.

03 What is being announced?

(A) The closure of an entertainment venue
(B) The production of a theater company
(C) The showing of a highly anticipated film
(D) The reopening of a facility

04 What is NOT indicated about the Adanthe Theater?

(A) It offers various seating options.
(B) It is located in Chicago.
(C) It has a movable stage.
(D) It is a historic structure.

05 Who is Edward Brosky?

(A) A well-known architect
(B) A recognized performer
(C) A theater manager
(D) A play director

Questions 06-09 refer to the following notice.

Bombasky National University
Summer Training Courses on Distance Education

Beginning this fall, Bombasky National University will be offering undergraduate programs through distance education. Because all classes will be conducted online, we require members of our teaching staff who are interested in being instructors for the distance education program to take the following training courses:

COURSE	DATE	INSTRUCTOR
Building an Online Classroom	August 2 to 6	Miko Takeshi
Teacher-Student Interaction through Message Boards and Chat rooms	August 9 to 13	Caroline Gatineau
Basic Web Design for Academic Use	August 7 and 14	Jamie Madison
Creating Lessons Using Interactive Media Files	August 16 to 20	Norman Reynolds

* All training courses will be conducted at the computer laboratory in the administration building.
* A certificate will be given to those who finish all four courses.

Those who wish to register must visit Mr. Marvin Perrier at the administration office before July 23.

06 To whom is the notice most likely addressed?

(A) Faculty at an educational institution
(B) Members of administrative staff
(C) Students at Bombasky National University
(D) Laboratory researchers

07 What does Bombasky National University plan to do?

(A) Post a job advertisement for teachers
(B) Hire new faculty members for a department
(C) Offer students a distance learning program
(D) Provide online courses to its staff members

08 What should interested participants do?

(A) Submit a form at an office
(B) Forward an online request
(C) Enroll with one of the instructors
(D) Speak to a member of staff

09 What is NOT indicated about the upcoming courses?

(A) They will all be held in the same location.
(B) They are being taught by four different instructors.
(C) They will all take place during the morning.
(D) They must be registered for by a certain date.

Questions 10-13 refer to the following notice.

Mason-James Hotel and Resort

Please note that the hotel administration has decided to renovate the upper floors of the building.

Construction workers have been advised to register with the security office prior to the start date of July 2. They will be identified by an officially authorized temporary identification card that must be worn at all times while on the premises. Work will take place daily between 7:30 A.M. and 6:30 P.M. until the expected completion date of July 31. For the duration of the renovation, the hotel staff is encouraged to refrain from using service elevator B as it will be reserved for the construction crew.

Since the upper floors are composed mostly of event halls and meeting rooms, we ask that event staff members please not schedule any events for those venues until construction is finished. Unfortunately, the seventh-floor staff lounge will be closed for two weeks starting July 15, during which time everyone is instructed to use either the staff room on the first floor or the outdoor break area off the lobby. Moreover, earlier plans to extend the parking area have been postponed until further notice.

Your cooperation in this matter is highly appreciated. For more information, please direct your inquiries to Ms. Kelly Wayne at extension 440. Thank you.

10 What is the purpose of this notice?

(A) To announce the construction of a hotel
(B) To recommend the services of a contractor
(C) To notify staff of renovation work
(D) To introduce new office policies

11 What is true about the construction work?

(A) It will conclude on July 2.
(B) It will last for almost a month.
(C) It will not take place during business hours.
(D) It will involve ground floor renovations.

12 What is suggested about members of the construction crew?

(A) They must register daily at the security office.
(B) They must be dressed in uniforms.
(C) They can enter the building without an identification card.
(D) They have been permitted to use one of the elevators.

13 What will happen on July 15?

(A) A seminar will take place in an event hall.
(B) Construction on the parking lot will begin.
(C) A facility will be temporarily closed.
(D) A tour group will arrive at the hotel.

정답 · 해석 · 해설 p.114

회람(Memo)

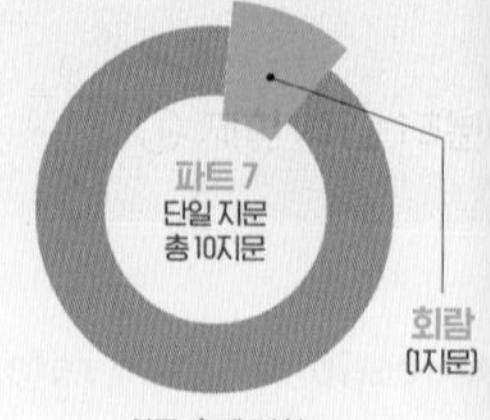

· **회람**은 회사 내부에서 의사를 전달하는 글이며, 출제 비율이 높지 않지만 가끔 1지문 정도 출제된다.

빈출 지문

사내 방침 및 시설 관련	새로 시행되거나 변경되는 사내 방침, 규정을 공지하는 회람 사내 시설 이용과 관련하여 안내하는 회람
업무 관련	업무 관련 공지 사항 및 기타 회사 행사 개최를 전하는 회람

빈출 문제 유형

주제/목적 찾기 문제	회람의 주제나 목적을 묻는 문제가 출제된다. What is mainly discussed in the memo? 회람에서 주로 논의되는 것은 무엇인가? What is the purpose of the memo? 회람의 목적은 무엇인가?
육하원칙 문제	추후 일정 계획, 요청 사항이나 기타 세부 사항을 묻는 문제가 자주 출제된다. According to the memo, what will be held during weekends? 회람에 따르면, 주말 동안에 무엇이 열릴 것인가? What are the employees asked to do? 직원들은 무엇을 하도록 요청되는가?
Not/True 문제	회람에 언급된 사람, 회사 및 부서 등에 대해 일치하지 않거나, 일치하는 보기를 선택하는 문제가 자주 출제된다. What is indicated about the manager? 관리자에 대해 언급된 것은? What is NOT mentioned about the local branch? 지역 지점에 대해 언급되지 않은 것은?
추론 문제	회람을 받는 대상이나 회람에 언급된 특정 사항에 대해 추론하는 문제가 자주 출제된다. To whom was the memo most likely sent? 회람은 누구에게 보내졌을 것 같은가? What is suggested about the profile? 프로필에 대해 암시되는 것은?

예제 및 지문 flow

To: All employees From: Alicia Castro, Personnel Manager Date: June 30 Subject: Dinner party	수신/발신 정보
The annual company dinner party scheduled for July 17 will be moved to August 8.	주제
[1]We have adjusted the date so that it will take place on the day Mr. Bruce Davidson, the company's new vice president for marketing, is expected to arrive. The party will still be held at the Grand Bloomberg Hotel from 8 P.M. until midnight. Dinner will be served, and a short awards ceremony will also take place to honor outstanding achievements by our staff members throughout the past fiscal year.	세부 사항
Also, the hotel requires an estimate for attendance. So, [2]please contact Ms. Carol Wagner in personnel on or before July 15 to let her know if you will be coming and if you plan on bringing a guest.	요청 사항
I hope to see you all at the party.	마침 인사
Regards, Alicia Castro	발신자

Q1. What is suggested about Bruce Davidson?

(A) He has not yet started his new job position.
(B) He will present awards during the event.
(C) He was asked to make a welcoming speech.
(D) He will arrive earlier than expected.

Q2. What does Ms. Castro request employees to do?

(A) Fill out award nomination forms
(B) Contribute ideas for a party
(C) Communicate with an employee
(D) Make their own transportation arrangements

해설

Q1. **추론 문제** 질문의 핵심 어구인 Bruce Davidson에 대해 추론하는 문제이다. We have adjusted the date so that it will take place on the day Mr. Bruce Davidson, the company's new vice president for marketing, is expected to arrive에서 파티가 회사의 새로운 마케팅 부회장인 Mr. Bruce Davidson이 도착할 것으로 예상되는 날에 열릴 수 있도록 날짜를 조정했다고 했으므로 Bruce Davidson은 아직 새로운 직무를 시작하지 않았다는 사실을 추론할 수 있다. 따라서 (A) He has not yet started his new job position이 정답이다.

Q2. **육하원칙 문제** 직원들에게 무엇(What)을 하도록 요청하는지를 묻는 육하원칙 문제이다. 질문의 핵심 어구인 request employees to do와 관련하여, please contact Ms. Carol Wagner in personnel ~ to let her know if you will be coming and if you plan on bringing a guest에서 참석과 관련하여 인사부의 Ms. Carol Wagner에게 연락하라고 했으므로 (C) Communicate with an employee가 정답이다.

해석 p.117

HACKERS TEST

Questions 01-02 refer to the following memo.

Percy's Tent Company

MEMO

To: Department managers

From: David Garcia, Vice President of Human Resources

Re: Employee bonus plan

Date: December 9

On behalf of the management, thank you for sharing your thoughts with us about compensation policies at our last meeting. We have taken your concerns into consideration and would like to propose some changes. Please be advised that we want to reach an agreement on all issues at our next meeting on Thursday. The following are the changes to be discussed:

1. Employees must meet a minimum quota of 200 production units in order to be eligible for a bonus.
2. Employees who exceed the quota by at least 10 percent will receive an additional reward.
3. Bonuses will be paid on a quarterly rather than a monthly basis.

If you have any questions or comments, please send me an e-mail at davgar@ptent.com before the meeting.

Thank you.

01 What change to the bonus plan is mentioned in the memo?

(A) The amount offered will be higher.
(B) Rewards will be given four times a year.
(C) Only full-time employees will be eligible.
(D) Workers meeting the quota will receive extra vacation days.

02 What will the management do on Thursday?

(A) Announce a winner
(B) Hold a celebration
(C) Negotiate an agreement
(D) Take a vote

Questions 03-05 refer to the following memo.

Date: May 14
To: All Employees
From: Michael Devries, Facilities Manager
Subject: Warehouse Expansion

Management has decided to expand the main warehouse of the factory complex. This is a major project that is scheduled to run from June 7 to September 3. Please note that the following changes will be in effect during this period.

First, parking will not be permitted in lot A. Because of its proximity of the warehouse, the construction firm will be using it to store supplies and equipment. Employees who have been assigned spots there will be required to park off-site. Parking has been arranged at a facility operated by another company on the corner of Fifth Street and Central Avenue. Affected employees should visit the administration office by May 21 to pick up their parking passes.

In addition, the south entrance to the factory compound will be closed, and all employees will be required to use the one on Seventh Street. Additional staff will be hired to ensure that there are no delays resulting from the increased traffic at this entrance's security checkpoint.

If you have any questions about this memo, please contact me at 555-6789. Thank you.

03 What is the purpose of the memo?

(A) To inform employees of a company's relocation
(B) To explain why a renovation project is necessary
(C) To announce the construction of new facility
(D) To notify staff of temporary regulations

04 What is indicated about lot A?

(A) It is being renovated.
(B) It is located near the warehouse.
(C) It is used by all factory employees.
(D) It has extensive parking space.

05 What will the company do to prevent delays at the Seventh Street entrance?

(A) Employ extra personnel
(B) Open another checkpoint
(C) Limit the amount of vehicle traffic
(D) Construct a new entrance

Questions 06-09 refer to the following memo.

Best Star Sports Incorporated

To: All instructors
From: Adam Griffin
Date: August 13
Subject: September schedule

Please be advised that for the month of September, no sports clinics will be held on Sundays. The venues will be unavailable for four consecutive Sundays in September because of a local athletic festival. We have consulted the students of each workshop about their available time and revised next month's schedule of activities accordingly. The Sunday sessions will be held on weekdays instead. The Saturday workshops, however, will be conducted as planned. Please refer to the revised schedule below.

SPORT	DAY / TIME	LOCATION	INSTRUCTOR
Baseball	Thursdays, 3-5 P.M. Saturdays, 4-6 P.M.	Armstrong Stadium	Peter Douglas
Basketball	Wednesdays, 5-7 P.M. Saturdays, 9-11 A.M.	Johnson Court	Morgan Jameson
Soccer	Fridays, 3-5 P.M. Saturdays, 7-9 A.M.	Williams Arena	Arthur Stern
Tennis	Mondays, 4-6 P.M. Saturdays, 8-10 A.M.	Davenport Court	Alex Markovic
Volleyball	Tuesdays, 5-7 P.M. Saturdays, 2-4 P.M.	Johnson Court	Katherine Shaw

If you cannot conduct the workshop on weekdays, please let us know by August 20, so we can make the necessary adjustments. Please contact our secretary Linda Harcourt at 555-6109 regarding this matter.

06 To whom was the memo most likely sent?

(A) Medical instructors
(B) Workshop facilitators
(C) Festival Participants
(D) Event organizers

07 Why were the Sunday classes canceled?

(A) The sports facilities will be used for another event.
(B) Some students are unavailable on weekends.
(C) Some moderators are joining a local competition.
(D) The workshop venues will be closed for renovations.

08 What is indicated about the soccer workshop?

(A) It will be conducted on two consecutive days.
(B) It will be taught by Katherine Shaw.
(C) It will take place in Armstrong Stadium.
(D) It will be held on weekdays only.

09 Who should be contacted regarding schedule conflicts?

(A) Adam Griffin
(B) Arthur Stern
(C) Peter Douglas
(D) Linda Harcourt

Questions 10-13 refer to the following memo.

To: All Alistair University faculty and staff
From: Kristen Samuels, president
Subject: New transportation benefit
Date: February 19

I am pleased to say that the university has decided to start covering 50 percent of the cost of monthly city transit passes for all interested staff and faculty. This is being done to decrease congestion on campus, encourage more environmentally sustainable forms of travel, and guarantee that everyone has a reliable means of getting to and from work. For those who are unfamiliar with how transit passes work, they provide holders with unlimited bus and subway use for a month. Passes must be requested at the university's Office of Transportation and Parking Services by February 25 at the latest. They may be retrieved from the same office.

If you purchase a pass, you will no longer be allowed to hold a yearly university parking permit and must turn it in for a refund. You may still park your car on university property whenever you'd like, of course. However, you will be required to pay parking fees each time, just as visitors and students do. Please take this information into consideration before making a decision.

10 What is NOT a goal of the new benefit?
(A) Ensuring dependable access to transportation
(B) Reducing the number of cars at the university
(C) Improving faculty members' physical fitness
(D) Promoting ecologically friendly types of travel

11 What is true about the transit passes?
(A) They display the holder's photograph.
(B) They may not be used on some routes.
(C) They can be picked up at the university.
(D) They provide free transportation for one year.

12 What is mentioned about university parking?
(A) It is being moved to a new location.
(B) It has a reserved area for staff.
(C) It will be priced higher for some visitors.
(D) It charges students a fee.

13 What are faculty and staff asked to consider when making a decision?
(A) The distance between buildings
(B) The loss of parking permits
(C) The opening hours of an office
(D) The cost of living on campus

정답 · 해석 · 해설 p.117

DAY 15 안내문(Information)

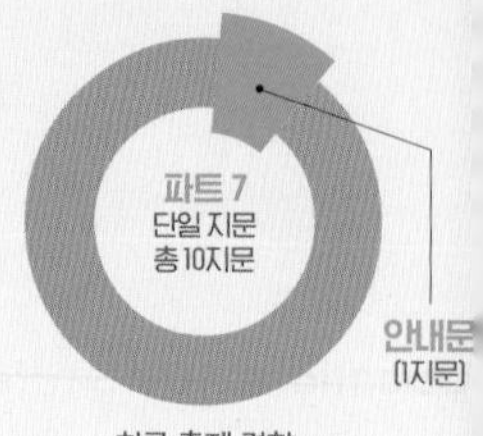

· **안내문**은 일상에서 쉽게 접할 수 있는 다양한 정보를 제공하는 글이며, 출제 비율이 높지 않지만 가끔 1지문 정도 출제된다.

빈출 지문

서비스/제품 안내	서비스 신청 방법을 안내하거나, 제품 사용 방법을 설명하는 안내문
시설 안내	상점이나 호텔 등과 같은 시설 이용에 대해 설명하는 안내문
행사 안내	각종 행사나 실생활에 유용한 팁을 소개하는 안내문

빈출 문제 유형

주제/목적 찾기 문제

안내문의 주제나 목적을 묻는 문제가 출제된다.

What is the information about? 안내문은 무엇에 대한 것인가?
What is the purpose of the information? 안내문의 목적은 무엇인가?

육하원칙 문제

얻을 수 있는 정보, 방법이나 기타 세부 사항을 묻는 문제가 자주 출제된다.

What information can be obtained on the Web site? 웹사이트에서 어떤 정보를 얻을 수 있는가?
How can customers get further assistance? 고객들은 어떻게 추가 도움을 받을 수 있는가?

Not/True 문제

안내문에 언급된 사람이나 제품 및 서비스, 특정 대상 등에 대해 일치하지 않거나, 일치하는 보기를 선택하는 문제가 자주 출제된다.

What is indicated about the membership applicants? 회원 등록 신청자들에 대해 언급된 것은?
What is NOT stated about the bank services? 은행 서비스에 대해 언급되지 않은 것은?

추론 문제

안내문이 게재된 곳이나 안내문에 언급된 특정 사항에 대해 추론하는 문제가 자주 출제된다.

Where would the information most likely appear? 안내문은 어디에서 볼 수 있을 것 같은가?
What is suggested about the coffee maker? 커피 메이커에 대해 암시되는 것은?

예제 및 지문 flow

Thank you for purchasing a Boldline product. [1]To get the most out of Boldline Nourishment, follow these few easy steps:

> Wash your face thoroughly with warm water and soap.
> [2-B]Use Boldline Cleanser to clean out your pores and get rid of any impurities.
> Apply Boldline Nourishment to your face with the tips of your fingers. Spread evenly.
> Allow the moisturizer to dry before applying any makeup.
> [2-D]Repeat up to three times per week.

[1]Noticeable results will start to appear after one week of usage including softer skin, and reduction of lines and wrinkles.

If you experience any rashes, irritation, or burning, wash your face immediately and consult a physician. Do not use the moisturizer too close to your eyes. If you have any problems with our products, please call one of our customer service assistants at 1-800-555-3300.

주제

세부 내용

추가 정보 확인 방법

Q1. What is the information about?

(A) Usage of a cosmetic product
(B) A new line of beauty merchandise
(C) Advantages of a moisturizing soap
(D) A method of makeup application

Q2. What is mentioned about Boldline Nourishment?

(A) It is made of natural ingredients only.
(B) It should not be applied with other products.
(C) It reduces swelling from minor burns.
(D) It can be used several times in a week.

해설

Q1. **주제/목적 찾기 문제** 안내문의 주제를 묻는 주제/목적 찾기 문제이다. To get the most out of Boldline Nourishment, follow these few easy steps:와 Noticeable results will start to appear after one week of usage including softer skin, and reduction of lines and wrinkles에서 Boldline Nourishment를 최대한 활용하기 위해 몇 가지의 단계들을 따라해 보라며 피부에 눈에 띄는 결과들은 사용 일주일 후에 나타나기 시작한다고 했으므로 (A) Usage of a cosmetic product가 정답이다.

Q2. **Not/True 문제** 질문의 핵심 어구인 Boldline Nourishment와 관련된 내용을 지문에서 찾아 보기와 대조하는 Not/True 문제이다. (D)는 Repeat up to three times per week에서 일주일에 세 번까지 반복해서 사용하라고 했으므로 지문의 내용과 일치한다. 따라서 정답은 (D) It can be used several times in a week이다. (A), (B), (C)는 지문에 언급되지 않은 내용이다.

해석 p.120

Questions 01-02 refer to the following information.

Fountainview Bakery has cakes for any occasion! Whether you are celebrating a birthday, an anniversary, or hosting a corporate party, we have the cake to suit your tastes and needs. All our products are made from the finest organic ingredients, and are decorated by our staff of professional bakers. Cakes are offered in a variety of sizes and shapes. We also have more than 20 flavors to choose from, including the following:

Southern Belle: A delicious combination of chocolate and cherries in a light cake with a smooth custard filling

Tropicana: A rich fruit cake that includes fresh mango and tangy lemon cream

Devil's Delight: A dark chocolate cake with a strawberry filling and caramel frosting

For additional flavors and pictures of our cake designs, please visit our Web site at www.fountainviewbakery.com. We accept online orders and offer free delivery service to local residents.

FOUNTAINVIEW BAKERY CAKES FOR ANY TASTE!

01 What is the purpose of the information?

(A) To advertise a special occasion
(B) To announce the opening of a store
(C) To promote a store's products
(D) To provide details about an event

02 What is NOT mentioned about the cakes?

(A) They come in a variety of flavors.
(B) They are delivered locally for free.
(C) They cost less than other brands.
(D) They can be purchased online.

Questions 03-05 refer to the following instructions.

Welcome to Tellegent Studio

As a member, you have access to over 130 of our fully equipped coworking centers nationwide. Our services include private workspace rentals, high-speed Internet, and use of basic office equipment.

Before you visit:

1. Go to www.tellegentstudio.com to find the most convenient location for you.
2. Click "Reserve a Desk," and then enter your membership number and your preferred date and time.

Note: Reservations must be made at least 30 minutes in advance. Please note that spaces in popular locations can fill up quickly, so early reservations are advisable.

Once you arrive:

1. Scan your membership card to enter.
2. Then, report to the reception desk to obtain a desk assignment and a password for the center's network.
3. When you are finished, go back to the reception desk to pay for any additional services or supplies you may have purchased.

03 Who most likely are the instructions meant for?

(A) People who have home-based jobs
(B) Users of a shared workspace facility
(C) Employees of an office supply company
(D) Designers of store interiors

04 What is true about Tellegent Studio?

(A) It charges more for high-speed Internet.
(B) It produces Web pages for its customers.
(C) It requires clients to make reservations.
(D) It will soon open a second location in the country.

05 How can members get into one of Tellegent Studio's centers?

(A) By scanning a card
(B) By entering a password
(C) By contacting a staff member
(D) By using a private entrance

Questions 06-09 refer to the following information.

Welcome to the Draper Hotel

Washington D.C.'s Premier Business Hotel
Winner of the Traveling Executive Editors' Choice Award for Best Business Facility in the City

About the rooms
Draper Hotel's elegant rooms are designed for maximum comfort. Double-paned windows reduce external noise for a quiet stay. A bedside panel controls the temperature, lighting, and TV. Finally, each room includes wireless Internet service.

About room service
Our courteous staff are discreet, efficient, and always ready to assist you. High-tech sensors detect your room key and alert the staff when a room is occupied, so they will not disturb your sleep. In addition, room service is available 24 hours a day, and our kitchen crew can accommodate any special dietary requirements.

About the facilities
Cinque Ciel is an elegant restaurant where you can meet friends, clients, and business associates. Hours are from 6 A.M. to 10 P.M. The free breakfast buffet is open daily from 6 A.M. to 10 A.M. **Delyte** is a full-service gym, staffed by highly trained professionals. Hours are from 9 A.M. to 8 P.M. **The Pod** is the hotel's business center, where guests may use computers, fax machines, copiers, printers, and scanners. It is open 24 hours a day, 7 days a week.

We hope our service will exceed your expectations of a truly world-class business hotel. Enjoy your stay!

06 Where would the information most likely appear?
(A) In hotel guest rooms
(B) At a sports facility
(C) In a housekeeping department
(D) At a dining establishment

07 What is mentioned about the staff?
(A) They have received positive reviews.
(B) They receive training every year.
(C) They work from 9 A.M to 8 P.M.
(D) They will accommodate special food requests.

08 According to the information, what happens every morning?
(A) A free breakfast is served.
(B) An airport shuttle will depart.
(C) The bed sheets are changed.
(D) The windows are cleaned.

09 What is stated about the facilities?
(A) The restaurant caters large parties.
(B) Each room includes a fax machine.
(C) The business center is open around the clock.
(D) The gym offers aerobics classes.

Questions 10-13 refer to the following information.

Remington Bank

Credit Card Applications

Remington Bank offers clients two ways to apply for a credit card.

You may apply over the phone by calling our customer care hotline at 555-8770. For faster processing, please be prepared to share your full name, current home address, Social Security Number, and date of birth. We need this information to obtain your credit report.

You may also apply online by visiting www.remingtonbank.com/ccap. On this page, you will be presented with detailed information about the credit cards currently being offered by our bank. Please note that not all credit cards have the same annual fees and percentage rates, so it is important that you read the terms and conditions of each card carefully before submitting an application. After selecting a credit card type, just click on the "Apply" button and you will be directed to an online application form. Please allow seven to ten business days for your request to be processed.

10 What does the information mainly discuss?

(A) Requirements for a loan application
(B) Instructions for obtaining a credit card
(C) Regulations for banking activities
(D) Guidelines for opening an account

11 What data is NOT required from applicants?

(A) An identification number
(B) A home address
(C) A telephone number
(D) A date of birth

12 According to the information, what can be found on the Remington Bank Web site?

(A) The user's latest credit card statement
(B) A history of the client's mortgage payments
(C) The user's bank transactions for the month
(D) Features of every credit card type

13 What is suggested about the credit cards offered by Remington Bank?

(A) They all have the same terms and conditions.
(B) They require payment of an annual fee.
(C) They have low rates of interest.
(D) They take less than seven days to arrive.

정답 · 해석 · 해설 p.120

DAY 16 이메일(편지) 연계 지문

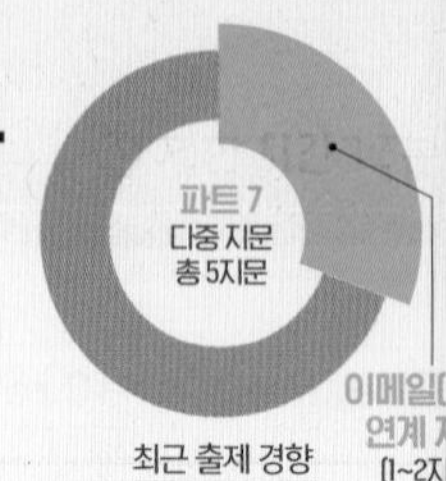

· **이메일(편지) 연계 지문**은 이메일이나 편지가 첫 번째 지문으로 나오고, 두 번째나 세 번째 지문으로 또 다른 이메일(편지), 양식, 공고 등이 연계된 지문이다. 주로 또 다른 이메일이나 양식과 가장 많이 연계되며, 평균 1~2지문 정도 출제된다.

빈출 지문

[Double Passages]

이메일(편지) & 이메일	행사 일정을 알려주거나 예약을 요청하는 이메일(편지) & 관련 변경 사항을 알려주는 이메일
이메일(편지) & 양식	특정 사안에 대해 설명하거나 요청하는 이메일(편지) & 관련된 표나 기타 서류

[Triple Passages]

이메일(편지) & 이메일 & 양식	각종 신청을 하거나 업무를 요청하는 이메일(편지) & 신청 결과나 요청한 업무와 관련된 사항을 알려주는 이메일 & 관련된 일정이나 양식
이메일(편지) & 양식 & 공고	행사와 관련된 제안을 하는 이메일(편지) & 행사 일정을 알리는 양식 & 행사 개최나 변경 사항을 안내하는 공고

문제 풀이 전략

STEP 1 **질문의 핵심 어구를 통해 먼저 확인할 지문을 결정한다.**

STEP 2 **해당 지문에서 첫 번째 단서를 찾고, 다른 지문에서 첫 번째 단서와 관련된 두 번째 단서를 찾는다.**

* Triple Passages의 경우, 첫 번째 단서를 찾은 후 남은 두 지문 중 추가로 필요한 내용과 관련된 지문을 선택하여 두 번째 단서를 찾는다.

STEP 3 **두 개의 단서를 종합하여 정답을 선택한다.**

예제

[이메일 & 이메일]

TO: Rachel Isaacs <risa@zenithtravel.org>
FROM: Stewart Griffiths <stgriff@cortexengineers.com>
DATE: August 2
SUBJECT: Business trip arrangements

Hi Rachel,

I hope you are having an enjoyable summer. The director of our design department, Robin Lynch, contacted me today and told me that she and six other department members are planning to attend a conference in New York from September 3 to 5.

Could you let me know if there are any flights available for departure on September 2 and return on September 6? Ms. Lynch also asked that you make hotel reservations for everyone at the hotel where she stayed during her last business trip to New York in March.

STEP 2(1) 정답의 첫 번째 단서 찾기

Thanks!
Stewart

TO: Stewart Griffiths <stgriff@cortexengineers.com>
FROM: Rachel Isaacs <risa@zenithtravel.org>
DATE: August 4
SUBJECT: Re: Business trip arrangements

Hi Stewart,

I have booked seven seats on Monarch Air for Ms. Lynch. I tried to book the hotel rooms she requested, but unfortunately, there are no vacancies at the Riverfront Hotel. I would suggest the Sunderland Hotel or the Glendale Hotel in the downtown area. If you want something more economical, the Towers Hotel has vacancies, but is not in a convenient location. Please let me know as soon as possible which hotel Ms. Lynch prefers.

STEP 2(2) 정답의 두 번째 단서 찾기

Rachel

Q. Where did Ms. Lynch stay on her previous trip to New York? STEP 1 질문의 핵심 어구 확인하기

(A) The Sunderland Hotel
(B) The Glendale Hotel
(C) The Riverfront Hotel STEP 3 정답 선택하기
(D) The Towers Hotel

해설

육하원칙 문제 질문의 핵심 어구인 Ms. Lynch stay on her previous trip에서 Ms. Lynch가 지난 출장에서 어디에(Where) 머물렀는지를 묻고 있으므로 Ms. Lynch가 머물렀던 곳과 관련된 내용을 언급한 첫 번째 이메일을 먼저 확인한다.
첫 번째 이메일의 Ms. Lynch also asked ~ make hotel reservations ~ at the hotel where she stayed during her last business trip에서 Ms. Lynch가 자신이 지난 출장에서 머물렀던 호텔을 예약하길 원한다는 첫 번째 단서를 확인할 수 있다. 그런데 호텔의 이름이 무엇인지 알 수 없으므로 두 번째 이메일에서 관련 내용을 확인한다. 두 번째 이메일의 I tried to book the hotel rooms she requested ~ at the Riverfront Hotel에서 Ms. Lynch가 Riverfront 호텔에 머무르기를 요청했다는 두 번째 단서를 확인할 수 있다.
Ms. Lynch가 자신이 지난 출장에서 머물렀던 호텔을 예약하길 원한다는 첫 번째 단서와 Ms. Lynch가 Riverfront 호텔에 머무르기를 요청했다는 두 번째 단서를 종합할 때, Ms. Lynch가 지난 출장에서 Riverfront 호텔에 머물렀음을 알 수 있다. 따라서 (C) The Riverfront Hotel이 정답이다.

해석 p.123

Questions 01-05 refer to the following letter and e-mail.

December 2

Mr. Anthony Gil
Human Resources Director
Amor Fragrances
Baltimore, Maryland

Dear Mr. Gil,

I am sending this application in response to the online job advertisement. I am very interested in the brand manager position that your company currently has available.

As of the moment, I am employed in the same capacity at Margaux, a manufacturer of hypoallergenic cosmetics and fragrances in Trenton, but would like to explore opportunities in other leading companies, such as yours. I have been with Margaux for almost six years, and I believe this has given me significant experience in sales and resource management. Prior to this position, I worked as a product specialist in several health and beauty companies in Boston and Newark.

Enclosed is my résumé. Please note that you will be receiving a reference letter from an employee of Margaux who used to be my supervisor. Should my credentials meet the requirements for the position, please contact me at your convenience. I hope you will give me the chance to become part of your company. Thank you.

Respectfully yours,

Anne Tseung

Anne Tseung

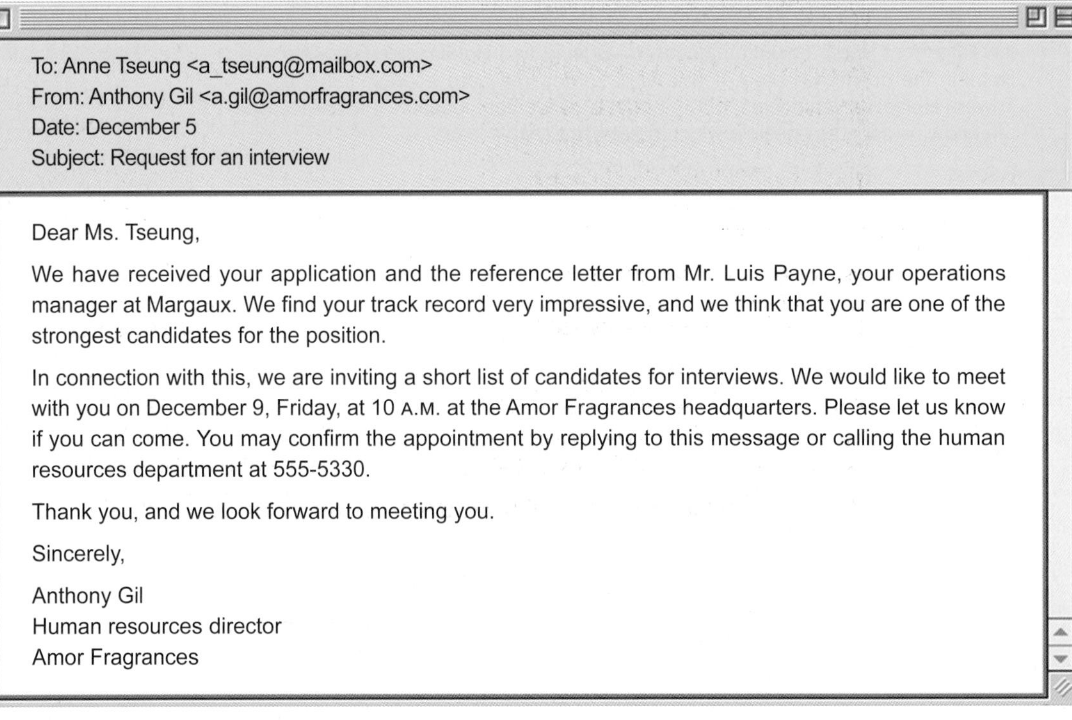

To: Anne Tseung <a_tseung@mailbox.com>
From: Anthony Gil <a.gil@amorfragrances.com>
Date: December 5
Subject: Request for an interview

Dear Ms. Tseung,

We have received your application and the reference letter from Mr. Luis Payne, your operations manager at Margaux. We find your track record very impressive, and we think that you are one of the strongest candidates for the position.

In connection with this, we are inviting a short list of candidates for interviews. We would like to meet with you on December 9, Friday, at 10 A.M. at the Amor Fragrances headquarters. Please let us know if you can come. You may confirm the appointment by replying to this message or calling the human resources department at 555-5330.

Thank you, and we look forward to meeting you.

Sincerely,

Anthony Gil
Human resources director
Amor Fragrances

01 Why did Ms. Tseung send a letter to Mr. Gil?

(A) To remind him of an appointment
(B) To apply for a vacant position
(C) To inquire about a brand of cosmetics
(D) To inform him of a factory tour

02 What is stated about the job?

(A) It is an entry-level position.
(B) It was advertised on the Internet.
(C) It is for part-time work.
(D) It was vacated by a retiree.

03 What is NOT true about Ms. Tseung?

(A) She wants to try a different field of work.
(B) She has been with Margaux for more than five years.
(C) She had a document sent to Mr. Gil.
(D) She was employed in various companies in the past.

04 What is indicated about Amor Fragrances?

(A) It will be opening another manufacturing facility.
(B) It has no current job vacancies in brand management.
(C) It plans to move its headquarter offices.
(D) It will interview several candidates for the position.

05 Where is Mr. Payne's office located?

(A) In Baltimore
(B) In Boston
(C) In Trenton
(D) In Newark

Questions 06-10 refer to the following e-mail, notice, and schedule.

To: Raine Parker <r.parker@ftc.org>
From: Adam Oswalt <a.oswalt@ftc.org>
Date: June 24
Subject: Re: Papers
Attachment: Notes

Raine,

I reviewed the papers you wrote on food transport and food storage. Honestly, I am not sure which one is better for publication. My suggestion would be to let the editors at the *Quarterly Journal of Food Technology* decide. Whichever one they don't want to put out you can submit for the presentation at the International Food Industry Conference in Turkey. Both are well argued, carefully researched, and exhaustive in their analyses. Now, I've also attached a few notes on your papers, mostly about minor issues. Let me know if you want to discuss them.

Adam

CALL FOR PAPERS
22nd International Food Industry Conference

November 18 to 19 | Ankara, Turkey

Organized by the Association of Food Producers in cooperation with Global Food Research, this conference aims to gather leading researchers, professionals, and policy makers for a discussion of new advances and research results in the food industry as they relate to this year's theme: global food security.

We are seeking submissions to be presented at the conference on associated topics in the areas of food manufacturing, processing, distribution, technology, public policy, or the environment. Interested authors must hand in their papers by August 15 to Maria Kovacs at m.kovacs@ific.org. Authors of accepted papers will be notified by September 15. Please note that papers presented at the conference will be included in a special, one-time issue of the *Journal of Food Security*. As such, papers that have already been accepted for publication in other journals will not be considered.

22nd International Food Industry Conference

PROGRAM OUTLINE

Day 1	ACTIVITY
10:00 A.M. – 10:30 A.M.	Registration and Welcome reception
10:30 A.M. – 12:00 P.M.	Opening address
1:00 P.M. – 2:00 P.M.	Presentation: Advancements in Food Research, with David Bowles
2:30 P.M. – 4:00 P.M.	Presentation: Food Storage Technology, with Raine Parker
4:30 P.M. – 6:00 P.M.	Social program at Grand Hotel Ankara
Day 2	**ACTIVITY**
8:00 A.M. – 10:00 A.M.	Presentation: The Effects of Climate Change, with Gordon Lewis
10:30 A.M. – 12:00 P.M.	Presentation: Food Security and Population, with Stephen Leung
1:00 P.M. – 2:00 P.M.	Discussion: Public Policy Issues, moderated by Katerina Demidov
2:30 P.M. – 4:00 P.M.	Presentation: The Way Forward, with Alec Haumann
4:30 P.M. – 6:00 P.M.	Closing address

06 What does Mr. Oswalt state about the papers submitted by Ms. Parker?

(A) They have topics that are controversial.
(B) Only one of them made a valid case.
(C) They were thorough in their examination.
(D) Both were accepted at an upcoming conference.

07 In the notice, the phrase "relate to" in paragraph 1, line 4, is closest in meaning to

(A) tell
(B) apply to
(C) understand
(D) join with

08 What is suggested about Ms. Parker?

(A) She is employed as a researcher by Global Food Research.
(B) She was asked by Ms. Kovacs to revise her paper.
(C) She may publish a paper on food transport in a quarterly journal.
(D) She will need to be at the Grand Hotel Ankara by September 15.

09 Who will be speaking on an environmental topic?

(A) David Bowles
(B) Raine Parker
(C) Gordon Lewis
(D) Stephen Leung

10 What is indicated about Alec Haumann?

(A) He is a member of an international association.
(B) He had not previously published his presentation material.
(C) He will be attending a dinner reception on the final day.
(D) He will give a presentation on the first day of the conference.

Questions 11-15 refer to the following e-mails and catalog.

To:	Susan Pinkman <s.pinkman@mightymail.com>
From:	Justin Climent <j.climent@zelectra.com>
Subject:	Re: Order #234098
Date:	February 6

Dear Ms. Pinkman,

I am sorry for the delay in responding to the message about your order. Due to a technical problem, it was routed incorrectly.

Now unfortunately, the item that you ordered, the wireless smartphone photo printer, is out of stock. We are expecting new inventory to arrive from our supplier in March, so I recommend that you wait for the item. Given the inconvenience we've caused you, we are prepared to waive all shipping charges on your order.

To view a catalog of our latest products, you may click here, or copy and paste the following address to your browser: www.zelectra.com/latestproducts.

Sincerely,
Justin Climent
Customer Service Representative
Zelectra

ZELECTRA

Zelectra offers items from various manufacturers. To purchase an item, click on the product number to add it to your shopping cart. If you prefer, you may print a completed order form and mail it to our address. You may also transact with us over the phone by calling 555-2049. All items ship within 7 to 10 days unless otherwise specified. We accept checks, credit cards, bank transfers, and online payments.

Item	Description	Price
#33498	Medusa Ten-In-One Charging Cable (Compatible with most devices)	$4.99
#99061	Beamer Movie Projector (Features a sharp, high-resolution display)	$829.99
#51271	Imaginex Photo Scanner and Printer (Ink sold separately)	$54.49
#65394	Commandcom Rechargeable Radio (Designed for outdoor use)	$44.49
#48906	Flytech Drone Helicopter (Camera attachment sold separately)	$89.99
#75643	Briggs Audio Portable Turntable (Includes connections for external speakers)	$139.29
#81269	Lexflex Book Light (Uses low-voltage LED bulbs)	$29.99

To: Justin Climent <j.climent@zelectra.com>
From: Susan Pinkman <s.pinkman@mightymail.com >
Subject: Re: Re: Order #234098
Date: February 8

Dear Mr. Climent,

It's a shame you didn't contact me sooner. I have no use for the product now as I had intended to give it as a gift and ended up buying something else. That said, I took a look at your catalog and saw a portable turntable that I'm interested in for myself. I just have a question before I place my order. Does your offer of free shipping still apply if I buy a different item?

Thank you,
Susan Pinkman

11 What is the purpose of the first e-mail?

(A) To resolve a minor technical issue
(B) To reschedule an earlier appointment
(C) To confirm details on an order form
(D) To notify a customer about a problem

12 What is suggested about Zelectra?

(A) It only offers partial refunds.
(B) It manufactures photo printers.
(C) It usually charges for shipping.
(D) It is planning a sale event in March.

13 What is NOT mentioned as an option for purchasing items from Zelectra?

(A) Sending a form in the mail
(B) Visiting a retail outlet
(C) Placing an order by phone
(D) Going to an online store

14 What is indicated about Ms. Pinkman?

(A) She wants to ship an item internationally.
(B) She plans to order a gift item for a friend.
(C) She would like a discount on a product's listed price.
(D) She did not take Mr. Climent's recommendation.

15 Which item in the catalog is Ms. Pinkman interested in ordering?

(A) Item #65394
(B) Item #48906
(C) Item #75643
(D) Item #81269

정답 · 해석 · 해설 p.123

DAY 17 양식 연계 지문

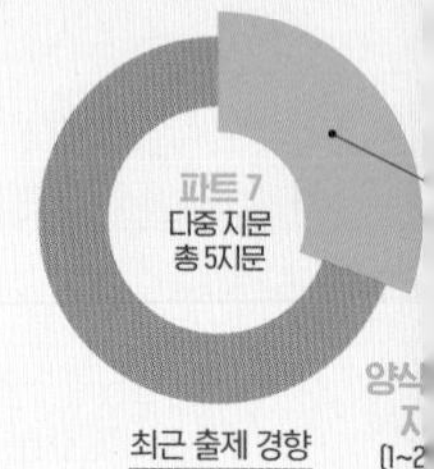

· **양식 연계 지문**은 양식이 첫 번째 지문으로 나오고, 두 번째나 세 번째 지문으로 이메일(편지), 또 다른 양식, 기사 등이 연계된 지문이다. 주로 이메일이나 또 다른 양식과 가장 많이 연계되며, 평균 1~2지문 정도 출제된다.

빈출 지문

[Double Passages]

양식 & 이메일(편지)	청구서나 송장, 영수증 등의 주문 관련 양식 & 주문에 문제가 있음을 알리는 이메일(편지)
양식 & 양식	상품이나 시설의 안내 양식 & 시설 이용 후기나 관련 청구서

[Triple Passages]

양식 & 공고 & 이메일(편지)	특정 사안에 대해 설명하는 매뉴얼 & 매뉴얼의 추가 사항이나 변경 사항을 알리는 공고 & 매뉴얼에 관해 문의하는 이메일(편지)
양식 & 이메일(편지) & 기사	상품이나 시설 관련 신청 양식 & 신청에 대한 변동 사항을 알리는 이메일(편지) & 시설 이용 후기 또는 상품 관련 내용을 소개하는 기사

문제 풀이 전략

STEP 1 **질문의 핵심 어구를 통해 먼저 확인할 지문을 결정한다.**

STEP 2 **해당 지문에서 첫 번째 단서를 찾고, 다른 지문에서 첫 번째 단서와 관련된 두 번째 단서를 찾는다.**

* Triple Passages의 경우, 첫 번째 단서를 찾은 후 남은 두 지문 중 추가로 필요한 내용과 관련된 지문을 선택하여 두 번째 단서를 찾는다.

STEP 3 **두 개의 단서를 종합하여 정답을 선택한다.**

예제

[양식 & 이메일 & 이메일]

AUTOMAGE
5140 Orchard Street, Lincoln, NE 68510
www.automage.com
Date: April 20

Name David Singer **Tel.** 555-5746
Address 7243 Windmill Drive, Lincoln, NE 68507

STATEMENT	
SERVICES (includes parts and labor)	**AMOUNT**
Tire rotation	$5.49
Suspension check	$3.99
Brake inspection	$4.99
Fluid-level check	$2.49
Battery check	$6.49
Sub-total	$23.45
Tax	$1.88
TOTAL	**$25.33**
Prepared by	Lindsay Enriquez

WE APPRECIATE YOUR BUSINESS!

STEP 2(2)
정답의 두 번째 단서 찾기

To: Automage <cust_serv@automage.com>
From: David Singer <d_singer@movemail.com>
Date: April 21
Subject: Billing complaint

To Whom It May Concern,

I had some work done at your Orchard Street location using a coupon from a friend. The work was done quickly and to my satisfaction. I paid the bill and left a happy customer. However, I later discovered I had been charged incorrectly. The coupon offered a free battery inspection if other services were purchased. Well, when I received the invoice, it included a charge for the free service. Consequently, I'd like to be reimbursed for this charge. Please contact me at your earliest convenience to make the necessary arrangements.

Thank you.

David Singer

STEP 2(1)
정답의 첫 번째 단서 찾기

To: David Singer <d_singer@movemail.com>
From: Automage <cust_serv@automage.com>
Date: April 24
Subject: Re: Billing complaint

Dear Mr. Singer,

Thank you for your e-mail dated April 21. We are happy to hear that the work performed on your car was done to your liking. Regarding your concern, we checked with the manager at our Orchard Street location and confirmed that you should have been given a free battery inspection. Therefore, we will be reversing the charges as requested. The refund should be reflected in your credit card provider's next monthly statement. Please accept our apologies for this oversight.

Sincerely,

Robert Bosco
Automage

Q. How much does Mr. Singer want to remove from his bill?

STEP 1 질문의 핵심 어구 확인하기

(A) $2.49
(B) $3.99
(C) $5.49
(D) $6.49

STEP 3 정답 선택하기

해설

육하원칙 문제 질문의 핵심 어구인 Mr. Singer want to remove from his bill에서 Mr. Singer가 청구서에서 얼마(How much)를 없애고 싶어하는지를 묻고 있으므로 Mr. Singer가 작성한 이메일을 먼저 확인한다.
두 번째 지문인 이메일의 The coupon offered a free battery inspection if other services were purchased. ~ Consequently, I'd like to be reimbursed for this charge에서 Mr. Singer가 소지한 쿠폰이 다른 서비스들이 구매되었을 시 무료 배터리 점검을 제공한다고 했으므로 배터리 점검 비용이 청구서에서 삭제되기를 원한다는 첫 번째 단서를 확인할 수 있다. 그런데 배터리 점검 비용이 얼마인지는 알 수 없으므로 각 서비스의 비용에 대한 내용이 있는 양식을 확인한다. 첫 번째 지문인 양식의 Battery check, $6.49에서 배터리 점검 비용이 6.49달러라는 두 번째 단서를 확인할 수 있다.
Mr. Singer가 배터리 점검 비용이 청구서에서 삭제되기를 원한다는 첫 번째 단서와 배터리 점검 비용으로 6.49달러가 청구되었다는 두번째 단서를 종합할 때, Mr. Singer가 청구서에서 없애고 싶어하는 금액은 6.49달러임을 알 수 있다. 따라서 (D) $6.49가 정답이다.

해석 p.128

Questions 01-05 refer to the following brochure and order form.

Chaney's Office Warehouse Anniversary Discount Offer

The one-stop shop for all your office needs!

For more than 30 years, Chaney's Office Warehouse has been providing quality office supplies and furniture to local businesses. In celebration of our 33rd year of operations, we are offering our customers great deals on select office supplies ordered in bulk (one dozen or more). Discounted items include: document trays, mouse pads, trash cans, screen filters, packaging boxes, and more. In addition, earn double rewards points when you purchase any piece of office furniture. Orders of $500 or more qualify for free 7-day ground shipping.

To take advantage of this offer, visit www.chaneys.com until April 30 or come to any of our branches located throughout New England, Connecticut, and Maine.

Please note: Loyalty Club members may not combine their personal or corporate discounts with discounts from special promotions. In addition, keep in mind that items purchased using in-store discounts do not earn points.

Chaney's Office Warehouse
ORDER CONFIRMATION

Date of purchase: April 12
Expect delivery by: April 18

Thank you for your order. Your order number is 5AGY-445-DFHC-12.
A copy of this order confirmation has been sent to l_morgan@mcepartners.net.

Contact:	Chaney's Loyalty Club Member
Lance Morgan, purchasing officer McElroy and Partners 673 Oakwood Drive, Manchester, ME 04351 E-mail: l_morgan@mcepartners.net Tel.: 555-2309 Fax: 555-2310	Membership type: Corporate Points earned with this purchase: 34 Total points earned to date: 1,492

Charge to:	Ship to:
McElroy and Partners Credit card: Fica Corporate Card Card number: XXXX-XXXX-XXXX-4827	McElroy and Partners 673 Oakwood Drive Manchester, ME 04351

Item	Description	Quantity	Item cost	Total cost
FBDT-00238K	Filebob document tray	40	$4.95	$198.00
WMWB-305L8	Williams mailing envelopes	60	$3.25	$195.00
MSCF-F08E	Micronia screen filter	15	$1.75	$26.25

SWVOC-394JU	Swivelrite office chair	2	$50.97	$101.94
			Sub-total	$521.19
			Additional discounts	($20.39)
			Sales tax	$41.70
	Shipping: ___ Next-day air	X 3-day express	___ 7-day ground	$4.99
			TOTAL	$547.49

All sales are considered final once an order confirmation has been issued. For information about returns, refunds, or exchanges, view our return policy here. For questions or concerns about your order, please contact our 24-hour customer service department at 555-5867 or e-mail cust_serv@chaneys.com.

01 What is the purpose of the brochure?

(A) To give promotion details
(B) To announce an office relocation
(C) To provide information about a new business
(D) To encourage membership in a program

02 How is the discount offer restricted?

(A) Purchases have to be made in a store.
(B) Only loyalty club members are eligible.
(C) Items may not be returned once bought.
(D) It expires at the end of April.

03 What is suggested about Chaney's Office Warehouse?

(A) It sells secondhand furniture.
(B) It gives special discounts to club members.
(C) It will be closing for renovations.
(D) It offers same-day delivery.

04 What is NOT indicated about Mr. Morgan?

(A) He qualifies for free ground shipping.
(B) He can expect to receive his order by April 18.
(C) He is employed by McElroy and Partners.
(D) He can modify his order within the next two days.

05 Which of Mr. Morgan's purchases earned double rewards points?

(A) FBDT-00238K
(B) SWVOC-394JU
(C) MSCF-F08E
(D) WMWB-305L8

Questions 06-10 refer to the following invoice and e-mail.

Fashion Hindi Invoice
www.fashionhindi.com
Customer Service: 555-5478

Invoice No.: HJQK-9014-LB26 | Order Date: June 30

Customer Name: Vera Khatri | Expected Delivery Date: July 4

Payment Method: Opal credit card

Billing Address: Unit 416, Imperial Towers
Rourkela, Odisha 769002 | Shipping Address: Same as billing

ORDER DETAILS:

Item Number	Description	Quantity	Unit Price	Total Price
LV1210	Scarves	2	$18.00	$36.00
CK6852	Pants	4	$9.00	$36.00
HP9038	Pillows	2	$8.00	$16.00
WA4397	Suitcase	1	$24.00	$24.00
Your payment has been processed. Please keep this as a receipt. Present this document when requesting refunds or exchanges. All requests must be made within 30 days of the order date.			Subtotal	$112.00
			Sales Tax	$6.72
			Discounts	$0.00
			Shipping	$6.00
			TOTAL	$124.72

For questions or concerns about your order, contact us at 555-5478. To learn more about our products, sign up for our e-newsletter and get 20 percent off your next purchase!

To: Vera Khatri <v.khatri@inmail.com>
From: Customer Service <cs@fashionhindi.com>
Subject: RE: Returns
Date: July 9

Dear Ms. Khatri,

We received your e-mail yesterday. I am sorry to hear that you were not completely pleased with your recent purchase from our Web site, but I am glad to say that we have a suitable replacement in stock.

The cost of each substituted item is $8. That adds up to a total of $16, which is the same as the total price of the items you wish to exchange. All you will need to pay is our standard shipping rate of $6, though you may also request rush delivery for $10. The 20 percent discount for which you have qualified can only be used on new purchases and cannot be applied this time.

As for the items you are returning, they must be in the same condition as they were when you bought them. Otherwise, you will be charged their full price. When the new items are delivered, please hand the old ones to your delivery driver, or you may drop them off at any store location nearest you.

Thank you for shopping Fashion Hindi. Feel free to contact me further if you need additional assistance.

Sincerely,

Sidney Thakur
Customer Service Representative
Fashion Hindi

06 What is true about Fashion Hindi?

(A) It is celebrating a special occasion.
(B) It specializes in imported products.
(C) It has just opened a new store location.
(D) It accepts returns for a 30-day period.

07 What is implied about Ms. Khatri?

(A) She signed up for an electronic newsletter.
(B) She has shopped with Fashion Hindi before.
(C) She received a discount on shipping.
(D) She is sending some of her items as gifts.

08 In the e-mail, the word "suitable" in paragraph 1, line 2, is closest in meaning to

(A) useful
(B) protected
(C) convenient
(D) appropriate

09 Which item does Ms. Khatri wish to return?

(A) LV1210
(B) CK6852
(C) HP9038
(D) WA4397

10 What is the cost for expedited shipping?

(A) $6
(B) $8
(C) $10
(D) $16

Questions 11-15 refer to the following registration form, e-mail, and letter.

SA SALESACTIV
Professional Sales Training Institute

Registration form

NAME: ____________________
COMPANY: ____________________
TEL: ____________________

The following courses are available this month at our training center. Choose however many courses you would like to attend. Each course can be completed in half a day (4 hours) and costs $120 per person. For group pricing, or to have one or more courses taught at your company's location, call us at 555-2012.

	Every Monday, Wednesday, Friday	Every Tuesday and Thursday
8 A.M. to 12 P.M.	☐ **Effective Negotiating Skills** *with Brant Lewis* Negotiate with clients to get the best possible deal.	☐ **Step by Step Sales** *with Maureen Packard* Learn the fundamentals of selling from beginning to end.
1 P.M. to 5 P.M.	☐ **Sales Management Mastery** *with Vivian Grant* Maximize your sales potential no matter what the size of your sales force.	☐ **Internal Sales Training** *with Ralph Modesto* Establish an internal training program using tried and tested techniques.

To: Laura Massey <l.massey@groverelec.com>
From: Matthew Emerson <m.emerson@groverelec.com>
Subject: Salesactiv
Date: July 11

Hi Laura,

I've just gotten back from taking the course at Salesactiv. It taught all the basics of selling in a format that was very easy to follow. In addition, the instructor was highly knowledgeable and credible. I think we should hire this company to train our staff.

Now, I realize we had originally planned to do just one course, but if I can negotiate a lower price for two, I'd like to add one more on sales management. I spoke to the other participants and they gave positive feedback about this course. I'll update you further.

Matthew

July 22

Matthew Emerson
Grover Electrical
4567 Calvin Street
Columbia, MD 21044

Dear Mr. Emerson,

As agreed, we will hold a one-day seminar at your company's location on Wednesday, August 12. "Step by Step Sales" will be held in the morning and "Sales Management Mastery" in the afternoon. Please ensure that the participants are ready to begin on time. We require a deposit of 50 percent by August 1, with the balance due upon completion of the seminar. You may send your initial payment to 9081 Baltimore National Pike, Ellicott City, MD 21042. Thank you.

Sincerely,
Kendra Welch
Salesactiv

11 What can participants learn about in Mr. Lewis's class?

(A) How to screen potential clients
(B) How to maximize a sales budget
(C) How to work out an agreement
(D) How to teach sales to others

12 What is NOT true about Salesactiv?

(A) It offers special pricing for groups.
(B) It provides some courses online.
(C) It teaches two courses a day.
(D) It has its own training facility.

13 Whose class did Mr. Emerson attend?

(A) Brant Lewis
(B) Maureen Packard
(C) Vivian Grant
(D) Ralph Modesto

14 What is the purpose of the letter?

(A) To inform of the terms of a seminar
(B) To negotiate a discount for a course
(C) To schedule a final examination
(D) To provide directions to a venue

15 What is suggested about Mr. Emerson?

(A) He will be traveling to Ellicott City.
(B) He mailed a check to Salesactiv's office.
(C) He was able to secure an affordable price.
(D) He will learn how to train salespeople.

정답 · 해석 · 해설 p.128

기사 연계 지문

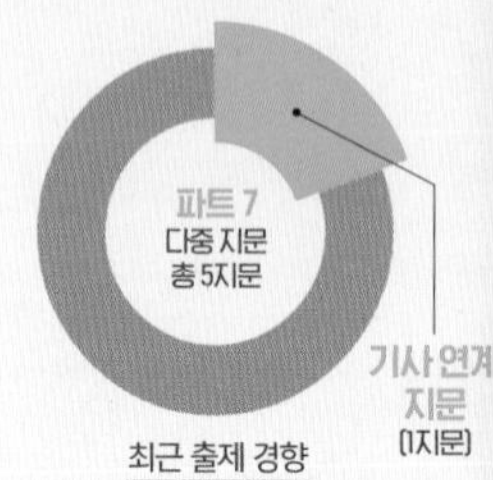

· **기사 연계 지문**은 기사가 첫 번째 지문으로 나오고, 두 번째나 세 번째 지문으로 이메일(편지), 양식, 공고 등이 연계된 지문이다. 주로 이메일이나 편지와 가장 많이 연계되며, 평균 1지문 정도 출제된다.

빈출 지문

[Double Passages]

기사 & 이메일	기업의 동향 및 신제품에 대한 기사 & 해당 소식과 관련하여 논의하는 이메일
기사 & 편지	행사나 상점, 시설을 소개하는 기사 & 관련자에게 보내는 편지

[Triple Passages]

기사 & 양식 & 이메일(편지)	행사나 상점, 시설을 소개하는 기사 & 행사나 시설 관련 신청 양식 & 행사 참가자들이나 관련자에게 협조를 요청하는 이메일(편지)
기사 & 양식 & 공고	행사 개최를 알리는 기사 & 행사 후기나 관련 서류 & 행사 관련 공고

문제 풀이 전략

STEP 1 **질문의 핵심 어구를 통해 먼저 확인할 지문을 결정한다.**

STEP 2 **해당 지문에서 첫 번째 단서를 찾고, 다른 지문에서 첫 번째 단서와 관련된 두 번째 단서를 찾는다.**

* Triple Passages의 경우, 첫 번째 단서를 찾은 후 남은 두 지문 중 추가로 필요한 내용과 관련된 지문을 선택하여 두 번째 단서를 찾는다.

STEP 3 **두 개의 단서를 종합하여 정답을 선택한다.**

예제

[기사 & 이메일]

Cena Fast Food Franchises to Partner with Zoom Beverages
Phoenix, Arizona, January 12

At a press conference yesterday morning, Cena Fast Food Franchises' public relations director officially announced a new partnership with Zoom Beverages Incorporated. The Dallas-based soft drink manufacturer will now be the exclusive provider of all beverages sold in more than 90 Cena fast food restaurants in Phoenix, Tucson, Houston, and Dallas. Also present at the event, the spokesperson for Zoom Beverages, Rachel Waters, stated, "We look forward to a rewarding and long-lasting partnership with Cena restaurants and believe that this move will benefit both companies."

STEP 2(2) 정답의 두 번째 단서 찾기

TO: Rachel Waters <rwaters@zoompr.com>
FROM: Adam Lopez <alopez@cenapr.net>
DATE: January 20
SUBJECT: Press Conference

Ms. Waters,

Thank you for your call this morning. I spoke briefly with our public relations director, Millie Swanson, and she agrees that it would be useful for us to meet together to discuss the results of our press conference last week concerning the partnership between Zoom Beverages and Cena Fast Food. She suggested that we meet at Zoom's headquarters to discuss the various articles that have been written about the partnership and to decide if we need to release further information to the public. Please let me know as soon as possible what time is best for you.

Sincerely,
Adam Lopez
Cena Fast Food Franchises

STEP 2(1) 정답의 첫 번째 단서 찾기

Q. What is suggested about Ms. Swanson? — STEP 1 질문의 핵심 어구 확인하기

(A) She writes articles for a publication.
(B) She recently earned a promotion.
(C) She wants to hold a meeting in Dallas. — STEP 3 정답 선택하기
(D) She is moving to an office in Phoenix.

해설

추론 문제 질문의 핵심 어구인 Ms. Swanson이 언급된 이메일을 먼저 확인한다.
두 번째 지문인 이메일의 I spoke briefly with our public relations director, Millie Swanson과 She suggested that we meet at Zoom's headquarters에서 Millie Swanson과 간단히 이야기를 나눴고 그녀가 Zoom사의 본사에서 만나는 것을 제안했다는 첫 번째 단서를 확인할 수 있다. 그런데 Zoom사의 본사가 어디에 있는지 알 수 없으므로 기사에서 관련 내용을 확인한다. 첫 번째 지문인 기사의 Zoom Beverages Incorporated. The Dallas-based soft drink manufacturer에서 Zoom Beverages사가 댈러스에 본사를 둔 청량음료 제조사라는 두 번째 단서를 확인할 수 있다. Millie Swanson과 간단히 이야기를 나눴고 그녀가 Zoom사의 본사에서 만나는 것을 제안했다는 첫 번째 단서와 Zoom Beverages사가 댈러스에 본사를 둔 청량음료 제조사라는 두 번째 단서를 종합할 때, Millie Swanson은 댈러스에서 회의를 열기를 원한다는 사실을 추론할 수 있다. 따라서 (C) She wants to hold a meeting in Dallas가 정답이다.

해석 p.132

Questions 01-05 refer to the following articles.

FOLEY AT THE ORHAN GALLERY

The opening night of Darius Foley's photo exhibition has been rescheduled from March 8 to March 15. The event will now take place at the Orhan Gallery on Ancheco Avenue in downtown Portland. Kim Torres, Foley's agent, said that ongoing repair work at the first event venue led to her decision to find another suitable location for the exhibit. The repairs were supposed to be finished by March 5 in time for the exhibit's original opening date, but limited funds have delayed its progress. Highly anticipated by the local art community, the exhibit is Foley's first one-man show. It is entitled *Vestiges of Utopian Life* and runs for two weeks at the Orhan Gallery. The first night's event is by invitation only, but the exhibit opens to the public on succeeding days. For more information about the exhibit or for directions to the Orhan Gallery, visitors may contact Kim Torres at k_torresart@artrep.net or the Orhan Gallery's communications director Lesley Wilde at les_wilde@orhan.org.

The Panoramic Lens

by Alfred Layton

Darius Foley's much-awaited photography exhibition, *Vestiges of Utopian Life*, was launched last Saturday following a brief delay. Thirty-five of Foley's photos are currently on display at the Orhan Gallery. The venue actually seems more appropriate for photographs of this size, compared to the smaller Glaucus Art Studio where the show was originally scheduled to be held. Foley was present opening night to give a short talk on his work.

It was easy to tell from the faces of everyone present that they were captivated by Foley's photographs. In this collection, the artist turned to a number of classical oppositions: nature versus technology, local versus global, rural versus urban, and individual versus collective. Foley presents these ideas by taking pictures of people and showing how they are caught between two opposing forces which keep them from realizing their dreams.

Foley has done joint exhibitions with various photographers, including famed photojournalist Samuel Hansen. *Vestiges of Utopian Life* is his first-ever solo exhibit, inspired by his year-long trip to various Asian and European countries. His composite pictures are reflections of his personal vision of utopian architecture and societies, and the people who inhabit them. Originally from Portland, Oregon, Mr. Foley now resides in London, England, with his wife and two children.

* *Vestiges of Utopian Life is open for viewing at the Orhan Gallery until March 29.*

01 Why was the date of the exhibit launch changed?

(A) Kim Torres needed more time to publicize the exhibit.
(B) Darius Foley was invited to speak at a conference in Asia.
(C) There were not enough corporate sponsors.
(D) The original venue was undergoing repairs.

02 What is true about Mr. Foley's latest exhibit?

(A) It was funded by Samuel Hansen.
(B) It will be shown in other countries.
(C) It opens to the public on the second day.
(D) It received negative reviews from people.

03 What does Mr. Layton suggest about the exhibit?

(A) It is the result of an artistic collaboration.
(B) It will be extended for another week.
(C) It features several items for sale.
(D) It consists of large photographs.

04 What is NOT mentioned about Mr. Foley?

(A) He has traveled to many places.
(B) He is currently based in London.
(C) He has done several exhibitions before.
(D) He is working on a project with Mr. Layton.

05 What did Mr. Foley do on March 15?

(A) Spoke at an event
(B) Released a photography book
(C) Visited Glaucus Art Studio
(D) Returned from a trip abroad

Questions 06-10 refer to the following article, letter, and form.

The Oakville Examiner

Oakville Local Triumphs

June 16—Oakville resident and environmental activist Deborah Brooks is pleased. Last week, Governor Franklin announced he would be closing Missouri's last coal-fired power plant, something Ms. Brooks had been pushing the government to do for decades. Furthermore, this week, her memoir *Wind Up* was nominated for a book prize by the Environmental Writers Group.

Wind Up tracks the history of Ms. Brooks' interest in the environment, which began while she was still a student at Oakville College. "I developed an interest in the environment after watching a program about air pollution." she said. Over the years, Ms. Brooks has campaigned for better air quality, authored several books on the subject, and lectured at venues around the country. Whether or not she wins, her book's nomination places a much-needed spotlight on the country's continuing problems with air pollution.

August 4

Deborah Brooks
Oakville College
2607 Sanders Drive
St. Louis, MO 63129

Dear Ms. Brooks,

I produce the program *Mornings on 11*, which airs weekdays on Channel 11 here in St. Louis. The program features news, weather forecasts, special interest stories, and interviews with notable personalities. A colleague of yours at Oakville College referred me to an article that was recently published about you in *The Oakville Examiner*. In connection with this, we were hoping you could do a live interview on our show to speak about your latest book.

Please get back to me with your decision and your preferred interview date so I can make the necessary arrangements. On a personal note, I'd like to add that I have been an admirer of your work since you wrote *Puff Piece* and would feel honored if you agreed to be our guest.

Sincerely,
Edie Santoro
Producer, *Mornings on 11*

Program: *Mornings on 11*
Producer: Edie Santoro
Scheduled airdate: September 18

PLAINS BROADCASTING CORPORATION

Pre-interview questionnaire

Date: August 22
Name: Deborah Brooks
Tel: 555-2049

1) What compelled you to write *Wind Up*?
I felt that with all of the progress that had been made since I began campaigning for the environment, it seemed like a good time to publish a review of the actions and events that led me to where I am today.

2) Is *Wind Up* the last book you plan to publish?
I never thought I'd write one book, let alone six. But after seeing the attention received by my first book, *Puff Piece*, I thought I should keep going, meaning I could go on writing more books for as long as they find an audience.

06 In the article, what is stated about *Wind Up*?

(A) It was featured in a television program.
(B) It is part of a series on the environment.
(C) Its contents are discussed in college classrooms.
(D) Its award nomination draws attention to an issue.

07 What is suggested about Ms. Brooks?

(A) She is planning to run for a political office.
(B) Her novel topped a best seller list.
(C) She works at her former school.
(D) Her colleagues held a party in her honor.

08 What is the purpose of the letter?

(A) To inquire about a book
(B) To solicit help for a fund-raiser
(C) To get an expert's opinion on a report
(D) To request an interview

09 What is indicated about Ms. Santoro?

(A) She used to work in St. Louis.
(B) She is familiar with Ms. Brooks' first book.
(C) She participated in a campaign.
(D) She hosted a television program.

10 When will Ms. Brooks appear on *Mornings on 11*?

(A) June 16
(B) August 4
(C) August 22
(D) September 18

Questions 11-15 refer to the following article, e-mail, and invitation.

Durham News

Local Man Makes Valuable Discovery

May 20—Six paintings by noted landscape artist Evelyn Wallace have just been discovered in a local home. Resident Tom Bergen says he found the paintings stored away in the attic of his grandmother's house in Durham. Bergen's grandmother, Betsy Grover, first acquired the paintings while living in North Carolina, where Ms. Wallace did all of her work. The paintings will be authenticated next week. If they are genuine, they could be worth over $2 million. When asked about his plans, Mr. Bergen replied, "I haven't decided what to do with the paintings yet. Ideally, I would like for other people to have a chance to enjoy them as well."

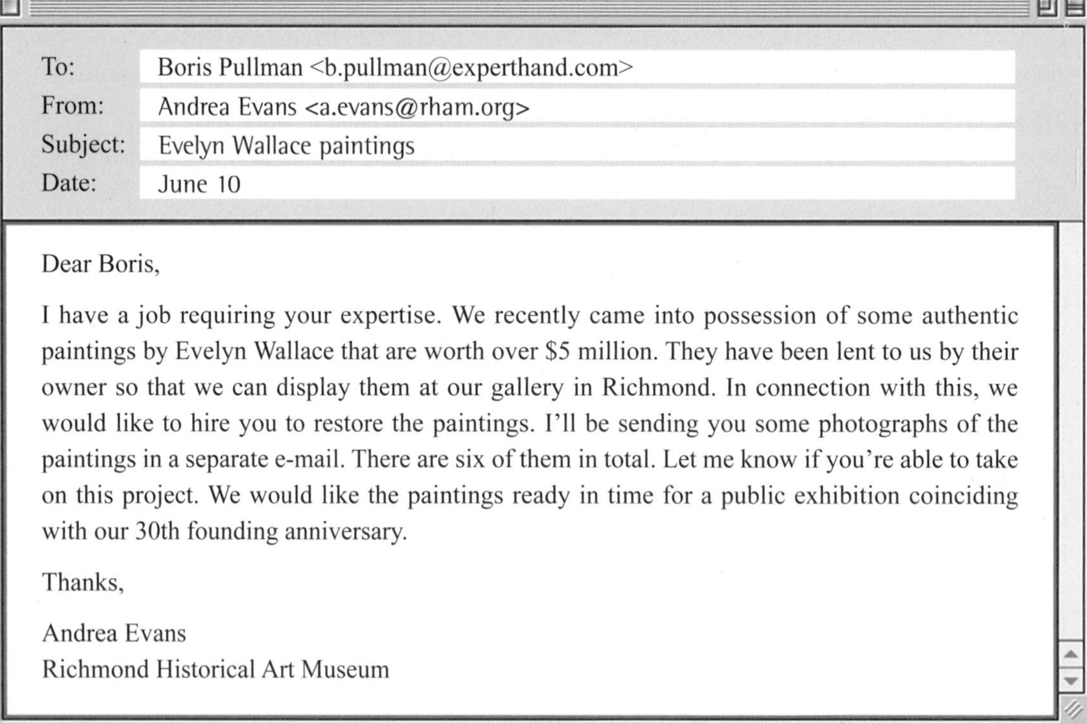

To: Boris Pullman <b.pullman@experthand.com>
From: Andrea Evans <a.evans@rham.org>
Subject: Evelyn Wallace paintings
Date: June 10

Dear Boris,

I have a job requiring your expertise. We recently came into possession of some authentic paintings by Evelyn Wallace that are worth over $5 million. They have been lent to us by their owner so that we can display them at our gallery in Richmond. In connection with this, we would like to hire you to restore the paintings. I'll be sending you some photographs of the paintings in a separate e-mail. There are six of them in total. Let me know if you're able to take on this project. We would like the paintings ready in time for a public exhibition coinciding with our 30th founding anniversary.

Thanks,

Andrea Evans
Richmond Historical Art Museum

Exhibition Preview and Opening Reception: *Timeless Art*

Thursday, October 1, 5:00 P.M., Richmond Historical Art Museum

Please join us for a special preview of *Timeless Art*, an exhibition showcasing our most prized and historically significant works of art. In addition to items by portrait painter Lawrence Herriman, sculptor Sylvia Munroe, and painter Paul Dettler, we will be exhibiting six recently discovered works by landscape artist Evelyn Wallace. The event includes a talk by resident art historian Dr. Amos Thompson. The reception is by invitation only for RHAM members. Entrance is free and includes complimentary snacks. *Timeless Art* opens to the public on October 10.

11 How did Mr. Bergen obtain Ms. Wallace's paintings?

(A) He inherited them from his parents.
(B) He purchased them from an art dealer.
(C) He found them in a storage space.
(D) He met with Ms. Wallace in North Carolina.

12 Why did Ms. Evans write the e-mail?

(A) To acquire information about an artist
(B) To get help with authenticating paintings
(C) To arrange for photographs to be taken
(D) To invite participation in a project

13 What is implied about the paintings by Evelyn Wallace?

(A) They have been sold to a museum.
(B) Mr. Bergen paid to have them restored.
(C) They are worth more than originally thought.
(D) Ms. Grover wished to donate them to a gallery.

14 What will happen on October 1?

(A) An exhibit will open to the public.
(B) An artist will be recognized with a prize.
(C) A painter will give free demonstrations.
(D) An art expert will deliver a lecture.

15 What is suggested about the Richmond Historical Art Museum?

(A) It holds art classes for its members.
(B) It plans to auction some famous works of art.
(C) It recently expanded its exhibition space.
(D) It was established in the month of October.

정답 · 해석 · 해설 p.132

광고 연계 지문

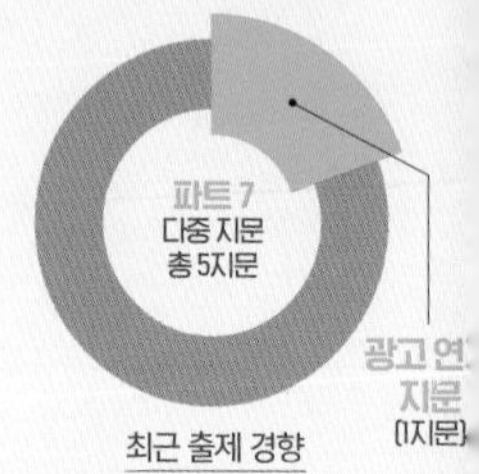

· **광고 연계 지문**은 광고가 첫 번째 지문으로 나오고, 두 번째나 세 번째 지문으로 이메일(편지), 양식, 공고 등이 연계된 지문이다. 주로 이메일이나 양식과 가장 많이 연계되며, 평균 1지문 정도 출제된다.

빈출 지문

[Double Passages]

광고 & 이메일(편지)	회사나 시설 등을 홍보하는 광고 & 이용을 신청하거나 불만을 제기하는 이메일(편지) 직원 채용 광고 & 지원 또는 추천하는 이메일(편지)
광고 & 양식	회사나 시설 등을 홍보하는 광고 & 고객에게 보내는 견적서나 고객의 이용 후기 양식

[Triple Passages]

광고 & 양식 & 이메일	새로운 매장이나 신제품을 홍보하는 광고 & 신제품 관련 안내 양식이나 행사 일정표 & 제품 구매나 행사 관련 내용을 전달하는 이메일
광고 & 이메일 & 공고	회사나 시설/서비스를 홍보하는 광고 & 시설/서비스 이용을 신청하는 이메일 & 특별 행사나 서비스에 대해 안내하는 공고

문제 풀이 전략

STEP 1 **질문의 핵심 어구를 통해 먼저 확인할 지문을 결정한다.**

STEP 2 **해당 지문에서 첫 번째 단서를 찾고, 다른 지문에서 첫 번째 단서와 관련된 두 번째 단서를 찾는다.**

* Triple Passages의 경우, 첫 번째 단서를 찾은 후 남은 두 지문 중 추가로 필요한 내용과 관련된 지문을 선택하여 두 번째 단서를 찾는다.

STEP 3 **두 개의 단서를 종합하여 정답을 선택한다.**

예제

[광고 & 이메일 & 공고]

MIRABELLE HOTEL & GOLF CLUB

Book your next social or corporate event with us. We have over 20,000 square feet of newly remodeled spaces.

Name	Seating capacity	Rental rate
Outdoor Patio	350-450	$3,400
The Pelican Restaurant	60-80	$1,200
Club Room	40-60	$950-$1,200
Banquet Hall	250-350	$4,200
Conference Hall	400-600	$3,800

NOTE: Special conditions may apply depending on your selection. Please contact us for inquiries. Call 555-5048 or e-mail esd@hotelmirabelle.com. All bookings must be made at least two months in advance.

STEP 2(2)
정답의 두 번째 단서 찾기

To: Caroline Dubois <esd@hotelmirabelle.com>
From: Thomas Padilla <t.padilla@cwf.com>
Date: April 29
Subject: Space rental

Dear Ms. Dubois,

Thank you for the information. We have decided to choose the Mirabelle Hotel for our event on July 11. As discussed, we'd like to have a stage erected for the speeches and performances we're planning to have. We've hired a company to take care of lighting and sound equipment. However, we want your establishment to provide the catering and have selected Menu Package D. Please let me know what the total cost is for our selection, apart from the rental price of $3,400. Thank you!

Sincerely,
Thomas Padilla
Events coordinator, Coastal Wildlife Fund

STEP 2(1)
정답의 첫 번째 단서 찾기

The Coastal Wildlife Fund will be holding its annual fund-raising event on Saturday, July 11 at the Mirabelle Hotel & Golf Club in Le Touquet, France. Proceeds from the event will help support our conservation activities. The event will include dinner, speeches, a raffle, and musical entertainment. Tickets are $300 per person. Participants may also take advantage of discounted green fees at the Mirabelle Golf Club. For further inquiries, please call the CWF events coordinator at 555-3491 or visit our Web site at www.cwf.org.

Q. What is indicated about the event on July 11?

STEP 1 질문의 핵심 어구 확인하기

(A) It is exclusive to members of a golf club.
(B) It includes discounted accommodations.
(C) It will take place at an outdoor area.
(D) It will be attended by over 450 people.

STEP 3 정답 선택하기

해설

추론 문제 질문의 핵심 어구인 event on July 11가 언급된 이메일을 먼저 확인한다.
두 번째 지문인 이메일의 We ~ choose the Mirabelle Hotel for our event on July 11와 Please let me know what the total cost is for our selection, apart from the rental price of $3,400에서 7월 11일의 행사를 위해 Mirabelle 호텔을 선택했고 대여료가 3,400달러라는 첫 번째 단서를 확인할 수 있다. 그런데 3,400달러짜리 공간이 어떤 것인지 알 수 없으므로 각 공간의 대여료에 대한 내용이 있는 광고를 확인한다. 첫 번째 지문인 광고의 Outdoor Patio, $3,400에서 3,400달러짜리 공간은 야외 테라스라는 두 번째 단서를 확인할 수 있다.
7월 11일의 행사를 위해 Mirabelle 호텔을 선택했고 대여료가 3,400달러라는 첫 번째 단서와 3,400달러짜리 공간은 야외 테라스라는 두 번째 단서를 종합할 때, 7월 11일 행사는 야외 테라스에서 열린다는 사실을 추론할 수 있다. 따라서 (C) It will take place at an outdoor area가 정답이다.

해석 p.136

Questions 01-05 refer to the following advertisement and e-mail.

Iseult Incorporated Needs You!

Iseult Incorporated offers tours to destinations in six continents. We have become an industry leader because of our affordable tour packages and commitment to customer service.

Iseult has the following positions available in its branches:

TOUR DIRECTOR (Nonthaburi) — The successful applicant will escort guests between destinations, transport hubs, and hotels. Must be able to provide travelers with relevant commentary and explanations about sites, and safeguard guests and their luggage.

HOTEL CONTRACTOR (Udon Thani) — The chosen applicant will need to negotiate with hotels for group rates, and be willing to travel regularly. Three years' experience is required. Knowledge of foreign languages is preferred but not mandatory.

SALES ACCOUNT MANAGER (Chiang Mai) — Responsibilities include motivating the sales team to meet targets and helping to increase revenue. Five years of prior experience in a supervisory position is necessary, and a master's degree in business administration is an advantage.

MARKETING PRICING ANALYST (Bangkok) — Only experienced and detail-oriented applicants will be considered. The chosen applicant will create, source, and price the products and packages.

To apply, please send your résumé with two references to hr@iseultinc.com.

TO:	hr@iseultinc.com
FROM:	char6887@aucomail.com
DATE:	November 14
SUBJECT:	Job opening
ATTACHMENT:	résumé

To Whom It May Concern,

I am writing to apply for the sales account manager position at your company as advertised in *The Clarion Gazette*. As you will see in the attached résumé, my qualifications and work history make me fully eligible for the job.

I would greatly appreciate the opportunity to discuss with you how my skills and experience could serve Iseult Incorporated. I am available for an interview at your convenience, and you can reach me most easily on my mobile phone 555-9384. Thank you very much for your time and consideration, and I look forward to hearing from you.

Sincerely,
Charunee Pradchaphet

01 What is the purpose of the advertisement?

(A) To provide a company summary
(B) To announce current job openings
(C) To sell tour packages
(D) To invite customers to an event

02 What is NOT mentioned about Iseult Incorporated?

(A) It is planning to open new branch offices.
(B) It offers affordable travel options.
(C) It has offices in different locations.
(D) It is dedicated to customer service.

03 For which position is three years of relevant experience a requirement?

(A) Tour director
(B) Hotel contractor
(C) Sales account manager
(D) Marketing pricing analyst

04 What is suggested about Ms. Pradchaphet?

(A) She is proficient in several foreign languages.
(B) She has at least five years of management experience.
(C) She is pursuing a master's degree in business administration.
(D) She has applied for a position at Iseult Incorporated before.

05 Why does Ms. Pradchaphet request to be contacted?

(A) To arrange a job interview
(B) To change an appointment time
(C) To provide a business address
(D) To confirm an application process

Questions 06-10 refer to the following advertisement and estimate.

Magnolias Landscaping and Gardening Services

Serving the Seattle region for more than two decades, Magnolias is well-known for its outstanding staff. Let us take care of all your gardening needs, whether you're a homeowner or need work done for your company's grounds or other public spaces. We offer a wide variety of services including lawn care, garden maintenance, landscaping, pruning and trimming, and even replanting.

Join our Weekly Care Program to have all your yard work done once every week starting at the low rate of $280 per month!* Call us at 555-0695, or send an e-mail to clientservices@magnoliasservices.com to book an appointment with one of our staff. He or she will visit your location and provide you with an estimate form for the work.

So what are you waiting for? Contact us today, and let us do all the work for you!

**Applies to spaces under 2,000 square feet.*

WORK ESTIMATE

Magnolias Landscaping and Gardening Services
555-0695, e-mail: clientservices@magnoliasservices.com

Client:	Sonia Borgia	**Address:**	4236 North Pine Avenue, Seattle
Estimator:	Alec King	**Type:**	Private residence (single dwelling) Backyard only
Tasks:	> Cutting of backyard lawn > Watering of plants, trees, hedges > Trimming of trees and hedges (only when necessary) > Maintenance of flower beds (only when necessary) > Planting of shrubs, flowers, plants (only when necessary)		
Notes:	Thanks so much for requesting an estimate for your yard! It was a pleasure meeting you and I hope to serve you in the future. Our staff will visit your home every week at a time to be arranged between us. Below you will find the estimated cost for the services listed above. The fee is monthly, and you will be billed by mail. Should you decide to use our services, I would be happy to offer you the first day free. Therefore, your first bill would only be $210.		
Estimate:	$280 per month (not inclusive of taxes)		

06 What is NOT indicated about Magnolias Landscaping and Gardening Services?

(A) It has been in business for more than 20 years.
(B) Its employees have a good reputation.
(C) It sends cost estimates to potential clients by e-mail.
(D) Its services are provided for commercial and residential properties.

07 In the advertisement, the word "outstanding" in paragraph 1, line 2, is closest in meaning to

(A) owing
(B) excellent
(C) famous
(D) different

08 What is suggested about Ms. Borgia's yard?

(A) It will require daily care.
(B) It is smaller than 2,000 square feet.
(C) It is located in front of her home.
(D) It will not qualify for a discount.

09 What does Magnolias offer to do for Ms. Borgia once a week?

(A) Cut the grass
(B) Trim the hedges
(C) Maintain flower beds
(D) Plant shrubs

10 What does Mr. King mention in the estimate?

(A) He is only available on weekdays.
(B) He can lower Ms. Borgia's first bill.
(C) He will renew the contract yearly.
(D) He will visit Ms. Borgia's home next week.

Questions 11-15 refer to the following advertisement, contract, and e-mail.

Vacation Rentals in Playa del Carmen, Mexico

Solvista Apartment - $125 per night

Located on the third floor of the newly built Solvista Condominium, this two-bedroom, two-bath apartment can accommodate up to six people comfortably. It is adjacent to shopping and dining establishments and is a short walk or bike ride to the beach.

The apartment is fully furnished and features air-conditioned bedrooms, a spacious kitchen and living area, and a complete set of modern appliances. Laundry services are available on-site, and the property's facilities also include a swimming pool and tennis court. Towels, linens, and dinnerware are provided, along with other basic necessities.

Upon request, airport transfers and assistance with tours may be arranged. For details, e-mail inquiries@escalante.com.

ESCALANTE PROPERTIES

Rental Agreement

Please complete this form and fax to 555-4364 to book your stay. You will not be charged until you check out. However, note that a refundable deposit of $200 is due upon check-in.

Property: Apt 3B, third floor, Solvista Condominium, 15 Avenida Norte, Playa del Carmen
Renter: Adele Richardson Address: 4600 Hawkins Drive, Conway, AR 72304, USA
Tel: 555-3050 E-mail: adele_r1024@arkmail.com
Number of adults: 3 Number of children: 2

Check-in	August 21	**Administrative fee**	$20
Check-out	August 27	**Tennis Court Rental**	$15
Length of stay	6 nights	**Taxes**	$78.50
Rate of stay / night	$125	**TOTAL DUE**	$863.50
Total rent	$750		

Please see the reverse side of this page for detailed terms and conditions. Renters may be entitled to a partial refund if Escalante Properties fails to fulfill any part of this agreement.

Signature: *Adele Richardson* Date: July 27

To: Francisco Delgado <inquiries@escalante.com>
From: Adele Richardson <adele_r1024@arkmail.com>
Subject: Solvista
Date: September 2

Dear Mr. Delgado,

Thank you for helping arrange our recent stay in Playa del Carmen. We visited the nearby ruins as you advised. It was a wonderful experience. Overall, we were quite satisfied with the trip and are even considering returning. However, we did have an issue with the apartment. Throughout our stay, the air conditioner in our room kept failing. We repeatedly asked the resident manager to repair it, but he was unable to. As a result, we spent six rather uncomfortable nights in the heat. In this regard, I feel Escalante did not live up to its agreement and that this should be remedied as soon as possible.

Sincerely,
Adele Richardson

11 What does the advertisement indicate about Solvista Condominium?
(A) It has three floors in all.
(B) It is near a public sports facility.
(C) It was recently constructed.
(D) It is a short car ride from the airport.

12 What must Ms. Richardson do when she checks in?
(A) Pay an amount that is refundable
(B) Speak with a building manager
(C) Sign her name in a guest register
(D) Show the credit card used to book her stay

13 What is NOT true about the advertised apartment?
(A) Its suggested maximum occupancy is six people.
(B) Its listed price covers use of all facilities.
(C) It is equipped with a food preparation area.
(D) It is situated on the third floor of a building.

14 How did Mr. Delgado assist Ms. Richardson?
(A) He showed her around Playa del Carmen.
(B) He performed some minor repairs.
(C) He informed her about a nearby attraction.
(D) He picked her up at the airport.

15 What is suggested about Ms. Richardson?
(A) She requested to have her room changed.
(B) She might receive part of her payment back.
(C) She took a cruise with her family.
(D) She may stay an additional night.

정답 · 해석 · 해설 p.137

DAY 20 공고 연계 지문

· **공고 연계 지문**은 공고가 첫 번째 지문으로 나오고, 두 번째나 세 번째 지문으로 이메일(편지), 양식, 기사 등이 연계된 지문이다. 주로 이메일이나 양식과 가장 많이 연계되며, 출제 비율이 높지 않지만 가끔 1지문 정도 출제된다.

빈출 지문

[Double Passages]

공고 & 이메일 — 행사에 대해 안내하는 공고 & 행사 참가나 행사 변경 사항과 관련된 이메일

공고 & 양식 — 행사에 대해 안내하는 공고 & 행사 등록 양식이나 기타 신청서

[Triple Passages]

공고 & 양식 & 이메일 — 회사에서 새롭게 진행하는 사항을 알리는 공고 & 관련된 서류나 양식 & 관련 업무 진행을 요청하는 이메일

공고 & 기사 & 이메일 — 행사에 대해 안내하는 공고 & 행사 후기를 소개하는 기사 & 행사 제안 사항이나 차후 계획과 관련된 내용의 이메일

문제 풀이 전략

STEP 1 **질문의 핵심 어구를 통해 먼저 확인할 지문을 결정한다.**

STEP 2 **해당 지문에서 첫 번째 단서를 찾고, 다른 지문에서 첫 번째 단서와 관련된 두 번째 단서를 찾는다.**

* Triple Passages의 경우, 첫 번째 단서를 찾은 후 남은 두 지문 중 추가로 필요한 내용과 관련된 지문을 선택하여 두 번째 단서를 찾는다.

STEP 3 **두 개의 단서를 종합하여 정답을 선택한다.**

예제

[공고 & 이메일]

The 12th Annual Regional Interior Design Conference (RIDC) will be held at the Kidlat Convention Center in Calgary on April 25 and 26. The two-day conference will inform designers of current trends.

CONFERENCE SCHEDULE

	April 25 (Thursday)	April 26 (Friday)
9:00-10:00 A.M.	BREAKFAST	
10:00 A.M.-12:00 P.M.	Keynote Address	Rethinking the Interior Environment
12:00-1:30 P.M.	LUNCHEON	
1:30-3:30 P.M.	Interior Space	Evolving Modes of Practice
3:30-4:00 P.M.	COFFEE BREAK	
4:00-6:00 P.M.	Rebranding the Profession	Sustainable Interiors

CONFERENCE FEES

Individual $280 Group/Organization $255/person

Registration forms are available to download at www.ridconf.org. All forms must be submitted by mail, fax, or in person by April 1. For more information, please contact Lynette Pearce at lynpea@ridconf.org.

STEP 2(2) 정답의 두 번째 단서 찾기

To: lynpea@ridconf.org
From: jaldridge@nox.com
Date: March 15
Subject: RID Conference

Dear Ms. Pearce,

Thank you for inviting me to be the keynote speaker at the interior design conference this year. However, please be informed that I might be arriving late for my talk. My flight to Calgary arrives at 9:50 A.M. on April 25. I tried to book an earlier flight, but there were no seats available. I apologize for any inconvenience the delay might cause. Once again, thank you for the invitation, and I look forward to meeting you at the conference.

Jonathan Aldridge
President, Nox Enterprises

STEP 2(1) 정답의 첫 번째 단서 찾기

Q. What time is Mr. Aldridge supposed to start his talk?

STEP 1 질문의 핵심 어구 확인하기

(A) At 9:00 A.M.
(B) At 10:00 A.M.
(C) At 12:00 P.M.
(D) At 4:00 P.M.

STEP 3 정답 선택하기

해설

육하원칙 문제 질문의 핵심 어구인 Mr. Aldridge supposed to start his talk에서 Mr. Aldridge가 몇 시(What time)에 연설을 시작하기로 예정되어 있는지를 묻고 있으므로 Mr. Aldridge가 작성한 이메일을 먼저 확인한다.
두 번째 지문인 이메일의 Thank you for inviting me to be the keynote speaker와 Jonathan Aldridge에서 Mr. Aldridge가 기조 연설자라는 첫 번째 단서를 확인할 수 있다. 그런데 기조연설이 언제 시작되는지 알 수 없으므로 공고에서 관련 내용을 확인한다. 첫 번째 지문인 공고의 10:00 A.M.-12:00 P.M., Keynote Address에서 오전 10시에 기조연설이 있다는 두 번째 단서를 확인할 수 있다.
Mr. Aldridge가 기조 연설자라는 첫 번째 단서와 오전 10시에 기조연설이 있다는 두 번째 단서를 종합할 때, Mr. Aldridge가 오전 10시에 연설을 시작하기로 예정되어 있는 것을 알 수 있다. 따라서 (B) At 10:00 A.M.이 정답이다.

해석 p.141

Questions 01-05 refer to the following announcement and form.

Phoenix Nature Reserve
presents
Night in the Wild
with Jorge Asterion

A night of outdoor fun and adventure
from April 30 to May 1 at the Phoenix Nature Reserve

Join internationally acclaimed wildlife specialist Jorge Asterion as he leads you on a desert safari through the Phoenix Nature Reserve. From the Phoenix Nature Reserve's main office in the city, participants will be shuttled to the nature reserve by bus. There, they will enjoy lively and informative discussions about the animals that inhabit the nature reserve, demonstrations of desert survival techniques, and a night of camping under the stars.

Buses depart at 5 P.M. on day 1 and return at 10 A.M. the following day.

Tour participation fees
Non-members: $300 per person or $1,000 for a group of 4
Regular members: $250 per person or $800 for a group of 4
Premium members: $150 per person or $500 for a group of 4

Participants must supply their own tents and sleeping bags. However, all other provisions, including food, transportation, and a surprise gift are provided. For more details, please call 555-3746 or log on to www.phoenixnaturereserve.org. But hurry! Slots are limited! Registration is open until April 10.

Phoenix Nature Reserve
6100 Babel Drive, Phoenix, AZ 85003

MEMBERSHIP FORM

Date: March 18

Name	Kyle Ansaldo
Address	2433 N Palo Hacha Dr., Tucson, AZ 85745
Contact No.	555-1315
E-mail Address	kman_24@foxmail.com
Membership (select one)	X Regular ___ Premium
Membership type	___ New X Renewal
Payment enclosed	___ Money order X Check ___ Credit Card: ________

Thank you for joining! As a member, you will receive:

- Unlimited access to the nature reserve for you and a friend
- Discounted admission for special activities

• Invitations to exclusive events (premium members only)
• Up to 15 percent off on purchases made at the Phoenix Nature Reserve souvenir store
• Free shipping on purchases from our online store

Please send the completed form by mail to our main office at the address indicated above. Membership is valid for one year from the date of payment and may be renewed 30 days prior to expiration at a 20 percent discount.

01 What is NOT mentioned as an activity participants will enjoy?

(A) Learning how to exist in a desert environment
(B) Identifying various stars in the night sky
(C) Sleeping outdoors in tents and sleeping bags
(D) Listening to educational talks about animals

02 According to the announcement, what comes with the price of the tour?

(A) A one-year membership for the nature reserve
(B) Admission to special exhibits
(C) Transport to and from the nature reserve
(D) A gift basket from the souvenir store

03 What is indicated about Kyle Ansaldo?

(A) He will be joining a tour with friends.
(B) He is a returning member.
(C) He can receive a discount for online purchases.
(D) He paid with a credit card.

04 How much would Mr. Ansaldo have to pay to join Night in the Wild?

(A) $150
(B) $250
(C) $350
(D) $500

05 What information is NOT included in the form?

(A) A payment method
(B) A mailing address
(C) A list of benefits
(D) A credit card number

Questions 06-10 refer to the following announcement, e-mail, and memo.

COMMUNITY WORKSHOPS

Saturday, October 3 • Alta Community Center, 989 Sandcrest Drive
Organized by the Center for Civic Affairs

Below is the tentative schedule for our final set of workshops this year. To join, please register no later than September 25. Call 555-2309 for details.

	Room 2B	Room 2C	Room 3E
10:00 A.M. to 12:00 P.M.	Home-based Careers Kiara Horn Krafting by Kiara	Where your Taxes Go Leon Vogel City Finance Department	Wildlife photography Stella Benitez Sandy Photo Co.
1:00 to 3:00 P.M.	Saving our Parks Lena Miller Parks Bureau	Better Recycling Kevin Aiken Hull Waste Management	The 21st Century City Emily Chien Runyon Partners
3:00 to 5:00 P.M.	Youth Sports Andrew Pinto Larkin Fitness	Alternative Transportation Olivia Hayashi Payne Engineering	Kitchen Adventures Adit Patel Café Exotique

Note: All events and activities are subject to change.

To: Gene Farmer <g.farmer@cca.org>
From: Anne Templeton <a.templeton@cca.org>
Subject: Re: Meeting
Date: September 17

Dear Gene,

These are the changes we discussed at yesterday's meeting. First of all, we need a new speaker for the 1 P.M. class in Room 2C because the one we invited is unavailable. Next, we're moving the morning activity in Room 2B to Room 2C because we're expecting a lot of participants for that workshop but only a few for Mr. Vogel's. Finally, Mr. Patel said he can't make the 3 P.M. time slot, but we were able to line up a replacement. We invited the head chef of Hunter Falls. We're still waiting for confirmation, but we should know soon.

Sincerely,

Anne

Center for Civic Affairs
MEMO

To: All staff
From: Anne Templeton
Subject: Workshop schedule
Date: September 22

Please be informed of the following changes for the upcoming workshops. We have two new speakers coming in to replace those who are unavailable. Those responsible for helping the speakers with setting up their equipment should take note. The new speakers are head chef Sam Brooks of Hunter Falls and Vernon Meyer of Meyer's Salvage Yard. They will be speaking in Rooms 3E and 2C, respectively. Mandy Garza will notify all registered participants of these changes by e-mail. In addition, please set up a projector in Room 2C after the 1 P.M. workshop finishes as the next speaker requires one. If you have any questions, you may call me at extension 429.

06 What is stated about the community workshops in October?

(A) They will take place on a weekday.
(B) They are free for members of an organization.
(C) They are the last ones for the rest of the year.
(D) They require that participants register online.

07 According to Ms. Templeton, which activity may not be well attended?

(A) Home-based Careers
(B) Where your Taxes Go
(C) Saving our Parks
(D) Better Recycling

08 What time will Mr. Brooks most likely be speaking?

(A) At 10:00 A.M.
(B) At 1:00 P.M.
(C) At 3:00 P.M.
(D) At 6:00 P.M.

09 Who most likely is Mandy Garza?

(A) A registered participant
(B) A substitute speaker
(C) An event coordinator
(D) A repair technician

10 Which speaker requires the use of a projector?

(A) Lena Miller
(B) Stella Benitez
(C) Andrew Pinto
(D) Olivia Hayashi

Questions 11-15 refer to the following notice, e-mail, and article.

City of Hillsdale
Office of the Building Inspector's
August 12

NOTICE

Effective immediately, no construction permits will be approved for projects along the city's waterways without a thorough environmental-impact study by an authorized engineer. Over the course of the last 20 years, local rivers and streams have been negatively affected by construction on their shores. In addition to being polluted by building materials, they are at risk of drying up due to the number of structures interrupting their flow.

To learn more, and to download a list of authorized engineering firms, please visit our Web site at www.hillsdalebuildinginspector.gov.

To: Marcus Kent <mkent@hillsdalebuildinginspector.gov>
From: Sheila Carrington <sheila@carringtonfood.com>
Date: August 19
Attachment: Inspection Report

Dear Mr. Kent,

My application to build a restaurant on the Clement River was rejected due to a recent change in department policy. However, I had already had an impact study done by Larmont Engineering, one of the companies listed on the city's Web site. They found that my plans would not cause any harm to the environment. When I initially applied for the permit, the new policy was not in place, so I didn't submit their report with it. I've attached it to this e-mail and would ask that you reconsider my permit application.

Respectfully,
Sheila Carrington, President
Carrington Food

Carrington Food Opens New Restaurant

HILLSDALE—Carrington Food has announced the upcoming opening of its new restaurant. The new eatery, Ambrosia Diner, will be the city's first Greek restaurant. It will offer traditional Greek food served in small portions at affordable prices so patrons can try a variety of options.

The project's supervisor, Sheila Carrington, is excited to bring the new concept to the city. "I'm glad the project is finally proceeding," she said. "It was uncertain for a while, as the city initially denied our building permit. We had to put our plans on hold for over a month, but, luckily, we were able to resolve the issue and get on with the project."

The new restaurant is located at 741 S. Augusta Street and will open on November 11.

1 What is the purpose of the notice?

(A) To warn of a dangerous building
(B) To announce a study's results
(C) To introduce a construction project
(D) To publicize a policy change

2 What does the e-mail suggest about Larmont Engineering?

(A) It specializes in commercial properties.
(B) It is authorized to do inspections by the city.
(C) It plans to build a new headquarters in Hillsdale.
(D) It is a division of Carrington Food.

3 Why did Carrington Food not initially submit the impact study?

(A) It was not required.
(B) It had not been completed.
(C) It did not follow guidelines.
(D) It had incorrect information.

14 What is true about Ambrosia Diner?

(A) It caters parties and events.
(B) It has been open for one month.
(C) It serves food from a variety of countries.
(D) It is located on the Clement River.

15 What problem did Ms. Carrington encounter?

(A) She could not find experienced staff.
(B) Her advertisements were not finished on time.
(C) She had to go over her initial budget.
(D) Her project had to be briefly postponed.

정답 · 해석 · 해설 p.141

MEMO

MEMO

MEMO